Gerhard Haase-Hindenberg

Verborgenes Kairo
Menschen, Mythen, Orte

Liebste Tochter,

Herzlichen Glückwünsch
und alles Liebe, Gesundheit,
Spaß beim Tauchen und
beim lesen über dein
Momentanes Favoritenland.
Sei umarmt und geküsst
deine Eltern

Deidesheim, 14.04.2010

Gerhard Haase-Hindenberg

Verborgenes Kairo
Menschen, Mythen, Orte

Mit 16 Seiten Farbbildteil

MALIK

Mehr über unsere Autoren und Bücher:
www.malik.de

Das Kairo-Zitat von Rainer Maria Rilke, das dem Buch als
Motto vorangegangen ist, ist der Sammlung *Rainer Maria Rilke
in Selbstzeugnissen und Bilddokumenten,* dargestellt von
H. E. Holthusen, Hamburg 1964, entnommen

ISBN 978-3-89029-751-4
© Piper Verlag GmbH, München 2009
Fotos: Gerhard Haase-Hindenberg, bis auf Bildteil S. 3 unten:
mit freundlicher Genehmigung von Marguerite Lambelet, und
S. 11: Torsten Warmuth.
Redaktion: Tamara Trautner, Berlin
Satz: Buch-Werkstatt GmbH, Bad Aibling
Druck und Bindung: CPI – Ebner & Spiegel, Ulm
Printed in Germany

Inhalt

Ankunft in der »Mutter aller Städte«   9

Spuren einer untergegangenen Welt   19

Die Geheimnisse der Basare   47

Rückkehr in die Totenstadt   67

Der Club der Eliten   97

Heba und Salma   117

Frauenpower und Todesfatwa   141

Raqs Sharqi – die Kunst der
Unberührbaren   163

Freie Geister   187

Der Lederpreuße und der »wahre Islam«   225

Amr Khaled – der islamische Popstar   249

Stammtisch im Café Riche   269

Die bedrohte Welt der Gerber   277

Abschied   289

Glossar   297

Danksagung   300

Kairo bringt dreifach Welt über einen,
man weiß nicht, wie man alles leisten soll,
da ist eine weite, rücksichtslos ausgebreitete
Großstadt, da ist das ganze, bis zur Trübe
dichte arabische Leben, und dahinter stehen
immerfort, abhaltend und mahnend, diese
unerbittlich großen Dinge Ägyptens.

Rainer Maria Rilke (1911)

Ankunft in der
»Mutter aller Städte«

Unter mir liegt Al-Qāhira, »die Bezwingerin«.
Viele Male habe ich in den vergangenen 35 Jahren den Flughafen der ägyptischen Hauptstadt angeflogen. Nicht immer war Kairo das Endziel meiner Reise, gelegentlich machte ich nur für ein oder zwei Tage Zwischenstopp auf dem Weg in ein anderes afrikanisches Land. Diesmal aber wird Al-Qāhira für einige Wochen mein Wohn- und Arbeitsplatz sein, wie anderthalb Jahre zuvor, als ich gemeinsam mit der jungen Ägypterin Mona deren ungewöhnliche Lebensgeschichte aufschrieb.

Ich möchte neue Bekanntschaften schließen und von Dingen erfahren, die nicht in der Zeitung oder in Reiseführern stehen. Mich interessiert das verborgene Kairo: Wie leben und arbeiten die Menschen hier? Welche Geschichten ereignen sich hinter den Mauern der Gebäude und in den Gassen der Basare? Wie verhält es sich im Alltag mit dem Widerstreit zwischen islamischen und säkularen Ideen? Ich bin sicher, mir werden sich sogar Türen öffnen, von deren Existenz ich bislang noch nichts weiß.

Ich stelle die Rückenlehne meines Sitzes senkrecht, schaue aus dem Fenster der Egyptair-Maschine, die mich in weniger als vier Stunden von Berlin hierherbrachte. Die unter mir vorbeifliegenden Gebäude werden sekündlich größer.

»Kann man von hier aus die Pyramiden sehen?«, reißt mich meine Sitznachbarin aus den Gedanken. Gerade noch hatte sie ihrem schweigsamen Mann anhand eines Prospekts den exakten Verlauf ihrer bevorstehenden Tour erläutert, einer Pauschalreise in die pharaonische Vergangenheit, bei der sich der Kontakt zur ägyptischen Gegenwart auf sporadische Begegnungen mit Kellnern, Reiseführern und Souvenirhändlern beschränken wird.

»Nein«, sage ich, »von hier aus sind die Pyramiden nicht zu sehen, sie liegen am anderen Ende der Stadt.«

Tatsächlich erheben sich die weltberühmten Grabmale der Pharaone Cheops, Chafre und Menkaure am Stadtrand von al-Dschîza (Giza). Allerdings würde sich jeder Bewohner von al-Dschîza immer auch als Kairener, also als Bewohner von Al-Qāhira, bezeichnen, ebenso wie die Menschen, die in Shubra el-Kheima leben, auf einer der Nilinseln Roda oder Zamalek oder aber in einem der neu entstandenen Viertel am Stadtrand. Das ganze Gebiet aus fünf längst zusammengewachsenen »*gouvernorates*«, also Verwaltungsbezirken, wird offiziell als »Greater Cairo Metropolis« bezeichnet.

»Sie sind also noch 'ne ganze Ecke weg von hier?«, stellt meine Nachbarin fest und veranlasst damit ihren bislang wortkargen Mann zu einer gleichermaßen sarkastischen wie unrichtigen Bemerkung:

»Mein Gott! Kairo – das ist eine riesige Stadt! Dagegen ist Berlin ein Dorf, und du willst die Pyramiden schon vom Flieger aus sehen.«

»Ich muss Ihnen widersprechen«, mische ich mich ein. »Kairo ist zwar die größte Stadt Afrikas, insgesamt aber nur halb so groß wie Berlin.«

»Was?«, rufen die beiden unisono.

Vorhin, als die Flugbegleiterin mich aufforderte, die Entscheidung zwischen »*beef*« und »*chicken*« zu treffen, hatte ich einige Unterlagen in der Sitztasche vor mir verstaut. Mit einem Griff hole ich die amtliche Statistik hervor, aus der ersichtlich ist, dass sich »Greater Cairo Metropolis« über eine Fläche von 453 km² ausbreitet, während Berlin – das neben anderen Städten als Vergleich angegeben ist – 892 km² misst. Ich halte meinen Sitznachbarn jene Zahlen unter die Nase, die auch mich angesichts der fast 20 Millionen Einwohner von Kairo überrascht hatten.

Polternd setzt die Maschine auf der Landebahn auf, und meine Sitznachbarn stimmen in das überraschte »Ooh!« vieler Passagiere ein.

Der Uniformierte an der Einreisekontrolle scheint sich in meinen Reisepass verliebt zu haben. Hingebungsvoll lächelnd, betrachtet er die unterschiedlichen Stempelabdrücke seiner Kollegen zwischen Delhi und Chicago. Natürlich bleiben auch die diversen Visa sowie die dazugehörigen Ein- und Ausreisestempel der ägyptischen Behörden nicht unentdeckt.

»*You love Egypt?*«, fragt er, ohne aufzuschauen.

»*I really love Cairo, and I hope to return there very soon!*«, antworte ich.

Der Mann hinter der Scheibe versteht, klappt den Reisepass zu und reicht ihn seinem Kollegen, dem es nun obliegt, einen weiteren Stempel in das Dokument zu drücken.

Kurz darauf vernehme ich am Gepäckband abermals die Stimme meiner Sitznachbarin:

»Kannst du mir sagen, weshalb man Kairo die ›Mutter aller Städte‹ nennt?«

»Keine Ahnung!«, antwortet ihr Mann knapp.

Vor meiner letzten Ägyptenreise hatte auch ich versucht zu ergründen, woher die Bezeichnung kommt. Nach ergebnisloser Internetrecherche wandte ich mich an die Ägyptologen diverser deutscher Universitäten. Ihre Antwortmails waren ausführlicher und die Formulierungen akademischer, doch sie kamen zu demselben Ergebnis wie der Mann am Gepäckband: »Keine Ahnung!«

Erst als ich während meines letzten Aufenthalts in der »Mutter aller Städte« Mokhtar El-Kassabany, einen Professor für Islamische Architektur, befragte, bekam ich einen Hinweis. Er zitierte den arabischen Philosophen Muhammed Abu Hamed: »Hast du Kairo nicht erblickt, so hast du die Welt nicht gesehen«, schrieb der im Jahr 1457.

Damals war Kairo gerade einmal 13 Jahrhunderte alt. Als eintausend Jahre vor unserer Zeitrechnung die Blütezeit der ägyptischen Pharaonen zu Ende ging, existierte Kairo hingegen noch nicht. Erst im Jahre 116, Marcus Ulpius Traianus war Kaiser von Rom, bauten dessen hier stationierte Soldaten und Heerführer ein altes persisches Fort am Ostufer des Nil zur Festung aus. Ein halbes Jahrtausend später, am 6. April 641, eroberten die Araber die Burganlage und fanden nicht weniger als 42 christliche Kirchen vor. Im Jahr 643 gründete der aus Mekka stammende Feldherr und Politiker Amr ibn-al-As nördlich davon das Lager Fustat, um von dort aus geschickt die Islamisierung der ihm unterworfenen Völker zu betreiben. Beide Siedlungen wuchsen schließlich an jener Stelle zusammen, wo in der heutigen Altstadt noch immer das islamische Kairo an das Viertel der christlich-koptischen Minderheit grenzt. Mit den altägyptischen Pharaonen können nur die Kopten in Verbindung gebracht werden, auch wenn arabische Taxifahrer und Souvenirhändler den meist ahnungslosen Touristen ihren Stolz auf eine fünf Jahrtausende alte glanzvolle Geschichte verkünden.

Jenseits der Pass- und Zollkontrolle wartet Mohammed auf

mich, ein Taxifahrer, den ich während meines letzten Arbeitsaufenthalts in Kairo durch meine Mitarbeiterin Hoda Zaghloul kennenlernte, die für mich übersetzte, recherchierte und vielerlei Kontakte herstellte. Schon von Weitem winkt Mohammed mir zu, begrüßt mich freundlich, übernimmt den Trolley mit meinem Gepäck und schleust mich an den Schleppern vorbei, die versuchen, Touristen zu überhöhten Preisen an seine Kollegen zu vermitteln.

Dabei fährt keiner von ihnen ein so gepflegtes Taxi wie Mohammed. Dazu gehört allerdings nicht viel. Es genügt, dass sich alle Fenster öffnen und schließen lassen, die Polster nicht zerfetzt oder durchgesessen sind und die Kupplung nicht beim Schalten aufheult wie ein gequälter Hund. Bei nahezu allen anderen Kairoer Taxis liegt mindestens einer dieser Mängel vor – und bei nicht wenigen alle zusammen. Hinzu kommt fast immer ein Armaturenbrett, auf dem sich seit der Erstzulassung des Wagens vor einem Vierteljahrhundert Staub, Dreck und Nikotinrauch zu einer dunkelgrauen, fettigen Schicht zusammengefunden haben. Mohammed hat vorne in seinem Wagen ein kleines kreisrundes, in Plastik eingefasstes Stück Kunstrasen mit einem Golfball installiert. Ein absurdes Detail, gleichzeitig aber bewährtes Erkennungszeichen, wenn ich an einem vereinbarten Treffpunkt nach Mohammeds Taxi Ausschau hielt.

Diesmal sieht alles danach aus, als ob wir sofort losfahren können, was keineswegs selbstverständlich ist: Normalerweise herrscht vor dem Terminal Verkehrschaos. Mohammed hat seinen Wagen weiter oben geparkt. Nach wenigen Metern Fahrt nähern sich von allen Seiten Fahrzeuge, um am Nadelöhr mit dem Kassenhäuschen die Parkgebühr zu bezahlen. Auch Mohammeds schmuckes Fahrzeug erreicht endlich die Schranke, die uns von der Auffahrt zur Shari' Salah Salim trennt, der Schnellstraße, die den Flughafen mit der Innenstadt verbindet.

»Ich habe vor einem Jahr geheiratet«, überrascht mich Mohammed.

»Mein Freund Mohammed ist ein mutiger Mann!«, rufe ich, und wir müssen beide lachen.

»Wohnst du denn noch bei deiner Mutter?«, frage ich ihn. Denn sie hatte ich zunächst kennengelernt, als ich einst Heba besuchte, Hodas Nichte, in deren Haus Mohammeds Mutter Hauswartsfrau war.

»Nein, vor Kurzem habe ich eine Wohnung gefunden, denn wir werden bald zu dritt sein.«

Ob sein Verdienst als Taxifahrer überhaupt genug abwirft, um eine Familie zu ernähren?

»Kannst du diesen Wagen noch immer so günstig fahren?«, frage ich.

Mohammed nickt.

Während einer längeren Fahrt erzählte er mir einmal, dass er nach seiner Armeezeit von einem guten Freund das Angebot bekam, dieses Taxi zu mieten. Seither habe er den Wagen rund um die Uhr und betrachte ihn fast schon als sein Eigentum. Reparaturen würden vom Eigner bezahlt, der Sprit gehe zu seinen Lasten. Allerdings koste Benzin in Ägypten nicht allzu viel. An guten Tagen habe er den Mietpreis bereits zur Mittagsstunde eingefahren, an schlechten Tagen erst am späten Nachmittag. Danach fahre er für die eigene Tasche. Für seine Kollegen, die ihre schrottreifen Kisten oft zu weit höheren Summen mieten müssten, sei ein guter Tag einer, an denen sie überhaupt Geld verdienten.

»Steht der Preis bei dir noch immer bei 25 Pfund pro angefangener Stunde?«, erkundige ich mich.

»Daran hat sich nichts geändert«, sagt Mohammed.

»Ist das ein gutes Geschäft?«

Ich ernte einen kurzen Seitenblick. Offenbar befürchtet Mohammed, ich könnte versuchen, den Preis zu drücken, falls er bejaht.

»Keine Sorge, ich werde dir das auch weiterhin bezahlen«, sage ich.

»Das ist ein reeller Preis, der sonst auch bezahlt wird. Also zwei Pfund pro fünf gefahrener Minuten sind durchaus üblich«, erklärt Mohammed. »Jetzt, wo du wieder da bist, muss ich nicht ständig Ausschau nach neuen Fahrgästen halten. Und ich kann zwischendurch ein Schläfchen halten, wenn du wieder mal irgendwen besuchst und ich draußen warte.«

Mohammed bricht in sein vertrautes schelmisches Lachen aus, das ansteckend wirkt.

Unser Weg führt vorbei an den Wohnvierteln von Heliopolis. Mit der historischen Stadt gleichen Namens, die unweit von hier von einem internationalen Archäologenteam ausgegraben wird, hat der junge Stadtteil nur den Namen gemein. Erst im Jahr 1905 ließ der belgische Ingenieur und Amateurägyptologe Édouard Louis Joseph Empain hier draußen die ersten Gebäude errichten – und er verfolgte damit eine bis heute beachtenswerte städtebauliche Vision: Die von ihm beauftragten Architekten sollten über nationale Traditionen hinaus ein globales Verständnis von Stadtkultur entwickeln. Dabei ließen sie sich vom maurischen Stil ebenso beeinflussen wie von arabischer und indischer Klassik sowie der europäischen Moderne. Kritiker sprachen bald von einer »eklektisch-historischen Formensprache«. Ein Bummel durch die damals entstandenen Stadtteile des modernen Heliopolis vermittelt dem Besucher viele Eindrücke, nur nicht das Gefühl, sich in Kairo zu befinden. Auf dem Weg vom Flughafen in die Innenstadt aber ist davon kaum etwas zu sehen, mit Ausnahme des einstigen Wohnhauses von Édouard Louis Joseph Empain, das auf der linken Seite steht und an einen hinduistischen Vishnu-Tempel erinnert.

Ich erinnere mich an meine letzte Ankunft in Kairo vor anderthalb Jahren: Seinerzeit wurde ich von Hoda abgeholt, gemeinsam mit einem Verwandten ihres Mannes, der seine fast fabrikneue Mercedes-Limousine auf dem Parkplatz direkt vor dem Terminal abgestellt hatte. Hodas Begleiter war mit ihr in das Gebäude gekommen, um mir mit dem Gepäck behilflich zu sein. Der Nachteil solcher Hilfsbereitschaft stellte sich heraus, als wir den Parkplatz erreichten. Es war Hauptverkehrszeit am »Cairo International Airport«, unser Wagen war hoffnungslos zugeparkt, und Hodas Verwandter tat das, was um ihn herum Dutzende andere auch taten – er hupte. Was völlig sinnlos war, denn die Halter der Autos hielten sich weit entfernt in den Hallen der Terminals auf. Uniformierte eilten herbei, diesmal aber konnten auch sie nicht gegen ein *bakshish* beim Ausparkmanöver behilflich sein. Ägyptische Polizisten sind hoffnungslos unterbezahlt und somit geradezu zur Bestechlichkeit gezwungen, um ihre Familien durchzubringen.

»Seit einer Stunde stehe ich hier«, klagte der Fahrer des vor uns verkeilten Taxis und fing an zu weinen. »Drei Kunden hatte ich schon, sogar einen ehrwürdigen *sheikh* ... aber alle haben sie dann ein anderes Taxi genommen, weil ich hier nicht wegkomme.«

Ich konnte die abgesprungenen Fahrgäste gut verstehen. Schließlich verspürte auch ich wenig Lust, auf dem unwirtlichen Parkplatz zwischen den Auspuffgasen herumzustehen.

Ein korpulenter Ägypter mittleren Alters eilte nun schnurstracks auf den Wagen zu, der den weinenden Taxifahrer am Wegfahren hinderte. Der Taxifahrer sprang aus seinem Auto und begann, den dicken Mann zu beschimpfen. Geballte Fäuste in die Luft streckend, machte er wortreich seinem Ärger Luft. Doch der andere ließ sich das nicht gefallen und richtete seinerseits Flüche gegen den Angreifer. Der Dicke versuchte sogar, Hodas Begleiter auf seine Seite zu ziehen, und der tat das einzig Richtige: Er forderte die beiden lautstark auf, endlich in ihre Wagen zu steigen und zu verschwinden. Genau in diesem Moment versetzte der Taxifahrer seinem Gegner überraschend einen Kinnhaken, und ehe ich mich versah, prügelten die beiden aufeinander ein. Beherzt sprangen nun einige Schaulustige herbei und versuchten, den Streit zu schlichten. Ein gewaltiger Tumult war entstanden, und ich lief zu zwei Polizisten, die einige Meter entfernt demonstrativ in die andere Richtung blickten. Einer der beiden erklärte mir mit starkem arabischen Akzent: »*We're traffic police, this trouble is not our cup of tea!*«

Endlich gelang es den anderen Männern, deren »*cup of tea*« es noch viel weniger war, die beiden Streithähne voneinander zu trennen. Dem Taxifahrer wurde ein Papiertaschentuch gereicht, um das Blut zu stillen, das ihm aus der Nase lief. Sein Gegner wurde von zwei kräftigen Männern unsanft in den Wagen gesetzt.

Solche Szenen sind mir diesmal erspart geblieben. Meine Ankunft fällt auf einen Freitag, den islamischen Feiertag, weshalb deutlich weniger Verkehr herrscht als sonst. Wenn alles gut geht, schafft Mohammed die 22 Kilometer lange Strecke bis zu meinem Hotel in Wust al-Balad, wie Kairos Stadtmitte auf Arabisch heißt, in einer halben Stunde.

Dort werde ich mein altes spartanisch eingerichtetes Zimmer im Hotel Tulip beziehen. Natürlich werde ich auch diesmal wieder akzeptieren, dass der Fahrstuhl nur bis in den vierten Stock fährt, obgleich der Schacht bis in den fünften hinaufreicht, und auch, dass ich in der Dusche erst zehn Minuten das Wasser laufen lassen muss, ehe es heiß wird. Aber am Morgen wird mich Madame Didi an der Rezeption wieder mit ihrem sphinxhaften Lächeln dafür entschädigen. Vom Tulip aus werde ich in den nächsten Wochen Morgen für Morgen aufbrechen und mich auf die Suche begeben nach den verborgenen Seiten von Al-Qāhira – der »Mutter aller Städte«.

Spuren einer untergegangenen Welt

Fünf Stockwerke unterhalb meines Balkons im Hotel Tulip erstreckt sich der Midan Talaat Harb, einer der verkehrsreichsten Plätze in Kairo und Eingangstor zum Geschäftszentrum von Wust al-Balad. Der verkehrsreichste von allen, der Midan Tahrir, liegt nur einige hundert Meter von hier entfernt. Diesen Platz kennt jeder Tourist, denn dort befindet sich das weltberühmte Ägyptische Museum.

Von hier oben kann ich die Straßen, die sternförmig vom Midan Talaat Harb abgehen, gut überblicken: Aus dreien kommen Autos, Motorräder und Vespas heran, um sogleich in einer der drei anderen wieder zu verschwinden. Hier zu parken ist strengstens untersagt, schon der Versuch wird von den zahlreich anwesenden Polizisten sofort unterbunden. Ansonsten aber kümmert sich niemand um irgendwelche Regeln. Die Autos fahren kreuz und quer über den ursprünglich als Kreisverkehr angelegten Platz, und Fußgänger, die beim Überqueren einer der sechs Straßen die Zebrastreifen und Ampelanlagen ernst nehmen, erliegen einem gefährlichen Irrtum.

In der Mitte des Platzes steht auf einem gewaltigen Sockel im bronzenen Maßanzug das Standbild seines Namensgebers. Mr. Talaat Harb begrüßt mich am Morgen, wenn ich auf den

Balkon trete, und er ist meine letzte Begegnung am Abend, ehe ich die Fensterläden schließe, um den Straßenlärm zu dämpfen. Bis 1964 stand hier die Statue von Soliman Pascha, der eigentlich Joseph Anthelme Sève hieß und zu Beginn des 19. Jahrhunderts noch in der französischen Armee diente. Dann zog es ihn an den Nil, er trat zum Islam über, wurde zum Reformer der ägyptischen Armee. Niemand in Kairo konnte mir bislang erklären, weshalb ausgerechnet Oberst Gamal Abdel Nasser und seine an die Macht geputschten Freien Offiziere den Modernisierer des Militärwesens vom Sockel holten. Und schon gar nicht, warum sie ihn – in einer Zeit, als nicht nur Banken und Versicherungen, sondern auch Kaufhäuser und Möbelläden verstaatlicht wurden – ausgerechnet durch den Bankier Talaat Harb ersetzten, der 1922 mit der Misr-Bank das erste unabhängige ägyptische Geldinstitut gegründet hatte. Wollte Nasser, der panarabische Sozialist, vielleicht weniger dem kapitalistischen Ökonomen als vielmehr dem ägyptischen Patrioten Talaat Harb ein Denkmal setzen? Und steckte hinter dem Sturz von Solimans Standbild weniger die Ignoranz gegenüber seinen militärischen Verdiensten als vielmehr dessen Stigmatisierung als Ausländer? Das würde durchaus zu jenen politischen Maßnahmen passen, die 1954 nach Nassers Machtergreifung beschlossen wurden: Die Enteignung und Vertreibung vieler ausländischer und jüdischer Geschäftsleute bedeutete das Ende einer toleranten, kosmopolitischen Ära.

Die bröckelnden Fassaden von Wust al-Balad, deren Baustil an Paris erinnert und an Barcelona und auch ein wenig an Buenos Aires, lassen jene untergegangene Welt noch erahnen.

Ich sehe hinüber zu dem klassizistischen Rundbau, auf den auch Talaat Harb von seinem Sockel aus blickt. Der Schweizer Hotelier Charles Albert Bächler ließ dieses Gebäude in den späten Zwanzigern als exklusives Wohnhaus an der Stelle des einstigen Savoy-Hotels errichten. Genau gegenüber dem Bächler-Haus erinnert die Jugendstilfassade des Café Groppi an die Zeit, als es noch vom Tessiner Konditor Giacomo Groppi und seinem Sohn Achilles betrieben wurde.

Im Treppenhaus, vor seiner Wohnung im vierten Stock, treffe ich auf den älteren Herrn, den ich schon während meines letzten Aufenthalts im Hotel Tulip öfter an den Briefkästen im Erdgeschoss oder im Fahrstuhl sah.

»Verzeihen Sie bitte, wir sind uns ja gelegentlich schon begegnet«, spreche ich ihn an.

»Ja, ich habe mich gestern gefreut, Sie wiederzusehen. Sie waren eine Weile weg, nicht wahr?«, antwortet er in fast akzentfreiem Englisch.

»Nun, diesmal bin ich für eine Recherche über das verborgene Kairo hier«, antworte ich, was mein Gegenüber veranlasst, die Augenbrauen interessiert in die Höhe zu ziehen.

»Das verborgene Kairo? Was darf ich mir darunter vorstellen? Interessante Menschen, versteckte Orte, die widerstreitenden Ansichten in diesem Land … Meinen Sie so etwas?«, fragt er.

»Ja. Dinge, die für Sie als Kairener nicht unbedingt verborgen sind, die europäische oder amerikanische Touristen aber nicht ohne Weiteres entdecken«, erläutere ich. »Unter anderem bin ich jener glanzvollen Epoche auf der Spur, die hier in Wust al-Balad vor mehr als einem halben Jahrhundert zu Ende ging«, sage ich.

»Ich fürchte, als ich 1957 in dieses Haus zog, war jene glanzvolle Epoche – wenn sie denn glanzvoll war – schon vorbei.«

Durch seine halb geöffnete Wohnungstür blicke ich in einen geräumigen Salon, in dem sich ein ausladendes Sofa und große Sessel unter Schonbezügen verstecken, mit Spitzendeckchen auf Lehnen und Armstützen. Wenn sie denn glanzvoll war ...

Fast klingt es, als wollte er sich distanzieren. 1952, zur Zeit der sogenannten Revolution, muss dieser Mann ein junger Bursche gewesen sein, vielleicht studierte er noch. Begeisterte er sich damals für die radikalen Ziele der putschenden Offiziere? Verdankt er dem damaligen Umbruch gar seine Karriere?

»Als ich hier einzog, war unser Haus noch in jüdischem Besitz«, werde ich aus meinen Gedanken gerissen. »Die Eigentümerfamilie, die ein Stockwerk tiefer wohnte, war da allerdings bereits über den Sinai ausgereist. Übrigens arbeitete der heutige Eigentümer dieses Hauses später viele Jahre an unserer Botschaft in Tel Aviv«.

Mir ist aufgefallen, dass viele Ägypter über Israel sprechen, ohne den Staat beim Namen zu nennen. Ist es nur ein Zufall, dass auch mein Nachbar das Wort »Israel« schon zweimal vermieden hat?

»Der heutige Eigner war als ägyptischer Diplomat in ...?«, hake ich nach.

»Ja, er war Botschaftssekretär oder so etwas in Israel. Ich weiß es nicht mehr genau. Ihm gehört übrigens auch das Hotel, in dem Sie wohnen«, sagt er ohne eine Spur von Irritation.

»War es damals auch schon ein Hotel?«

Er schüttelt heftig den Kopf. »Nein, nein, das waren große hochherrschaftliche Wohnungen. Hier neben mir lebten Italiener und oben Griechen. Und unten in der dritten Etage, wo sich heute Rezeption und Frühstücksraum befinden ... na ja, da wohnte ebendiese jüdische Familie.«

»Und dann mussten all diese Familien weg?«, frage ich provozierend.

»Ja«, lautet seine knappe Antwort.

Ich versuche mich von einer anderen Seite dem Thema der Vergangenheit zu nähern:

»Die Häuser rund um den Midan Talaat Harb sind wunderschön …«

»Die besten Architekten Europas haben hier in Wust al-Balad gebaut. Wussten Sie, dass das Café Groppi von einem Italiener entworfen wurde?«, stimmt er zu. »Und kennen Sie das Yacoubian-Haus?«

»Nur aus Alaa al-Aswanis Roman *Der Jakubijân-Bau.*«

»Aber kennen Sie das Gebäude?«

Ich schüttele den Kopf.

»Es ist nur dreihundert Meter von hier entfernt.«

»Wirklich? Dann bin ich sicher oft daran vorbeigegangen. Vermutlich ist es inzwischen ebenso heruntergekommen wie die meisten anderen Häuser hier«, sage ich ganz direkt.

Mein Nachbar blickt zu Boden, ehe er zu einer Erklärung ansetzt:

»Sie müssen wissen: Unter Gamal Abdel Nasser wurden die Wohnungsmieten eingefroren. Eine sozialpolitische Maßnahme gegen den Mietwucher. Aber der festgeschriebene Mietpreis wurde nicht inflationsbereinigt, und so zahlen viele Leute noch heute für eine 200 Quadratmeter große Wohnung nur sechs ägyptische Pfund.«

Eine Wohnungsmiete von sechs Pfund? Das entspricht ziemlich genau 80 Cent. Habe ich mich verhört?

»Allein für eine neue Türklinke müsste der Vermieter die anderthalbfache Jahresmiete hinlegen. Schönheitsreparaturen oder ein neuer Fassadenanstrich sind mit solchen Einnahmen schlichtweg nicht zu finanzieren. Damals waren sechs Pfund viel Geld. An der Ain-Shams-Universität in Heliopolis, wo ich promoviert habe, bekamen wir als Assistenten ein

Anfangsgehalt von weniger als 20 Pfund. Ich konnte mir nur mit Mühe diese Wohnung leisten …«

Der ältere Herr reicht mir seine Visitenkarte, und ich lese die Berufsbezeichnung »Economic & Financial Consultant«. Das überrascht mich. Ich hätte ihn eher für einen Philosophen oder Historiker gehalten.

»Sie müssen mich mal auf eine Tasse Tee besuchen«, sagt er und gibt mir zum Abschied die Hand.

Holpernd setzt sich der Fahrstuhl in Bewegung, der noch aus der Zeit stammt, nach deren Spuren ich suche. Längst sind die Scheiben in der Tür matt, die Lackierung der hölzernen Wände brüchig und der Linoleumfußboden durchgetreten. Aber jetzt kann ich mir gut vorzustellen, wie mit dieser engen Aufzugskabine jüdische, italienische und griechische Großbürger zu ihren luxuriösen Wohnungen gelangten.

Dass der Fahrstuhl überhaupt noch fährt – wenn auch nur bis in den vierten Stock –, ist dem Hotel Tulip zu verdanken, dessen Gäste mit ihrem Gepäck bequem zu den Zimmern in den oberen Etagen gelangen sollen. In vielen der benachbarten Bürgerhäuser sind die Aufzüge längst nicht mehr in Funktion.

Unten angekommen, finde ich alles exakt so vor, wie ich es schon immer vorgefunden habe: Im Hausflur neben der Aufzugstür sitzt der einäugige Alte aus Assuan, dessen *galabeya* oft etwas schmuddelig ist. Wenn er mich sieht, ruft er: »*Kulu tammam?*«, was so viel bedeutet wie »Alles in Ordnung?«. Der Mann ist Pförtner, Wächter, Botengänger und gelegentlich Liftboy – das sprichwörtliche »Mädchen für alles«. Die Holzbank unter den Briefkästen ist sein Lieblingsplatz. Nur die Nächte verbringt er auf einer durchgelegenen Matratze in einer schmutzigen Kammer neben dem Aufzugsschacht. Wenn ich das Hotel abends verlasse, fragt der Alte mich manchmal leise, ob ich ihm nicht noch eine Flasche Bier mitbringen könne. Eine ungewöhnliche Bitte für einen Muslim, der ich weitaus häufiger nachkommen würde, wenn er mich nicht jedes Mal vor Dankbarkeit küssen würde.

Ich trete auf den Midan Talaat Harb hinaus. Das Gehupe der Autos, welches übrigens schon vor Jahren verboten wurde, ohne dass sich irgendetwas daran geändert hätte, ist hier um einiges lauter als fünf Stockwerke höher. Doch der Verkehrslärm scheint keinen der Passanten zu stören, die hier über den breiten Bürgersteig flanieren, die Auslagen des Shorouk Bookshop studieren oder mit dem Papyrushändler um den Preis feilschen. Tag für Tag sucht der alte Mann neben dem Eingang zur Apotheke, einen Packen Pharaonenbildnisse auf dem Arm, den Kontakt zu den Touristen. Während meines ersten Aufenthalts im Hotel Tulip dauerte es Wochen, ehe er es aufgab, mir seine Bilder anzubieten, und mich als jemanden wahrnahm, der jeden Morgen zur gleichen Zeit das Haus verließ.

Zwei Straßen muss ich überqueren, um das Café Groppi zu erreichen. Wer es eilig hat, tritt einfach auf die Fahrbahn, schlängelt sich durch die teils im Schritttempo fahrenden Autos hindurch oder zwingt jene, die mit hoher Geschwindigkeit herannahen, gegen das behördliche Hupverbot zu verstoßen. Ich beschließe zu warten, bis einer der Polizisten für die Fußgänger den Verkehr anhält. Dank seiner Hilfe erreiche ich unverletzt mein Ziel.

Zwischen den beiden Eingängen zum Café kann man durch ein großes Fenster in den Verkaufsraum blicken. Es ist umrahmt von einem wunderschönen Mosaik mit bunten Blumen auf dunkelblauem Grund. Auch der Fußboden ist aufwendig verziert. Genau hier betraten einst armenische Goldschmiede das Groppi, französische Schneider, jüdische

Geschäftsleute und britische Offiziere. Auch der österreichische Orientfotograf Rudolf Franz Lehnert und sein deutscher Freund Ernst Landrock, mit dem er in den Zwanzigerjahren nicht weit von hier eine Foto-, Kunst- und Buchhandlung eröffnete, die noch immer existiert.

Ernst Landrocks Enkeltochter Marguerite Lambelet, von ihren Freunden schlicht Maggy genannt, habe ich am Abend zuvor gleich um die Ecke im Restaurant Estoril kennengelernt. Mit ihr bin ich hier verabredet. Ich durchschreite den eleganten Verkaufsraum der Konditorei auf spiegelndem Steinboden und entdecke an einem Ecktisch im angrenzenden düsteren Gastraum ihre blonde Mähne.

»Ist es nicht entsetzlich, was aus dem Groppi geworden ist?«, klagt Maggy schon zur Begrüßung. Ich blicke mich um und entdecke gesprungene Tischplatten aus Granit, abgeblätterte Farbe am Gestänge der Metallstühle im Thonet-Look und Kunstlederbänke mit zerschlissenen Sitzen. Unübersehbar auch die riesigen braunen Wasserflecken an der Decke. An einer Säule klebt ein fantasieloses Mosaik auf schwarzem Grund – Ergebnis einer »Modernisierung« irgendwann in den Sechzigerjahren.

»Früher hing hier über die gesamte Breite eines von Margos Gemälden«, sagt Maggy und weist mit der Hand auf die kahle Rückwand. »Sieh mal, dort oben sind sogar noch die Löcher zu sehen, wo das Bild aufgehängt war.«

Das Fehlen jenes Kunstwerkes der Malerin Margo Veillon – einer Freundin der Familie Lambelet – scheint Maggy mehr auszumachen als der Umstand, dass das Groppi kein Restaurant mehr ist. Lediglich ein Schriftzug in goldenen Lettern verweist noch auf jenen längst verschlossenen Nebenraum, in dem sich einst die Geschäftsleute von Wust al-Balad zum *lunch* und die Kairoer Gesellschaft zum *dinner* trafen.

Damals war die 40 Jahre ältere Margo Veillon für die kleine Marguerite Lambelet vielleicht eine Art mütterliche Freundin, in jedem Fall aber ein Vorbild. Tatsächlich gibt es eine ganze Reihe von Parallelen in den Biografien der beiden in Kairo geborenen Frauen: Ihre Väter waren schweizerische Geschäftsleute, die Mütter entstammten dem europäischen Großbürgertum. Das frühe Interesse für Kunst und die angestrebte Lebensform der Bohème standen bei ihnen gelegentlich im Widerspruch zur Schulpflicht, nicht jedoch zu einer ernsthaften künstlerischen Betätigung. Beide lebten sie später zeitweilig in Europa und kehrten doch wieder in das Land ihrer Kindheit und Jugend zurück.

Als junge Frau hatte Maggy schon eine Karriere als Filmschauspielerin hinter sich, als ihr Vater sie drängte, sich um eine »anständige Ausbildung« zu kümmern. Was immer Kurt Lambelet, Stiefsohn und Erbe von Ernst Landrock, darunter verstanden haben mag – dem Wunsch der Tochter, Malerin zu werden, konnte er sich nicht verschließen. Wie hätte er der Freundin Margo Veillon, die einst sogar für die königliche Familie malte, erklären sollen, dass er Maggys Berufswunsch nicht als »anständig« ansah? Maggy durfte also ein Kunststudium an der »Fine Art Academy Leonard da Vinci« im Stadtbezirk Boulak aufnehmen. Wie Margo Veillon widmete sich auch Marguerite Lambelet zeitweilig ägyptischen Motiven, und bald wurden ihre Arbeiten auf Postkarten gedruckt und zum Stolz ihres Vaters erfolgreich bei Lehnert & Landrock verkauft.

Mit einem tiefen Seufzer löst Maggy den Blick von der kahlen Wand, sieht sich in dem nur mäßig besetzten Café um und bemerkt:

»Um diese Zeit war hier früher kaum ein Platz zu finden. Offenbar rechnen die Kellner gar nicht mehr mit Gästen. Ich sitze seit einer Viertelstunde hier und habe noch keinen von ihnen zu Gesicht bekommen.«

Schon vor anderthalb Jahren führte mich bei meinem Frühstücksritual – die Croissants hier gehören zu den besten der Stadt! – der erste Gang in die Küche des Groppi, wo die beiden Kellner mit dem Koch bei Kaffee und Zigaretten zusammensaßen und ein Schwätzchen hielten. Ich stehe auf und treffe sie auch heute genau dort an. Als sie mich erkennen, springen sie erschrocken auf, und einer ruft: «*I'm coming!*»

Nun nimmt die Groteske ihren Lauf. Zwei Cappuccini seien kein Problem, erklärt uns der Kellner, als wir bestellen wollen, aber Omelette könne heute keines serviert werden. »*No hot today!*«, lautet die lapidare Begründung, die Mikrowelle sei defekt. Auch Obstsäfte seien derzeit nicht vorrätig, erfahren wir. Stattdessen werden amerikanische Softdrinks in Dosen angeboten, und als wir dankend ablehnen und es bei den Cappuccini belassen wollen, weist der Kellner darauf hin, dass ein Mindestverzehr von 20 ägyptischen Pfund verlangt werde. In wortloser Übereinstimmung erheben wir uns und gehen durch den Verkaufsraum in Richtung Ausgang, vorbei an den Vitrinen mit einem imposanten Angebot an Torten und Pralinés. Offenbar wird hier das Geld verdient. Die Waren aus dem Groppi sind auf den Partys vermögender ägyptischer Kreise noch immer sehr beliebt.

»Die Torten sehen gut aus«, sagt Maggy, »sind aber mit denen von Jacques Groppi überhaupt nicht zu vergleichen. Er beschäftigte bis zu 120 Leute in der Konditorei, der Pâtisserie und in der Eisfabrik, der ersten in Ägypten.«

»Hieß er nicht Giacomo?«, frage ich, als wir auf den Midan Talaat Harb hinaustreten.

»Er nannte sich selber Jacques. Vielleicht weil er sich an der französischen Pâtisserie orientierte. Dabei stand Groppi damals noch über Le Nôtre in Paris. Das kann man sich heute gar nicht mehr vorstellen.« Maggy seufzt tief: »Das hier ist bestenfalls das Relikt einer fernen Zeit!«

Auf diesem Platz nahm der »schwarze Samstag«, jener 26. Januar 1952, an dem eine aufgebrachte Menge an vielen Stellen in der Stadt Brände legte, seinen Anfang. Dem schicksalhaften Tag waren jahrelange Demonstrationen, Streiks und Aufstände gegen die britische Fremdherrschaft vorausgegangen. Eine Schießerei zwischen britischen Besatzern und einer ägyptischen Polizeistation in der Zone des Suezkanals hatte das Fass zum Überlaufen gebracht. In Kairo wurden wahllos Geschäfte angezündet, die Ausländern gehörten oder von ihnen frequentiert wurden. Dass diese »spontanen Protestaktionen« in Wirklichkeit von Hintermännern initiiert wurden, ist unstrittig. Zeitzeugen berichten, an jenem Tag sei gegen 14 Uhr ein schwarzer Citroen aufgetaucht, an dem die damalige grüne ägyptische Flagge mit Halbmond und drei Sternen geflattert habe. Im Gefolge dieses Fahrzeugs seien plötzlich wie aus dem Nichts Demonstranten aufgetaucht, und schon seien im Groppi die Fenster zu Bruch gegangen. Plünderer hätten säckeweise Mehl und Zucker herausgeschleppt, schließlich habe das Café gebrannt, und über den ganzen Platz habe sich der Geruch von Rauch und Karamell ausgebreitet. Es war der Beginn jener Ereignisse, über die der ägyptische Romancier und Nobelpreisträger Nagib Machfus schrieb: »Unkontrollierter Wahnsinn! Eine Stadt beging Selbstmord …«

»Das Gebäude dort drüben ist im italienischen Stil gebaut«, erklärt Maggy und deutet auf die Fassade des vierstöckigen Palazzos gegenüber dem Hotel Tulip. Im Erdgeschoss befinden sich neben dem Buchladen Madbouly ein Internetcafé, ein Souvenir-, ein Bekleidungs- und ein Schreibwarenladen und in den oberen Etagen, hinter hohen grünen Fensterläden und Balkonen mit schmiedeeiserner Brüstung, preisgünstige Hotels.

»Im ersten Stock war damals die beste Tanzschule der Stadt. Da schickte die Upperclass ihre Kinder hin«, fährt Maggy fort, während ich ihr zur anderen Seite des Platzes folge – dorthin, wo die Autos den Midan Talaat Harb auf der Shari' Kasr El-Nil in nordöstlicher Richtung verlassen.

»Ein paar Jahre später hat man die Tanzschüler dann alle oben im Groppi Garden wiedergesehen. Groppi hat ja in der Nähe der 26.-Juli-Straße noch eine Dependance, und dort war jeden Nachmittag um fünf Uhr Tanztee. Wenn die jungen Mädchen aus gutem Hause beim Tanz einen Herrn kennengelernt hatten, ging man irgendwann in die Haret El Manakh zu den armenischen Goldschmieden und suchte den Hochzeitsschmuck aus.«

»Mein Nachbar hat erzählt, dass sich hier die besten Architekten Europas verewigt haben«, sage ich.

»Er hat vollkommen recht«, bestätigt Maggy. »All diese schönen Häuser hier sind in weniger als hundert Jahren entstanden. Wir verdanken sie Ismail Pascha, dem Enkel Muhammed Alis ... du weißt schon, der Muhammed Ali, der oben in der Alabastermoschee begraben ist. Er wurde in den Sechzigerjahren des 19. Jahrhunderts zum *khedive,* also zum ägyptischen Vizekönig, ernannt. Bei seinem Besuch der Weltausstellung in Paris war er von den neu angelegten Boulevards so angetan, dass er sich gesagt hat: So muss Kairo auch aussehen. Platz genug hatte er ja: Vom islamischen Viertel bis hinunter zum Nil hatte sein Großvater Obstplantagen anlegen lassen, und auf denen wurde dann das alles hier gebaut.«

»Bis der Staat bankrottging ...«, werfe ich ein.

» ... und die Engländer kamen«, ergänzt Maggy.

»Kannst du dich eigentlich noch an den ›schwarzen Samstag‹ erinnern?«, frage ich.

»Aber ja!«, ruft Maggy. »Ich war zwar noch klein, aber ich erinnere mich genau. Es war furchtbar! Ich stand mit meiner Mutter oben an der Shari' Shereffen, wo wir damals wohnten. Die ganze Innenstadt brannte, Benzinkanister wurden in die Geschäfte geworfen, die Menschen waren voller Hass ... Bis heute kann ich kein Feuer sehen, ohne in Panik zu geraten.«

»Hat eure Buchhandlung auch gebrannt?«, will ich wissen. Kurioserweise bleibt Maggy genau in diesem Moment bei einem »fliegenden Buchhändler« stehen, der seine Ware auf einer Decke auf dem Bürgersteig anbietet.

»Unser Geschäft wurde von einem Jungen gerettet«, erzählt sie sichtlich bewegt, als wäre es gerade erst geschehen. »Mein Vater hatte kurz zuvor einen nubischen Jungen als Gehilfen eingestellt, und der rief: ›Das ist ein deutsches Geschäft!‹ Obwohl wir ja Schweizer waren, schrie er dauernd: ›Dieser Laden gehört Deutschen!‹, und so blieben wir verschont.«

Die sprichwörtliche Deutschenfreundlichkeit der Ägypter also rettete die Buchhandlung Lehnert & Landrock am »schwarzen Samstag« vor der Vernichtung.

Selbst einfache Leute begegnen den Deutschen bis zum heutigen Tag auffällig zugewandt. Die Erklärung, dies sei auf die zahlreichen namhaften deutschen Orientalisten zurückzuführen, die Ägypten seit dem 17. Jahrhundert bereisten, scheint mir wenig einleuchtend. Es fällt schwer zu glauben, dass der Mob die Buchhandlung von Maggys Familie wegen Johann Michael Wansleben stehen ließ – 289 Jahre nach dessen Reise an den Nil. Unangenehm ist mir der näherliegende Gedanke, die Deutschenfreundlichkeit könnte mit dem Verfasser von *Mein Kampf* zusammenhängen, wovon eine arabische Übersetzung hier zu meinen Füßen verkauft wird. Gleich daneben liegt eine Biografie von Rudolf Heß, der bekanntlich in Ägypten geboren wurde.

An der Ecke Shari' Ibrahim el-Qabany macht mich Maggy auf einen sich über den ganzen Block erstreckenden Häuserkomplex aufmerksam, dessen Fensterscheiben von innen mit Kalkfarbe gestrichen und von außen großenteils mit Plakaten zugeklebt sind. Über einem der Eingänge ist noch der Name des einstigen Etablissements zu erkennen: Lappas.

»Hier gab es auch ein Café und ein Restaurant und sogar eine Bar. Wer wollte, konnte sich von morgens bis in die Nacht im Lappas aufhalten«, sagt Maggy und schenkt mir ein charmantes, fast mädchenhaftes Lachen.

»Die Lappas waren Griechen, deshalb ging meine Mutter so gern hierher«, gibt sie mir ein Rätsel auf.

»Weshalb?«

»Der Vater meiner Mutter war Grieche. Die Familie hieß Georgacopolo. Sie brachten die erste Zigarettenfüllmaschine nach Ägypten. Hier im Lappas konnte meine Mutter Griechisch sprechen, weil eine Menge Griechen hierherkamen ...«

Und dann erfahre ich, dass Maggys Eltern sich schon kurz nach ihrer Geburt scheiden ließen, was ihren Vater nicht davon abhielt, seiner Verantwortung für sie, ihre größere Schwester Claude und den zehn Jahre älteren Bruder Edouard nachzukommen.

Edouard Lambelet hatte ich während meines letzten Aufenthalts in Kairo kennengelernt. Aus einem Buch mit den Schwarz-Weiß-Fotos Rudolf Franz Lehnerts wusste ich, dass viele dieser einzigartigen Aufnahmen für immer verloren gewesen wären – hätte Edouard Lambelet nicht in einem Regal zufällig Hunderte von belichteten Fotoplatten gefunden, sie entstaubt und aus ihrem Dornröschenschlaf erweckt.

Als ich in einem Anfall von Neugier in der Buchhandlung nach jenem kreativen Neuentdecker des Lehnert'schen Œuvres fragte, brachte mich ein älterer Angestellter zu »Doktor Edouard«, wie der Chef in seiner Firma genannt wird. Um zu dessen etwas altmodischem holzverkleideten Büro zu gelangen, musste ich ein Kontor wie in einem alten amerikanischen Schwarz-Weiß-Film durchqueren. Im Gang standen kistenweise deutschsprachige Bücher: Ich entdeckte Romane von Konsalik und sogar einen Bildband über die längst vergessene deutsche Girlie-Band »Tic Tac Toe« – ein triviales modernes Antiquariat. Ich fragte mich, woher diese Bücher wohl kamen und wer sich in Kairo dafür interessieren könnte.

Als ich aber dem freundlichen älteren »Doktor Edouard« gegenübersaß, der gutes Deutsch mit starkem französischen Akzent sprach, hörte ich einfach nur zu. Er habe als junger Mensch nicht die Absicht gehabt, das Familienunternehmen zu leiten, erzählte er. In der Schweiz habe er den Militärdienst geleistet, danach in Hamburg Geologie studiert und schließlich viele Jahre in der Ölindustrie gearbeitet. Dann aber habe es ihn doch wieder nach Kairo gezogen, wo man ihm und seiner deutschen Frau zwar nach wie vor die ägyptische Staatsbürgerschaft verwehre, ihn aber – ganz anders als zu den turbulenten Zeiten, die sein Vater habe erleben müssen – ungestört seine Geschäfte machen lasse. Inzwischen also lernte ich auch seine Schwester kennen, und als ich ihr von meiner Begegnung mit ihrem Bruder erzählte, bemerkte ich eine Zurückhaltung, die mich veranlasste, nicht an eine anhaltende Geschwisterliebe zu glauben.

Nun folge ich Edouards Schwester Maggy durch den dichten Verkehr auf der Shari' Kasr el-Nil zu den schräg gegenüber von Lappas liegenden Kolonnaden »Mamar Behler«.

»Diese Arkaden sind Bächlers Miniaturnachbildung der Rue de Rivoli«, sagt Maggy.

Tatsächlich erinnern die niedrigen Bogengänge zwischen der Shari' Kasr El-Nil und der Shari' Talaat Harb an jenen imposanten Pariser Straßenzug, den Napoléon Bonaparte mehr als hundert Jahre zuvor zwischen Place de La Concorde und Place du Louvre anlegen ließ.

»Hier war damals ein sehr exklusiver Kurzwarenhändler, und gleich daneben wurden feine französische Dessous verkauft«, erinnert sich Maggy, während wir an grell erleuchteten Schaufenstern mit trendiger Jugendkleidung vorübergehen, die sich kaum von den Klamotten unterscheidet, für die Teenies auch in Berlin, London oder New York Geld ausgeben. Offenbar laufen die Geschäfte gut, denn im Gegensatz zur Häuserzeile rund um das Lappas sind die Säulen und Bögen der Behler-Passage frisch renoviert.

»Früher waren Gewölbe und Stuck Ton in Ton«, kommentiert Maggy. »Das war elegantes Understatement, verstehst du? Aber jetzt haben sie dieses grässliche Gelb genommen und den Stuck beige abgesetzt. Was für ein Kitsch!«, schimpft sie. Dann bleibt Maggy verträumt lächelnd vor einem Geschäft stehen und schwärmt:

»Hier gab es ein Sportgeschäft, der Inhaber war Italiener. Der hat mir sehr imponiert, als ich ein kleines Mädchen war, und in seinem Geschäft bekam ich meinen ersten Badeanzug. Kurze Zeit später ging ich jeden Tag zum Schwimmtraining in den Gezira Sporting Club in Zamalek. Der war damals ein sehr exklusiver Club …«

»Das ist er immer noch!«, werfe ich ein, doch Maggy winkt ab.

»Nasser hat damals angeordnet, dass seine Offiziere und deren Familien kostenlos aufgenommen werden. Das hat die

Atmosphäre verdorben. Und das internationale Flair ging verloren, als die meisten Ausländer das Land verlassen mussten. Ich selbst …« Maggy stockt, und ihre Miene wirkt traurig.

»Ich war eine sehr gute Schwimmerin, habe für den Gezira Sporting Club einige Preise geholt. Aber eines Tages wurde mir gesagt, dass ich nicht mehr für den Club an Wettkämpfen teilnehmen dürfe, weil ich keine Ägypterin sei. Das war für mich sehr schwer, denn als junges Mädchen versteht man gar nicht, was das zu bedeuten hat. Ich war in Kairo geboren wie die anderen auch, und viele der ägyptischen Mädchen gingen mit mir zur deutschen Schule. Schön, wir sprachen zu Hause meistens Französisch. Aber auf den Terrassen, am Pool und in den Restaurants vom Gezira Sporting Club wurde ja auch neben Arabisch Deutsch, Englisch, Französisch, Italienisch oder sonst was gesprochen. Plötzlich aber war ich Ausländerin in meinem eigenen Land und durfte nicht mehr mit den anderen an den Schwimmturnieren teilnehmen. Hinten an der Shari' Sabry Abou Salam …« – Maggy zeigt in Richtung der kleinen Straße, die am Lappas von der Shari' Kasr El-Nil abgeht –, »da gibt es eine armenische Kirche. Dort habe ich mich oft hingesetzt, wenn ich traurig war und mich einsam fühlte, und habe geweint.«

Wir schlendern durch die Arkaden und biegen in die Shari' Talaat Harb ein. Ich habe den Eindruck, dass Maggy große Mühe hat, die mit chinesischer Billigware vollgestopften Schaufenster zu ertragen. Tatsächlich scheint es, als hätten die Besitzer der zahlreichen nebeneinander liegenden Schuhläden jeweils ihr gesamtes Sortiment in die Auslagen gestapelt. Gedanklich aber ist meine Begleiterin noch immer in den Tagen ihrer Kindheit, wie jene schöne Geschichte beweist, die ihr offenbar eben erst wieder eingefallen ist.

»Ich habe auch Judo gemacht im Gezira-Club«, fährt

Maggy mit ihren Erinnerungen fort. »Da ging ich nach wie vor hin, weil der Trainer mich mochte und für begabt hielt. Damals gab es kaum Frauen, die diesen Sport bei uns hier ausübten. Als 1959 in Ägypten das Fernsehen eingeführt wurde, bekam ich eine eigene Sendung, in der ich mit Partnern Judoübungen vorführte. Sie wurden in Zeitlupe gezeigt, damit die Zuschauer sie nachmachen konnten.«

»Wurdest du so für dem Film entdeckt?«, frage ich.

»Nein, das war später und auch gar nicht in Ägypten, sondern in Beirut. Ich war 16 und machte meinen ersten Urlaub allein: Mein Vater hatte mir das Ticket geschenkt und mich im Hotel Phönicia einquartiert.«

»Du warst 16?«, frage ich ungläubig, und Maggy erklärt lachend:

»Fünfzehneinhalb! Na ja, das war das liberale Kairo damals – irgendwie anders als heute, wie?«

In der Tat wurden junge ägyptische Frauen seinerzeit von den Männern nicht so stark kontrolliert wie in der zunehmend islamisierten Kairoer Gegenwart. Ich erinnere mich, als ich mit einem ägyptischen Freund im Sommer 1973 durch die Straßen von Wust al-Balad schlenderte und uns zwei Frauen mit *hijab* entgegenkamen. Damals waren Kopfbedeckungen für Frauen in Kairo noch selten, und ich reagierte irritiert, was meinen ägyptischen Freund veranlasste zu sagen: »Das sind wahrscheinlich Putzfrauen aus dem Nildelta.« Während ich nun mit Maggy die Shari' Talaat Harb entlanggehe, kommen uns fast nur »Putzfrauen aus dem Nildelta« entgegen. Allerdings wird der *hijab* mittlerweile von vielen Teenagern weniger als religiöses Attribut denn als modisches Kleidungsstück angesehen und sogar mit knallengen Jeans und knappen T-Shirts kombiniert.

Die islamischen Kleidungsvorschriften sind fast schon ein

Dauerthema in Kairo. Der *hijab* stand sogar schon auf der Tagesordnung des ägyptischen Parlaments. Vorausgegangen war eine Äußerung des fast 70-jährigen Kulturministers Farouk Hosni, der in einem Interview gesagt hatte: »Es gab eine Zeit, in der unsere Mütter ohne Kopftuch zur Universität und zur Arbeit gingen. In diesem Sinne sind wir groß geworden. Warum jetzt dieser Rückfall? Jede Frau mit ihrem schönen Haar ist wie eine Blume, und es sollte nicht vor den Blicken anderer verborgen werden. Die Religion achtet heute zu sehr auf Äußerlichkeiten.« Plötzlich sah sich Farouk Hosni nicht nur von Abgeordneten der radikal-islamischen Moslembruderschaft kritisiert, sondern erntete auch Widerspruch aus den Reihen der eigenen Nationaldemokratischen Partei.

Gleichwohl entdecke ich in den Schaufenstern, an denen ich mit Maggy vorüberflaniere, Puppen mit sehr engen, sehr kurzen Kleidern. Wer trägt hier so etwas? Ich blicke mich um und entdecke auch im Straßenbild hier und da solche Kleider. Doch die Frauen tragen dazu nicht nur einen raffiniert gebundenen *hijab,* sondern unter dem Kleid auch eine Hose. Kein Wunder also, dass Maggy von vielen Passanten abschätzig gemustert wird, trägt sie doch eine knallenge schwarze Lederhose, ein T-Shirt mit gewagtem Dekolleté und offenes, schulterlanges blondes Haar. Sie hält damit einer Selbstbestimmtheit in der Mode die Treue, die einst in Wust al-Balad nichts Ungewöhnliches war.

»Wie wurdest du denn nun für den Film entdeckt?«, will ich endlich wissen.

Maggy lacht wieder und hat sichtlich Spaß daran, mir die Geschichte zu erzählen:

»Ich ging im Hotel Phönicia in Beirut die Treppe hinunter, als sich mir plötzlich ein Mann vor die Füße warf und rief:

›Sie müssen in meinem neuen Film die Hauptrolle spielen!‹ Na, und das habe ich dann gemacht.«

»Im Estoril hat gestern Abend jemand gesagt, du warst die ägyptische Antwort auf Brigitte Bardot«, sage ich.

»Das haben damals manche Zeitungen geschrieben«, gibt sie sich unbeeindruckt. »Aber ich habe ja nicht nur in Ägypten gedreht, sondern eben auch im Libanon, in Syrien und einmal sogar in Prag.«

»Und wo fanden in Kairo die Filmpremieren statt? Da drüben?«, frage ich und weise mit dem Kopf auf das grellgelb und rot gestrichene Art-déco-Kino auf der anderen Straßenseite.

»Nein, nein«, sagt Maggy, »das war das Paramount, da liefen nur amerikanische Filme. Unsere Premieren waren im Rivoli, das ist dort vorn um die Ecke auf der 26.-Juli-Straße, neben dem Gerichtshof.«

Plötzlich hat Maggy auf der anderen Straßenseite links neben dem Art-déco-Kino etwas entdeckt.

»Komm mal mit!«, sagt sie und stürzt sich beherzt in den dichten Strom von Autos. Ich habe Mühe, ihr zu folgen, und es dauert eine Weile, bis wir die Straße überquert haben. Kopfschüttelnd bleibt Maggy vor dem Schaufenster des Textil-Discounters Wannan stehen.

»Hier wurde früher teures Silberbesteck verkauft, edles Porzellan und was man sonst noch für einen großbürgerlichen Haushalt benötigt«, erinnert sich meine Begleiterin. »Der Besitzer war ein sehr charmanter Armenier. Es war immer etwas ganz Besonderes, bei Yacoubian einzukaufen, und jetzt – sieh dir das an!«

»Yacoubian?«, frage ich. »Hatte die Firma etwas mit dem Yacoubian-Haus zu tun?«

»Du stehst direkt davor!«, sagt Maggy.

Ich blicke an den acht Stockwerken des grauen neoklassizistischen Baus hinauf bis zu den beiden tempelartigen Aufbauten auf dem Dach. Einige der Mietparteien haben ihre Balkone weiß, beige oder hellblau gestrichen haben, was der Fassade einen Patchworkcharakter gibt. Hier also hat der ägyptische Schriftsteller Alaa al-Aswani seinen umstrittenen Roman *Der Jakubijân-Bau* angesiedelt. Kurz vor meiner Abreise nach Kairo hatte ich den Autor beim internationalen Literaturfestival in Berlin kennengelernt. Die alte Stadtmitte, Stätte seiner Kindheit und Jugend, hatte er als einen sehr freien Ort in Erinnerung. In seinem Roman aber zeichnet er erstmalig Figuren, die für die Tabuthemen der ägyptischen Gegenwart stehen: Da sind ein korrupter Politiker, ein aristokratischer Weiberheld, eine junge Frau, die sexuell missbraucht wird, ein Student, der zum islamischen Terroristen wird, ein homosexueller Journalist. Aufsehen erregte schon die Veröffentlichung des Romans, die aufwendige Verfilmung des Werks führte zu lautstarken Protesten und sogar zu parlamentarischen Anfragen.

Nur einen Häuserblock vom Yacoubian-Haus entfernt, in der Shari' Sherif, liegt Lehnert & Landrock, über dessen Eingang in hellblauen Lettern das deutsche Wort »Buchhandlung« steht. Im hinteren Teil des Ladens fällt Maggy einer Frau in die Arme, und ich erfahre, dass die beiden sich seit mehr als einem Jahrzehnt nicht gesehen haben.

»Das ist Lilly«, stellt Maggy mir die kleine alte Dame mit den blond gefärbten Haaren vor. »Sie gehört zu Lehnert & Landrock, seit ich ein kleines Mädchen war.«

»Ja, das stimmt«, bestätigt Lilly, »und dieses kleine Mädchen habe ich in mein Herz geschlossen, wo es bis heute einen festen Platz hat.«

Maggys alte Freundin spricht fließendes Englisch mit einem für mich undefinierbaren Akzent. Sie sieht mich durch riesige

Brillengläser freundlich an, und ich fasse den Mut, nach ihrer Herkunft zu fragen.

»Ich bin Griechin«, antwortet Lilly bescheiden, »aber seit meiner Jugend lebe ich in Kairo.«

»Wann sind Sie denn zuletzt in Ihrer Heimat gewesen?«, frage ich.

»In Griechenland, meinen Sie? Da bin ich nie wieder gewesen. Meine Heimat ist diese Galerie hier. Sehen Sie sich um, es gibt viel zu entdecken.«

Ich folge ihr in einen Raum, an dessen Wänden gerahmte Originalfotos und Kunstdrucke ausgestellt sind.

»Diese orientalischen Schönheiten hat Lehnert vor über hundert Jahren in Tunis und in der libyschen Wüste fotografiert«, erklärt Lilly. »Die Aufnahmen hier drüben sind später entstanden, in den Dörfern des Nildeltas, und diese hier im islamischen Viertel von Kairo. Waren Sie mal im Basar drüben in Gamaliyya? Da hat sich fast gar nichts verändert seit damals.«

»Aber Lilly«, wirft Maggy ein, »mein Freund hier hat schon mehrfach in Kairo gearbeitet.«

»Ach so!«, staunt Lilly und wendet sich dem Porträt einer jungen Frau mit vielen kleinen Zöpfen zu. »Dieses Mädchen gehört zum Volksstamm der Bisharee in der Nähe von Assuan.«

Während ich die wunderschönen Gesichter jener sicher längst verstorbenen Frauen betrachte, frage ich Lilly:

»Haben Sie immer hier in dieser Galerie gearbeitet?«

»Ich arbeite seit einem halben Jahrhundert in diesem Raum, nur war er damals noch keine Galerie.«

»Hier wurde früher der Vertrieb einer deutschen Modezeitung von Burda organisiert«, wirft Maggy ein. »Wir hatten das Monopol für ganz Ägypten und belieferten die privaten

Abonnentinnen der ägyptischen Gesellschaft ebenso wie die Zeitungsläden im ganzen Land.«

Lilly muss einige Jahre jenseits der achtzig sein, geht es mir durch den Kopf. »Weshalb durften Sie denn unter Nasser im Land bleiben?«, will ich wissen. »Hat es Ihnen geholfen, dass Sie hier gearbeitet haben, oder waren Sie mit einem Ägypter …?«

Lächelnd schüttelt die alte Dame den Kopf und gibt mir zu verstehen, dass sie meine Fragen nicht beantworten wird.

»Gamal Abdel Nasser glaubte, dass er alles allein machen kann und die Ausländer nicht braucht«, ruft Maggy erregt. »Ein fataler Irrtum, wie sich gezeigt hat!«

Als hätte sie noch immer Verfolgungen wie in der Nasser-Zeit zu befürchten, zieht Lilly ihre Freundin zur Seite und beginnt auf Französisch eine unverdächtige Plauderei. Ich lasse die beiden allein und gehe in den Verkaufsraum der Buchhandlung zurück, tauche ein in Lehnerts fotografisches Werk aus der Zeit der vorletzten Jahrhundertwende, das hier in Form von Postkarten in Holzkästen angeboten wird: Ich sehe hart arbeitende Fellachen auf den Äckern, Frauen mit *hijab* bei der Hausarbeit und spielende Dorfkinder an einem Nebenarm des Nil, entdecke Kronprinz Faruk mit seinen Schwestern in offener Kutsche, staune über ein Foto, das einen Zeppelin über der Kairoer Alabastermoschee zeigt, betrachte eine Aufnahme der Löwenbrücke, die von der Gizaer Nilseite aufgenommen wurde. Damals verband die Brücke noch zwei voneinander unabhängige Städte: al-Qāhira und al-Dschîza. Auf dieser historischen Ansicht ist neben zahlreichen Fußgängern nur ein einziges Automobil zu sehen. Das wirkt gemütlich. Aber im Hintergrund vermisse ich die heutige imposante Kairener Skyline am Corniche El-Nil. Schließlich halte ich eine Fotografie in den Händen, die den vertrauten Rundbau

Charles Albert Bächlers am Midan Talaat Harb zeigt. Das Bild muss wenige Jahre nach der Fertigstellung des Gebäudes entstanden sein, da der Fotograf Lehnert im Sommer 1930 Kairo für immer verließ, seiner Sehnsucht nach dem »Zauber der arabischen Paläste von Tunis« folgend, wie ein ausliegender Prospekt verrät.

»Such dir ein schönes Foto aus, ich schenke es dir«, vernehme ich Maggys Stimme.

Die Wahl fällt schwer. Schließlich entscheide ich mich für eine Aufnahme der Sphinx vor den Pyramiden, die damals noch einsam in der Wüste lagen. Der Standort des Fotografen muss ziemlich genau dort gewesen sein, wo heute zwei klimatisierte Lokale amerikanischer Fast-Food-Ketten Touristen aus aller Welt verköstigen.

Ein in die Jahre gekommener Nubier wird mir vorgestellt. Er sei einst als Junge von Maggys Vater in die Firma aufgenommen worden, und ich ahne, dass er es war, der am »schwarzen Samstag« die Brandstifter abwehrte. Der ruhige und sehr höfliche Mann führt mich durch die gesamte Buchhandlung, in der ich deutsche Gegenwartsliteratur vergeblich suche. Die Einfuhrzölle für ausländische Bücher erhöhen die Preise unverhältnismäßig, erfahre ich. Ausnahmen gelten nur für Sprachführer und Werke, die Ägypten zum Thema haben. Solche Bücher werden in großer Zahl für deutschsprachige Touristen vorrätig gehalten, und es erfüllt mich mit Freude, dass ich zwischen den Bildbänden und Reiseführern mein Buch *Das Mädchen aus der Totenstadt* entdecke. Doch ich verrate dem freundlichen Nubier nicht, wer es geschrieben hat …

An Maggys Seite verlasse ich schließlich das Geschäft, das sich, wie sie sagt, nur wenig verändert hat seit der Zeit, als die Schaufensterdekoration noch zu ihren Aufgaben gehörte.

Maggy wirkt nachdenklich, fast melancholisch, als wir in Richtung Shari' Kasr El-Nil schlendern. Wir steuern jene nur wenige Blocks entfernte Gegend an, in der sie ihre Kindheit verlebte.

»Diese Straße ist heute sehr viel schöner als zu der Zeit, als ich hier aufwuchs«, sagt Maggy, während wir in die Shari' Shereffen einbiegen. »Damals fuhren hier noch Autos, und diese Bäume gab es noch nicht.«

Ich erkenne die palmengesäumte Fußgängerzone wieder und das prächtige Haus neben dem Gebäude, das seit einigen Jahren die wiedereröffnete Börse beherbergt. Hier, so erzählte mir Hoda vor anderthalb Jahren, installierte Gamal Abdel Nasser seinerzeit den größten Hörfunk-Auslandsdienst auf dem afrikanischen Kontinent. Ab 1958 wurde zunächst in Deutsch und schon kurz darauf in weiteren Sprachen gesendet. Was viele Hörer nicht ahnten: Die Sprecherinnen der deutschen Nachrichten, die auch Wunschkonzerte moderierten, waren Ägypterinnen, eine von ihnen Hodas Mutter, die ihre Kindheit in Berlin in der Obhut eines preußischen Kindermädchens verbracht und dann deutsche Schulen in Prag und Athen besucht hatte. Dies nämlich waren die Stationen, an denen ihr Vater ägyptischer Botschafter war. Und weil er und seine Frau die deutsche Sprache und Kultur besonders liebten, unterhielten sie sich mit ihren Kindern zeitlebens auf Deutsch. Ihre Mutter, so erzählte mir Hoda schließlich, habe sich mit Deutschland so eng verbunden gefühlt, dass sie nach der kriegsbedingt erzwungenen Rückkehr nach Ägypten eine gefährliche Aktion unternahm. Damals waren viele deutsche Soldaten als britische Kriegsgefangene in Kairo im Straßenbau und für andere Arbeiten eingesetzt. An manchen Tagen habe die junge Frau die Nähe zu ihnen gesucht, und es sei ihr gelungen, mit dem einen oder anderen ein Wort zu wechseln.

Fortan sei sie mit einer Tasche durch Kairo gelaufen, habe sich vorsichtig den deutschen Kriegsgefangenen genähert und ihnen Taschenbücher und Zigaretten zugesteckt. Wäre sie erwischt worden, hätte sie mit einer Anklage wegen Kollaboration rechnen müssen. Einige Jahre nach dem Krieg, als die ersten deutschen Touristen nach Ägypten kamen, war Hodas Mutter als deutschsprachige Reiseleiterin tätig. Oben auf der Zitadelle habe sie einer Reisegruppe von der einstigen waghalsigen Aktion erzählt. Bei dem Satz »Dann griff ich blitzschnell in die Tasche und warf ihnen …« habe ein Reisender ergänzt: » … Taschenbücher und Zigaretten zu«. Der Tourist war einer jener beschenkten Männer …

»In diesem Haus residierte früher der Rundfunk«, sage ich und ernte von Maggy einen erstaunten Blick.

Nun aber will ich von ihr wissen, wie es dem in Ägypten verbliebenen ausländischen Bürgertum erging, nachdem es das vertraute gesellschaftliche Leben hatte aufgeben müssen.

»Wir verkehrten immer noch im Gezira Sporting Club, auch wenn sich die Offiziere auf der Terrasse nicht zu benehmen wussten«, erinnert sich Maggy. »Mein Vater fuhr auch weiterhin an jedem Sonntag zum Mena-Haus, dem Luxushotel draußen bei den Pyramiden. Dort traf er sich mit dem Teppichhändler Kasaroni, mit Künstlern und Schauspielern. Meine Schwester lebte da schon überwiegend in der Schweiz, und mein Bruder studierte in Deutschland. Während mein Vater am Sonntag mit seinen Freunden auf der Terrasse des Mena-Hauses saß, ging ich hinüber zu einem Reitstall an der dritten Pyramide und ritt hinaus in die Wüste. Es war herrlich! Ende der Fünfzigerjahre eröffnete das Hilton am Midan Tahrir. Ab da war ich fast jeden Tag mit meiner Mutter dort, weil es der einzige Ort in ganz Ägypten war, wo es noch ›Eier Benedikt‹ gab.«

»Hier sind wir!«, sagt Maggy, als wir vor einem der mondänen Wohnhäuser mit bröckelndem Stuck und ausgetretenen Marmortreppen angelangt sind. »Dort oben in der dritten Etage habe ich meine Kindheit verbracht.«

Als ich den Hausflur betrete, fällt mir auf, dass es bei Weitem nicht so heruntergekommen ist wie viele andere der Bürgerhäuser, an denen wir vorbeigegangen sind. An einem der wurmstichigen Holzbriefkästen entdecke ich das Namensschild »Lambelet«.

»Mein Bruder hält noch die Wohnung meiner Mutter, obwohl er woanders wohnt. Aber bei den billigen Mietpreisen …«, sagt Maggy.

Wir stehen ein wenig unentschlossen herum, Maggy verweist auf einen Hemdenschneider neben dem Haus ihrer Kindheit, den es damals schon gegeben habe, als in der Tür des Schreibwarenladens nebenan ein älterer Herr auftaucht, stutzt und fragend »Maggy?« ruft.

»Emad!«, ruft Maggy und fällt ihm um den Hals – eine herzliche Begrüßung, wie sie zwischen Mann und Frau früher durchaus üblich war, im Kairo von heute hingegen für viele als anstößig gilt.

»Emad ist ein Jugendfreund«, erklärt Maggy. »Seine Familie hatte hier eine Druckerei.«

»Die Druckerei gibt's immer noch, nur mit den Aufträgen ist es nicht mehr so toll«, bemerkt Emad.

Die beiden beginnen über alte Freunde zu sprechen und darüber, wie das Leben für sie weiterging. Für mich, so finde ich, ist es Zeit, mich zu verabschieden.

Die Geheimnisse
der Basare

»Was ist dein Lieblingsplatz in Kairo?«, will Mr. Maalek, der Inhaber des Café Riche, von mir wissen.

»Der Khan el-Khalili!«, antworte ich spontan.

»Meinst du nur den Khan el-Khalili oder den gesamten Basar?«, fragt der schwergewichtige Gastronom nach, der zu allem etwas zu sagen weiß. Ich sehe ihn täglich, wenn ich an seinem Restaurant – denn um ein solches handelt es sich bei diesem Etablissement trotz des irreführenden Namens – vorbeikomme. Schließlich liegt es nur wenige Meter neben dem Hotel Tulip. Meist winken wir einander nur zu, gelegentlich aber setze ich mich auf eine Tasse Kaffee zu ihm. Ich weiß längst, dass viele seiner Informationen mit Vorsicht zu genießen sind, aber im Basar kennt er sich aus.

In vielen Reiseführern ist zu lesen, dass das gesamte Gebiet südwestlich des fatimidischen Stadttores Bab el-Futuh mit seinen verwinkelten Gässchen und Hunderten von Läden und Verkaufsständen zum weltberühmten Khan-el-Khalili-Basar gehöre. Aber Mr. Maalek belehrt mich eines Besseren:

»Der Khan el-Khalili ist nur das kleine Viertel oben an der Hussein-Moschee. Das Basarviertel weiter unten, nördlich der Shari' Al-Azhar, heißt Gamaliyya. Und auf der anderen Seite der Shari' Al-Azhar heißt der Basar Darb al-Ahmar, und die Gassen rund um die Al-Azhar-Moschee werden auch Ghouriyya genannt. Auch Nagib Machfus nennt es in seinen Büchern so, und er ist schließlich dort geboren«, sagt Mr. Maalek und weist mit dem Kopf auf das riesige Porträtfoto an der Rückwand seines Lokals. Der Nobelpreisträger hatte hier bis zu seinem Tod im Sommer 2006 einen Stammplatz.

Und dann gesteht mir Mr. Maalek, dass er immer in die Basare gehe, wenn er mal nicht »gut drauf« sei. Dann muss er sich oft dort aufhalten. Denn gut gelaunt oder gar fröhlich erlebt man den Chef des Café Riche selten. Vielmehr trifft man ihn regelmäßig mit griesgrämigem Gesicht im vorderen Teil seines Lokals oder an einem kleinen Tisch auf dem Trottoir an.

»Vor hundert Jahren hatten die Basaris in Gamliyya Angst vor der Konkurrenz des Kaufhauses Sednaoui«, erzählt Mr. Maalek weiter und berichtet von dem Konsumtempel, der 1913 von der syrischen Kaufmannsfamilie Sednaoui an der Grenze zwischen der neu entstandenen Stadtmitte und dem alten islamischen Viertel eröffnet wurde.

Am nächsten Morgen betrete ich zusammen mit Hoda den imposanten Bau, betrachte staunend die beiden Kuppeltürme und den großen Lichthof des fast hundertjährigen Kaufhauses, in dem man entweder über prunkvolle Treppenanlagen oder mittels verglaster Kabinenfahrstühle in die oberen Etagen gelangt. Die einstige Feudalität des nach Vorbild der Pariser Galeries Lafayette erbauten Kaufhauses ist auch an den beiden riesigen Kronleuchtern unter der gläsernen Jugendstildecke erkennbar. Angesichts des kargen Warensortiments und der unmotivierten Haltung des herumstehenden Personals verspürt man allerdings die Trostlosigkeit des 1961 verstaatlichten Sednaoui. Schon im Erdgeschoss fragt man sich, in welcher Abteilung man sich eigentlich befindet. Waschmaschinen werden neben Motorrädern angeboten, in einer Glasvitrine sind nebeneinander ein Schreibset, ein orientalisches Tawla-Spiel und Schuhe ausgestellt. Wir fahren mit einem schmucklosen Industriefahrstuhl der Siebzigerjahre in die oberste Etage.

»Früher gab es hier golden strahlende Messingkabinen!«, schwärmt Hoda.

In der fünften Etage sind viele der verglasten Holzvitrinen der Gründerzeit vollkommen leer. Weshalb aber stehen dennoch Verkäuferinnen herum? In einem der Stockwerke darunter sind neben riesigen leeren Flächen Teppiche in zwei Stapeln übereinandergeschichtet. Dabei wäre doch genug Platz, sie nebeneinander auszulegen.

Im Erdgeschoss lerne ich Hasan Abdel Fattah kennen, den Direktor des Staatsladens. Hinter einem schlichten Schreibtisch am Rand des Verkaufsraumes sitzt der schmächtige junge Mann, der zum Zeitpunkt der Enteignung sicher noch gar nicht geboren war. Es wundert mich nicht, dass er mir gegenüber weniger das überschaubare Warenangebot als die architektonischen Vorzüge des Gebäudes preist. Die avantgardistisch anmutende Stahlkonstruktion soll kein Geringerer als Gustave Eiffel entworfen haben. Jeder an Architektur interessierte Kairo-Reisende, so der Direktor stolz, setze den Besuch seines Kaufhauses ganz oben auf die Agenda. Selbst in den heißen ägyptischen Sommern komme man übrigens ohne Klimaanlage aus, weil die Glasdecke unterhalb der Kuppel geöffnet werden könne. Durch die gleichzeitig offenen Türen im Erdgeschoss würde die Luft permanent zirkulieren. Weniger beliebt scheint das Sednaoui trotz alldem bei potenziellen Kunden zu sein. Zumindest zu dieser vormittäglichen Stunde sind Hoda und ich in den fünf Verkaufsetagen die einzigen Menschen, die nicht auf Hasan Abdel Fattahs Gehaltsliste stehen.

»Ich würde hier vielleicht einen Kühlschrank kaufen, weil er gewiss billiger wäre als bei uns drüben in Mohandessin«, sagt Hoda, als wir in Richtung des Ausgangs gehen, »aber keine Kleidung oder gar Schuhe.« In ihrer Kindheit sei das anders gewesen, da habe sich die Familie durchaus im vornehmen Kaufhaus Sednaoui eingekleidet. Allerdings habe sie ihre Mutter auch regelmäßig hinüber in die Basare begleiten müssen, was ihr immer etwas unheimlich gewesen sei.

Das islamische Viertel war für ein Mädchen aus der ägyptischen Oberschicht eine fast ebenso fremde Welt wie für einen Europäer. Das hat sich mittlerweile geändert: Die bürgerlichen Bezirke sind islamischer, ihre Bewohner sind preisbewusster geworden. Längst haben auch die Menschen in Giza und Zamalek die günstige Warenvielfalt der Basare für sich entdeckt.

Was man aber seit jeher zu schätzen weiß – vermutlich war dies auch der Grund, weshalb Hodas Mutter die Händler der Basare aufsuchte –, sind traditionelles Kunsthandwerk und Schmuck.

An dem Geschäft unweit von Hauptfeuerwache und Zentralpostamt am Midan Ataba wäre ich ohne Hoda ganz sicher achtlos vorübergegangen. Es liegt am Rand von Gamaliyya. Der Kitsch in den beiden schmalen Schaufenstern ist kaum zu überbieten: Da liegen winzig kleine Babypüppchen in Bettchen, Porzellanbrautpaare stehen auf kleinen Schatullen …

»Solche Behältnisse werden für Familienfeste mit Schokolade oder Pralinen gefüllt und an die Gäste verteilt«, erklärt mir Hoda und zeigt auf eines mit Püppchen. »Das hier ist zum Beispiel ein Gastgeschenk für die Al-Sebou-Feier, die am siebten Tag nach der Geburt eines Kindes stattfindet.«

Ich erinnere mich, vor anderthalb Jahren an einer solchen Zeremonie zum Eintritt ins Leben teilgenommen zu haben.

Und zwar an einem Ort, der eher für das Gegenteil steht – auf einem Friedhof nämlich. Damals hielt ich mich regelmäßig auf den von armen Menschen bewohnten Grabhöfen rund um die Moschee Imam Al-Shafi'i auf. Mona, deren Kindheit und Jugend in der »Totenstadt« ich damals erforschte, nahm mich mit zu einer Al Sebou-Feier in der Nachbarschaft. Der sieben Tage alte Säugling wurde in einem großen Haushaltssieb über den ganzen Hof getragen, begleitet vom Gesang der Familie: »*Ya rab ya rabena tekbar wa teb'a zayena*« (»O Gott, unser Gott – hoffentlich wirst du bald groß und wirst so wie wir«). Die Gäste bekamen allerdings statt der kostspieligen Keramikgefäße, wie sie hier verkauft werden, lediglich ein mit Erdnüssen gefülltes Tütchen, an dem eine kleine Schleife mit dem Namen des Kindes befestigt war.

Der Besitzer des Ladens bittet uns einzutreten und zeigt uns eine Vitrine mit einer großen Auswahl an ägyptischen Süßigkeiten.

»Wir füllen die Gefäße selbst, und unsere Künstlerinnen oben gestalten das Ganze dann sehr schön«, sagt der freundliche Mann und zeigt in Richtung einer schmalen steilen Wendeltreppe.

»Kann ich das mal sehen?«, frage ich und steige schon im nächsten Moment hinter ihm in die erste Etage hinauf.

An der gesamten Wand eines schlauchartigen Raumes sind bis unter die Decke Waren und Verpackungsmaterialien verstaut. Vor den Regalen sitzen zwei junge Frauen an einem kleinen Tisch. Die eine greift mit flinken Fingern in Kistchen und Kästchen mit verschiedenen Süßigkeiten, füllt damit die vor ihr aufgereihten ovalen Schalen und setzt mit je einem kleinen Hochzeitspaar verzierte Deckel darauf. Ihre Kollegin zieht Zellophanstücke zu sich heran, und ehe ich mich versehe, ist das glückliche Brautpaar samt kaloriengefüllter Dose davon umhüllt. Mechanisch zaubert die junge Frau ein gelbes Band mit den Namen der Frischvermählten aus einer Schublade und verziert das Präsent schließlich mit einer kunstvollen Schleife.

»Die beiden arbeiten den Auftrag eines Hochzeitsplaners ab, der ein riesiges Fest ausrichtet«, verrät der Ladeninhaber.

»Bekommen Sie dabei nicht auch Lust aufs Heiraten?«, frage ich die jüngere der beiden jungen Frauen. Sie sieht mich verständnislos an.

»Aber ich bin schon verheiratet!«

Offenbar mache ich ein sehr verblüfftes Gesicht, denn alle beginnen zu lachen.

»Aber sie hier ist noch zu haben«, sagt der Chef und zeigt auf ihre Kollegin.

»Ich muss mich hier auf das Einfüllen konzentrieren«, sagt sie. »Dabei kann ich nicht ans Heiraten denken.«

»Ist das eigentlich ein lukratives Geschäft?«, will ich vom Chef wissen.

»Schon lange nicht mehr«, winkt er ab. »Als mein Vater das Geschäft 1940 eröffnete, waren wir die einzigen Anbieter weit und breit. Aber heute? Gehen Sie mal etwas tiefer in den Basar hinein, da liegen ganze Haufen solcher Dosen aus chinesischer Produktion, alle aus Plastik. Gleich daneben gibt es billige Bonbons zu kaufen, die der Kunde selbst in die Plastikbecher füllen muss.« Er schüttelt verständnislos den Kopf. »Meine beiden Brüder und ich setzen mit diesem Geschäft nur noch die Familientradition fort. Was würden die Kunden machen, die noch Wert auf Stil legen, wenn es uns nicht mehr gäbe? Davon leben kann keiner mehr von uns. Ich bin noch als Rechtsanwalt tätig, mein einer Bruder ist Architekt, und der andere arbeitet bei der Zollbehörde. Wir wechseln uns hier ab.«

Während ich das Geschäft verlasse, entdecke ich neben einem Teller, in dessen Mitte einer der 99 islamischen Namen für Allah eingraviert ist, ein Döschen mit einem Kreuz darauf. Augenscheinlich wird die Tradition der süßen Geschenke auch bei koptischen Feierlichkeiten gepflegt – ein bemerkenswertes Nebeneinander religiöser Symbole in einem Ägypten, wo die Menschen unterschiedlicher Glaubensrichtungen sich mit einer friedlichen Koexistenz immer schwerer tun.

Eine Ecke weiter führt der Weg direkt hinein in das Gassengewirr des Basars von Gamaliyya. Gleich am Anfang befindet sich die »Meile des Lichts«, wie der Volksmund das Gebiet nennt, in dem sich Lampenladen an Lampenladen reiht. Hoda und ich flanieren durch eine Allee von aufwendig verzierten Kronleuchtern, Lüstern und allerlei Leuchten, die am Morgen vor die Geschäfte gehängt wurden. Obgleich es nicht geregnet hat, ist das Pflaster zwischen den Geschäften nass. Offenbar hat man es mit Wasser besprengt, um den Staub zu binden, der sich sonst auf das filigrane Kristall legen würde. In einigen Läden wird noch geputzt, vor anderen sitzen bereits die Eigentümer und lassen sich von den *kahwa*-Betreibern der Umgebung dampfenden Tee servieren. Im weit geöffneten Eingang eines Eckladens stehen mannshohe Boxen, welche in voller Lautstärke die Koranrezitationen eines religiösen Radiosenders durch die engen Gassen schicken.

Ich bleibe stehen und bestaune direkt über mir eine überdimensional große, mit Hunderten von Kristallglasperlen bestückte Lampe. Schon im nächsten Moment steht der Ladeninhaber neben mir.

»Woher kommt diese Lampe? Aus China?«, frage ich und erkenne an seinem Blick, dass er meine ernst gemeinte Frage als Provokation empfindet.

»Wie kannst du so etwas fragen?«, protestiert Hoda. »Diese

Geschäfte gehören Handwerkern, die seit Generationen solche Leuchter herstellen. Man kann hier nach eigenen Entwürfen sein ganz individuelles Modell anfertigen lassen!«

»Kommen Sie!«, fordert mich der Lampenhändler auf, und ich folge ihm über drei schmale Marmorstufen und auf spiegelglattem Granitfußboden durch das mit Waren vollgestopfte Geschäft in einen hinteren Raum. Eine junge Frau in schwarzer bodenlanger *abaya,* deren bildhübsches Gesicht von einem grau-beige gestreiften *hijab* eingerahmt ist, sieht von ihrer Arbeit zu mir auf. Auf den Knien balanciert sie einen schmalen Karton mit Perlen aus Bleikristall, die in verschiedenen Blautönen funkeln. Neben ihr hängt das Messinggestell für eine Lampe.

Der Chef zeigt auf die junge Frau:

»Sieht sie etwa aus wie eine Chinesin?«

»Nein! Auf mich wirkt sie wie …« Ich mache eine künstliche Pause, ehe ich sage: »Ich finde, sie sieht eher ein wenig … arabisch aus.«

Ich weiß nicht, ob das schallende Lachen des Lampenhändlers meinem Scherz gilt oder dem errötenden Gesicht der jungen Frau. Jedenfalls scheint das Eis gebrochen zu sein, worüber auch Hoda sichtlich erleichtert ist.

»Machen Sie diese Arbeit schon lange?«, will ich von der jungen Frau wissen.

Ohne aufzublicken, antwortet sie knapp: »Eine Weile.«

»Rabia ist eine wahre Künstlerin«, bemerkt ihr Chef und weist auf eine ganze Reihe unterschiedlich gestalteter Kronleuchter an der Decke. »Die hat sie alle selbst entworfen.«

»Rabia arbeitet nicht mit Vorlagen?«, frage ich nach.

»Natürlich haben manche Kunden, die zu uns kommen, sehr genaue Vorstellungen«, gibt mein Gesprächspartner zu. »Aber die meisten Leuchter gestaltet sie nach ihrem

Geschmack, und so kommen sie dann nebenan in den freien Verkauf, jedes Teil ein Unikat.«

Manche der Kronleuchter hat Rabia mit langen feinen Perlenschnüren versehen, andere mit schweren tropfenförmigen Kristallkugeln, Opulenz reiht sich an schlichte Eleganz.

»Wo haben Sie das gelernt, Rabia?«

»Hier!«, antwortet sie abermals knapp und arbeitet konzentriert weiter.

»Rabia« bedeutet so viel wie »ruhig verweilend« oder »in sich ruhend«. Kein anderer Name wäre passender für diese junge Designerin, die nun große und kleine Kristallperlen abwechselnd auf eine Schnur fädelt und immer wieder prüfend an den Messingrahmen hält.

»Ich mochte eigentlich nie Kronleuchter«, flüstere ich Hoda zu, »aber wenn ich einen kaufen würde, müsste er von Rabia sein.«

»Sie ist wirklich sehr begabt!«, bestätigt Hoda, während wir uns zurück in das Getümmel der Gassen begeben, die uns immer tiefer in den Basar führen.

Der Düfte und Gerüche gibt es hier viele, aber nicht alle sind, um mit Shakespeares Lady Macbeth zu sprechen, »Wohlgerüche Arabiens«.

»*Foul!*«, ruft ein Straßenhändler mit schnarrender Stimme aus seiner Bude unterhalb der Fußgängerbrücke an der Shari' Bur Said, welche das westliche und das östliche Basarviertel miteinander verbindet. Dabei füllt er den Bohnenbrei zum sofortigen Verzehr in ein Fladenbrot oder als *take away* in kleine Plastiktüten. Irgendwo hinter der Fassade eines dieser windschiefen Häuser steht wahrscheinlich seine Frau an einem Herd, überbrüht die Stunden zuvor eingelegten Bohnen mit heißem Wasser und lässt sie so lange kochen, bis sie cremig sind. Denn es ist kaum anzunehmen, dass jener *foul-*

Händler große Mengen des ägyptischen Nationalgerichts von weit her ankarrt.

In diesem Teil des Basars sind die Ägypter, im Gegensatz zum touristischen Khan el-Khalili weiter östlich, weitgehend unter sich. Wir schlendern durch die Gewürzgasse, legen bei den Parfümerien eine Rast ein und verweilen in kleinen Läden, in denen Kupfer- und Messingwaren verkauft werden.

Obgleich in fast allen Gassen der *hijab* überwiegt, werden Frauen wie Hoda, die kein Kopftuch tragen, ebenso wenig schief angesehen wie die im *nikab* verschleierten Gestalten oder junge Mädchen in Jeans und T-Shirt.

Bald fällt es mir leichter, billige chinesische Schals, Haushaltswaren und Stoffe von einheimischen Waren zu unterscheiden. Wo aber sind die Werkstätten der Künstler, die hochwertigen Silberschmuck entwerfen, Decken und Kissenbezüge besticken oder Perlmutt und Sandelholz zu aufwendigen Intarsien verarbeiten? Offensichtlich gehen sie ihrer Tätigkeit im Verborgenen nach, so wie Rabia im Hinterzimmer des Lampengeschäfts.

Hoda bekennt, bisher noch nie die Werkstätten in den Basaren Kairos aufgesucht zu haben. Von jeher habe sie ihr Weg immer nur in ganz bestimmte Geschäfte geführt, zum Beispiel gehe sie regelmäßig in den Wollladen in Darb al-Ahmar, ehe sie einmal in der Woche in einem Waisenhaus von Altkairo armen Frauen Häkelunterricht gebe. Mit kleinen Handarbeiten könnten die Frauen später zum Familieneinkommen beitragen. Viele Frauen aus vermögenden Kreisen engagieren sich in solchen ehrenamtlichen Tätigkeiten, um einen Teil der *sadaqa* zu erbringen, der Sozialabgabe, zu der jeder Muslim verpflichtet ist.

Wir schlendern weiter durch jene Gassen des Basars, die

schon zum Khan el-Khalili gehören und in denen sich zunehmend Touristen unter die einheimischen Passanten mischen. In einem nach allen Seiten offenen Eckgeschäft, wo hochwertige Silberwaren angeboten werden, entdecke ich plötzlich eine gute Freundin: In schwarzem Leder und dekolletiertem T-Shirt gekleidet, sitzt die blonde Frau vor einer der Vitrinen beim Tee. Was sie von amerikanischen Touristinnen unterscheidet, ist der Ton, mit dem sie in fließendem Arabisch den Verkäufer seiner schlechten Zähne wegen kritisiert.

»Da ist ja Maggy Lambelet!«, ruft Hoda.

Maggy freut sich, mich wenige Tage nach unserem gemeinsamen Spaziergang so unerwartet wiederzusehen. Und sie ist erstaunt, von einer ihr offensichtlich wildfremden Frau erkannt zu werden. Dass diese Frau Deutsch spricht, führt sie auf die richtige Spur:

»Waren wir zusammen in der deutschen Schule?«

»Ja, aber nicht in derselben Klasse. Doch dich, Maggy, vergisst man nicht«, erklärt Hoda, ehe sie sich an mich wendet: »Maggy war immer irgendwie anders. Sie verweigerte zum Beispiel die Schuluniform. Einmal hatte sie nur ein Herrenoberhemd mit einem breiten Ledergürtel an.«

»Das stimmt!«, bestätigt Maggy lachend. »Ich habe die Schule übrigens nicht zu Ende gemacht, denn ich habe schon früh begonnen zu arbeiten.«

»Da haben wir sie dann nur noch im Kino gesehen. Maggy war nämlich Schauspielerin«, will Hoda mir erklären.

»Ich weiß!«, sage ich. »Wir kennen uns zwar noch nicht lange, aber wir sind schon befreundet.«

»Nun ja, Schauspieler untereinander finden eben schnell zusammen!«, ruft Hoda und erntet von uns keinen Widerspruch.

Der Mann mit den Zahnlücken jenseits des Tresens, den uns

Maggy als ihren »alten Jugendfreund« Yehia vorstellt, kam im Alter von zwölf Jahren als Botenjunge in dieses Geschäft – das war vor etwa 50 Jahren. Seit jener Zeit kennen die beiden einander, denn im Gegensatz zur jungen Hoda hielt sich Maggy, wie sie erzählt, als Jugendliche regelmäßig hier im Basar auf. Allerdings wohnte sie im benachbarten Wust al-Balad, also nicht so weit entfernt wie Hoda drüben in Giza …

Während die beiden Frauen in einem deutsch-französisch-arabischen Sprachmix Erinnerungen an die traditionsreiche Deutsche Evangelische Oberschule austauschen, sehe ich mich in dem Geschäft um. Die Auswahl reicht von altem Hotelsilber bis zu filigranem Schmuck. Das Marienbild in der Ecke des Ladens spricht dafür, dass der Besitzer des Ladens Kopte ist. In goldener Kalligrafie ist auf einem Balken unterhalb der Decke allerdings auch eine Koransure zu sehen. Als Maggy erfährt, dass ich diesmal auf der Suche nach den Kreativen des Basars bin, ruft sie begeistert:

»Kommt!«

Gleich neben dem Silbergeschäft steigen wir eine enge Stiege hinauf und erreichen einen riesigen Dachgarten, der rundum von zahlreichen Werkstätten und Lagerräumen gesäumt ist. Unter einer großen Zeltplane, die den Mittelteil des Areals überdacht, geht soeben das Mittagsgebet zu Ende. Die Gläubigen erheben sich, verlassen die Terrasse und streben wieder ihren Arbeitsplätzen zu. Ein alter Mann schlurft wortlos an uns vorbei, setzt sich vor eine der Werkstätten an einen Tisch und greift zu einem kleinen Hammer. Dann beginnt er, mit spitzem Meißel entlang vorgezeichneter Linien kleine Vertiefungen in einen Messingteller zu klopfen. Ich sehe ihm eine Weile zu und kann beobachten, wie der Künstler die Zeichnung des Pyramidenmotivs in ein plastisches Relief verwandelt.

»Das hier ist ein historischer Ort! Hier oben war die Waffenschmiede von Mohammed Ali«, ruft mir ein Mann zu, der in einiger Entfernung damit beschäftigt ist, *mashrabiya,* die typischen Holzschnitzereien, wie man sie von Fensterläden, Möbeln oder Bilderrahmen kennt, zu lackieren.

Sollte dieses Gebäude tatsächlich schon 250 Jahre alt sein? Die Reiseführer unten in den Gassen erklären den Touristen, dass ein Emir namens Dschaharek el-Khalil hier vor über 600 Jahren das erste Handelshaus baute. Warum also soll nicht Mohammed Ali, der albanische Offizier in osmanischen Diensten, seine Armee hier oben ausgerüstet haben, nachdem er 1805 den ägyptischen Thron bestiegen hatte?

Ich trete näher, sehe mich in der Werkstatt des Lackierers um und frage verwundert:

»Stellt ihr denn die *mashrabiya* hier nicht auch her?«

»Oh nein, wir haben sie immer nur lackiert. Früher kamen sie aus einer Werkstatt zwei Gassen weiter, aber dort ist das inzwischen verboten. Viele Basaris haben sich beschwert, weil das Sägemehl ihre Waren einstaubt. Jetzt haben die Schreiner ihre Werkstätten außerhalb der Stadt.«

»Aber warum bringen sie ihre Produkte zum Lackieren hierher? Man könnte das doch auch dort machen«, sage ich.

»Wozu? Die *mashrabiya* werden doch auch unten im Basar verkauft«, liefert er eine nachvollziehbare Begründung.

»Schaut mal, dieser Mann ist wirklich ein Künstler!«, ruft Maggy.

Ich gehe zu ihr und sehe, dass hier jene Sandelholzschatullen mit Perlmuttintarsien entstehen – ein beliebtes Mitbringsel aus Ägypten. Allerdings leistet sich der Künstler gerade auf einem Liegestuhl eine kreative Pause in Form eines Mittagsschläfchens. Als ich leise an ihm vorübergehen will, öffnet er die Augen, springt auf und bittet mich mit einer höflichen

Geste in seine Werkstatt. Dort ist ein junger Mann dabei, die äußere Kalkschale einer großen Muschel abzuschleifen.

»Anders kommen wir an das Perlmutt nicht heran«, erklärt mir der noch immer etwas schläfrig wirkende Mann. »Wenn man es von innen aushebeln wollte, würde es wie Glas zersplittern. Das passiert sogar bei dieser Methode manchmal. Leider, denn Perlmutt ist teuer.«

Er zeigt mir kleine Muscheln aus dem Roten Meer, von denen das Kilo 20 Pfund kostet, und große aus Japan, die zehnmal so viel wert sind, in denen aber die Perlmuttschicht wesentlich dicker ist.

»Nur japanisches Perlmutt eignet sich für diese Stifte«, erklärt mir der Mann und sieht sich in der Werkstatt nach einem Exemplar um.

»Zunächst werden längere Perlmuttstreifen außen rund geschliffen und dann kreuzweise geviertelt. Jedes der vier länglichen Teile ist dann außen rund und bildet an der Innenseite ein Dreieck. Jetzt werden feine Streifen Sandelholz an die Schnittstellen gelegt und alles wieder zusammengeklebt«, erklärt er und hält mir einen so präparierten Perlmuttstift unter die Nase.

»Davon werden dann ganz feine Blättchen abgesägt, und die sehen so aus. Komm mal mit!«

Ich folge ihm hinaus an seinen Werktisch, auf dem ein schmuckloser Karton mit Tausenden dieser Perlmutt-Sandelholzblättchen steht. Er zeigt auf eine Schatulle, in deren Deckel zu etwa einem Drittel Intarsien eingelegt sind.

»Rate mal, wie viele Perlmuttteile auf dem Deckel Platz haben?«, fragt er und gibt auch gleich die Antwort: »10 000!«

Ich verweile in stummer Bewunderung vor der Glanzleistung an Feinmotorik, mit der der Künstler die kleinen Blättchen aufbringt. Angesichts dieser aufwendigen und zeitraubenden Prozedur erscheint es mir grotesk, dass Touristen den Preis manchmal noch hartnäckig um umgerechnet zwei Euro herunterzuhandeln versuchen.

Nachdenklich schlendere ich davon. Mein Blick fällt in einen schmalen Raum, in dem sechs Männer unterschiedlichen Alters schweigend um einen Tisch sitzen, jeder von ihnen in seinen ganz eigenen kleinen Arbeitsschritt vertieft. Es sind offenbar Silberschmiede, wie ich am Material zu erkennen glaube, das sich in Schachteln und Schatullen auf dem übervollen Tisch befindet. Einige der Männer sind damit beschäftigt, aus hauchdünnem Silberband arabische Kalligrafien zu sägen, die dann von zwei ihrer Kollegen an einem Tisch in der Ecke auf silberne Teller geschweißt werden.

»Wenn du willst, zeige ich dir einen ganz besonderen Ort«, flüstert Maggy von hinten und läuft mir schon zu jener Treppe voraus, über die wir wieder zu den Gassen des Khan el-Khalili hinabsteigen. Mir fällt auf, dass es vor allem Touristinnen sind, die Maggys Kleidungsstil kommentieren. Wahrscheinlich halten sie Maggy für eine ignorante Ausländerin, während die meisten Basaris das blonde Wesen kaum beachten, das hier schon als Teenager im Herrenhemd und breitem Ledergürtel vorbeikam.

In einer der Gassen unweit der Hussein-Moschee geht es abermals über eine steile Treppe nach oben. Kurz vor dem Platz, wo arabische Busfahrer darauf warten, dass ihre Fahrgäste die zeitlich streng begrenzte Shoppingtour zu Ende bringen, habe ich eine Höhendistanz von drei Etagen zu bewältigen. Oben angekommen, werden wir von unserer Freundin leise gebeten, vor einer dunklen Werkstatt zu warten. Durch die offene Tür kann ich an der gegenüberliegenden Wand das Bildnis der Jungfrau Maria erkennen. Und neben einem Käfig mit zwei zwitschernden Wellensittichen ein Poster mit dem Porträt von Anwar as-Sadat. Wir warten eine ganze Weile, dann kommt Maggy zurück und bemerkt entschuldigend:

»Mein Freund Eduard ist ein sehr schüchterner Mensch, aber ihr könnt jetzt kommen.«

Vor allem ist dieser Eduard ein ganz besonderer Mensch. Das fällt mir sofort auf, als ich den Mann mit den feinen Gesichtszügen entdecke, der in der kleinen düsteren Werkstatt im Schein einer Lampe arbeitet, deren Fokus er durch einen notdürftigen Schirm aus Alufolie auf die Größe seines Arbeitsplatzes verkleinert hat. Besonders scheinen auch die Materialien zu sein, mit denen er arbeitet. Vor sich hat Eduard ein wenige Zentimeter hohes Kreuz aus Platin, und ich beobachte ihn dabei, wie er mit einer Pinzette vorsichtig kleine funkelnde Brillanten einlegt.

Der schüchterne Künstler scheint armenischer Christ zu sein. Ich weiß zwar nicht, ob »Eduard« ein armenischer Name ist, aber weder ägyptische Muslime noch koptische Christen nennen ihre Kinder so. Zudem weiß ich, dass die Goldschmiedekunst besonders häufig unter den Armeniern von einer Generation zur anderen weitergegeben wird. Ich überlege, wie ich den schüchternen Eduard ein wenig aus der Reserve locken kann.

»Warum haben Sie Ihre Werkstatt nicht in der Haret El Manakh?«, frage ich mit Hinweis auf die wenigen in der Stadtmitte noch ansässigen armenischen Goldschmiede.

Eduard lässt einen leisen Lacher vernehmen, ehe er leise erklärt:

»Da bin ich aufgewachsen und habe dort auch meinen Beruf erlernt, aber hier habe ich meine Kunden.«

»Waren Ihre Eltern auch Goldschmiede?«

»Ja, Sir!«, sagt Eduard leise.

»Wenn Sie mich Sir nennen, nenne ich Sie Meister!«, sage ich und erreiche, dass Eduard von seiner Arbeit aufblickt, die vor das Auge geklemmte Lupe abnimmt und mich mit einem verschmitzten Lächeln mustert. Ich halte seinem Blick stand und frage ihn schließlich:

»Sagen Sie, Eduard, sind Sie ein Handwerker oder ein Künstler?«

»Künstler!«, sagt er knapp und ohne den Blick abzuwenden.

»Warum?«

»Keines meiner Schmuckstücke gleicht dem anderen, seit ich das da …«– er zeigt mit dem Daumen auf die Fotografie einer silbernen Brosche an der Tresortür hinter sich – »… vor 43 Jahren als Meisterstück gemacht habe!«

Plötzlich wirkt Eduard überhaupt nicht mehr schüchtern, entwickelt sogar eine gewisse Eloquenz. Er beginnt zu erzählen, dass er früher Auftragsarbeiten ausgeführt habe, sogar islamische Motive in Weißgold mit Brillanten. Dabei sei er ein strenggläubiges Mitglied der armenisch-orthodoxen Kirche. Inzwischen aber lasse er sich nur noch von seiner Inspiration leiten und finde bei den Händlern in der Goldgasse des Khan el-Khalili dankbare Abnehmer. Natürlich werde er nicht reich mit seiner Kunst, sagt Eduard, denn seinen Aufwand könne kaum einer bezahlen. Und während er über diejenigen seiner Kollegen spricht, die für schnelles Geld ihren künstlerischen Anspruch verraten, ruht sein Blick auf der Wand gegenüber, an der ich in der Düsternis einen Kunstdruck von Van Goghs Gemälde *Café de nuit* erkenne.

»Hatten Sie jemals eine künstlerische Krise?«, frage ich.

Wieder ruht der Blick des Armeniers auf mir. Schwer zu

sagen, ob er über meine Frage nachdenkt oder sie nicht verstanden hat. Dann erzählt er scheinbar zusammenhanglos von zwei Reisen nach Mailand, die er vor einigen Jahren unternahm. Er habe eine Zeit lang überlegt, in Italien zu leben und zu arbeiten.

»Aber auch dort würde mir niemand meinen Arbeitsaufwand bezahlen«, behauptet er. »Nur sind die Lebenshaltungskosten in Mailand wesentlich höher als in Kairo.«

Schließlich bekomme ich doch noch eine Antwort auf meine Frage, während schon zum wiederholten Mal Eduards Mobiltelefon klingelt, ohne dass er es beachtet:

»Eigentlich bin ich nach Italien gereist, um Selbstbestätigung zu bekommen.«

»Und haben Sie sie bekommen?«

»Ich denke schon. So wie ich die Steine einlege … auf diese spezielle Weise, mit sehr viel Geduld, Konzentration und vor allem Gefühl … So macht das in Europa keiner mehr. Obwohl diese Art ja ursprünglich aus Frankreich kam.«

Eduard klemmt sich die Lupe vor das Auge und wendet sich wieder dem Platinkreuz mit den Brillanten zu. Als er ein weiteres Mal das Klingeln des Telefons ignoriert, kann ich mir nicht verkneifen zu sagen:

»Hoffentlich habe ich Sie nicht davon abgehalten, die Frau Ihres Lebens kennenzulernen.«

Ich weiß nicht, warum ich mir so sicher bin, dass Eduard alleinstehend ist.

»Für mich zählen nur meine Arbeit und Gott – eine Frau würde mich von beidem nur abhalten«, sagt er und setzt mit einer Pinzette einen weiteren Brillanten in den schmalen Kanal, den er zuvor in das Platinkreuz gefräst hat.

Jetzt erst stelle ich fest, dass Hoda schon die ganze Zeit vorn an der Tür gewartet hat. Ich gehe ihr entgegen, rufe Eduard zum Abschied »*As salamu alaikum,* Meister!« zu, und er antwortet: »*Alaikum as salam,* Sir!«

Ein Stockwerk tiefer macht mich Maggy auf eine Silberschmiedewerkstatt aufmerksam, wie ich sie zuvor auf dem Dachgeschoss gesehen habe, aber ich verspüre keine Lust mehr, dort hineinzugehen.

»Wisst ihr was, jetzt zeige ich euch einen verrückten Ort gleich hier um die Ecke.«

Meine beiden Kairener Freundinnen folgen mir erwartungsvoll durch die Gassen bis zum Eingang des etwas schäbigen Hussein-Hotels, in dem ich Ende der Siebzigerjahre einige Male gewohnt habe und dessen schmucklose Dachterrasse ich seither immer wieder aufsuche. Wir drängen uns in den engen Fahrstuhl, fahren hinauf in die fünfte Etage und sehen hinüber zur Abu-Ad-Dahab-Moschee jenseits der Shar' al-Azhar. Gleich hinter dem prächtigen islamischen Gotteshaus beginnt Darb al-Ahmar – jenes weitere Basarviertel. Dann nehmen wir an einem der Tische auf der anderen Seite der Dachterrasse Platz, von wo aus man das gesamte Areal zwischen der imposanten Hussein-Moschee bis hinüber zur altehrwürdigen Al-Azhar-Moschee überblicken kann. In den Straßencafés direkt unter uns ruhen sich die in Bussen angekarrten Pauschaltouristen von der Shoppingtour aus. Die Kellner, die sie, in vielerlei Sprachen rufend, dorthin gelotst haben, kassieren anschließend ein Mehrfaches von dem, was ihr Kollege fünf Etagen darüber für die gleichen Erfrischungen verlangt.

»Möchtest du später noch hinüber nach Darb al-Ahmar?«, fragt Hoda und zeigt sich erleichtert, als ich den Kopf schüttle. Längst habe ich beschlossen, dass ich meinen Rundgang durch den Basar mit meinem Eindruck von Eduard beschließen möchte.

»Die Begegnung mit Eduard war für mich etwas ganz Besonderes«, bekenne ich. »Ich danke dir, Maggy, dass du uns miteinander bekannt gemacht hast.«

Wortlos legt ein zahnloser Kellner arabische Speisekarten auf den Tisch. Doch ich muss meine beiden Begleiterinnen warnen: »Hier kann man etwas trinken, aber nicht ungestraft etwas essen, wenn ihr wisst, was ich meine.« Und mit einem gemeinsamen Gelächter beschließen wir den Tag in den Basaren von Kairo.

Rückkehr in die Totenstadt

Tarek ist ein trauriger Mann. Selbst wenn er lacht, verschwindet nie die Melancholie aus den Augen dieses dicken, empfindsamen Mannes. Tareks Freund Mokhtar ist das genaue Gegenteil: ein lebensfroher Kettenraucher und hagerer Intellektueller. Mokhtar hat einiges dafür getan, dass er im Leben da steht, wo er nun steht, und Tarek viel, um nicht zu landen, wo er am Ende doch gelandet ist. »Kismet«, bemüht er schulterzuckend jenen Begriff, der für das unentrinnbare Schicksal steht. Kismet – dieses Wort benutzen in Ägypten viele, die glauben, Grund zur Klage zu haben. Tarek aber, so sein Freund Mokhtar, sollte sich eigentlich glücklich schätzen, schließlich übe er »den schönsten Beruf der Welt« aus. Tarek ist *torabi*, abgeleitet von *torab*, Erde – also staatlich lizenzierter Grabmeister. Als *torabi* ist man für eine große Zahl von Grabanlagen verantwortlich. Man pflegt die Gräber und organisiert im Trauerfall die Bestattung. Es ist eine Tätigkeit, bei der man mit Vornamen angesprochen wird, sowohl von den Grabeignern, in deren Diensten man steht, als auch von den einfachen Arbeitern, die diverse Hilfsarbeiten ausführen. Seit fast zehn Generationen sind Tareks Vorfahren *torabi,* und eigentlich wollte er endlich mit dieser Tradition brechen. Aber am Ende waren all seine Bemühungen vergeblich: *kismet.*

Fast zwei Jahre nach unserem letzten Zusammentreffen begegne ich den beiden dort wieder, wo wir uns damals verabschiedeten – in Tareks dunklem, spärlich möbliertem Büro inmitten der bewohnten Gräberstadt. Während meiner letzten Recherchen waren Tarek und Mokhtar wichtige Informanten, und dabei sind Sympathien entstanden.

»Du lobst einen Beruf, den du nie ausgeübt hast«, schimpft Tarek und bekommt von seinem Freund jedes Mal dieselbe Antwort:

»Ich habe diesen Beruf studiert!«

Nun, studiert hat Mokhtar vor allem islamische Architektur, er promovierte über einige Mausoleen auf dem riesigen Friedhof rund um die Moschee Imam al-Shafi'i und habilitierte sich über die in Fachkreisen weltberühmten Mameluckengräber. All diese Grabmäler kenne er von Kindesbeinen an, erzählte er mir, als wir vor dem *khawa* oben an der großen Moschee saßen und Schischa rauchten. Hier in dieser Gegend nämlich seien er und Tarek aufgewachsen. Dort würden sie beide noch immer in ihren Elternhäusern leben, und der Umstand, dass er als Wissenschaftler und Dozent an der Kairoer Uni nicht längst den Wohnsitz gewechselt habe, werde vom akademischen Establishment mit Verwunderung quittiert.

»Ich möchte dich gern zu mir nach Hause einladen«, sagt Tarek, »da ist es heller, und wir bekommen einen Tee.«

Natürlich habe ich nichts dagegen, endlich einmal Tareks Dienstwohnung kennenzulernen, vielleicht auch seine Familie.

Der *torabi* erhebt sich mühsam. Ich folge ihm nach draußen, wo Mohammed in seinem Taxi auf mich wartet. Tarek zwängt seinen mächtigen Körper hinter das Lenkrad eines Kleinwagens, und wir fahren ihm hinterher, die breite Straße hinunter in Richtung Imam-al-Shafi'i-Moschee.

Kurz vor der Moschee biegt Tarek nach rechts ab. Im Schatten des großen Baus erkenne ich die schwarz gekachelte Fassade des Friseurladens. Der Barbier schneidet nicht nur Haare, sondern zieht hie und da auch mal einen Zahn. Vor allem aber besitzt er hier draußen das Monopol, die Mädchenbeschneidung durchzuführen. Wahlweise geht er dem grausamen Gewerbe in seinem Salon oder aber bei Hausbesuchen in den Grabhöfen nach, so wie es bei Mona der Fall war. Selbst seit der Großmufti, Ägyptens höchste religiöse Autorität, in einem islamischen Rechtsgutachten darauf hinwies, dass die Beschneidung von Mädchen einer afrikanischen Tradition entspreche und mit dem Islam nicht vereinbar sei, hat der Friseur von Imam al-Shafi'i keine Umsatzeinbußen zu verzeichnen. Schräg gegenüber entdecke ich das *kahwa,* vor dem ich damals gelegentlich mit Mokhtar oder Tarek saß. Im Gegensatz zu den *kahwas* in Wust al-Balad, vor denen ganz selbstverständlich auch Frauen Platz nehmen und gelegentlich sogar die Schischa rauchen, ist das hiesige Etablissement eine reine Männerdomäne. Es sind überwiegend Männer mit geringer Bildung, die hier sitzen, geprägt durch das Rollenverständnis ihrer Väter und Vorväter.

Tarek stoppt seinen Wagen vor einem dreistöckigen Wohnhaus, das sich inmitten der ebenerdigen Grabhöfe ein wenig seltsam ausnimmt. Der Wohnraum in der ersten Etage ist zweckmäßig eingerichtet, wenngleich die blütenweißen Schonbezüge auf den beiden Sofas nicht zum maroden Wandputz und dem abgeblätterten Lack der Türen passen wollen. Hinter Tarek und Mokhtar erkenne ich durch das geöffnete Fenster die mächtige Kuppel der Moschee. So also wohnt ein *torabi*.

Zu seinen hoheitlichen Aufgaben gehört es, einmal im Jahr die Wasseruhren und Stromzähler abzulesen und von den Grabhofeignern die Gebühren samt *bakshish* zu kassieren. Die Versorgung mit Wasser und Strom in der »Totenstadt« geht auf die Siebzigerjahre zurück. Während des Oktoberkrieges von 1973 gegen Israel evakuierte man die Städte am Suezkanal und brachte zahlreiche Bürger in den Räumen der Grabhöfe unter. Kurz darauf setzte eine große Landflucht ein. Millionen von Landarbeitern und kleinen Handwerkern verließen ihre Dörfer in Oberägypten und im Nildelta, um in der Hauptstadt ihr Glück zu suchen. Keine Kommune der Welt würde einen solchen Ansturm verkraften oder gar in der Lage sein, spontan ein umfassendes Bauprogramm aus dem öffentlichen Haushalt zu finanzieren. In Kairo kam es zu einer wilden Bebauung vormals landwirtschaftlich genutzter Flächen an der Peripherie und zur meist illegalen Besiedelung der Grabhöfe durch die nicht immer ganz selbstlose Unterstützung der *torabi*. Der ägyptische Staat reagierte schon bald mit einem Ausbau der Infrastruktur. Längst ist das Gebiet ans Netz der städtischen Buslinien angeschlossen, für die medizinische Grundversorgung ist gesorgt. Und zwischen den Gräbern wurden Grundschulen und sogar ein Postamt eingerichtet.

Abermals beginnt Tarek über sein Leben zu klagen. Er erzählt, wie er einst an der Ain-Shams-Universität Jura studierte und dann in einer namhaften Anwaltssozietät in Wust al-Balad arbeitete. Mitte der Siebzigerjahre sei er nach England gegangen, um mehr Geld zu verdienen. Im Londoner Stadtteil Queensway habe er als Geschäftsführer eines pakistanischen Supermarktes gearbeitet. Dessen Besitzer reagierte mit Tareks Anstellung auf die zunehmende Zahl arabischer Einwanderer.

»Einige von ihnen waren vermögend, und sie haben eine Menge Geld ausgegeben. Deshalb brauchte mein Chef jemanden, der Arabisch spricht«, erinnert sich Tarek, der sich trotz seiner Korpulenz lässig, fast sportlich auf dem Sofa räkelt.

Warum aber kehrte er nach Kairo zurück?

»Ich bin zurückgekommen, weil ich dumm war«, erklärt er, als könne er meine Gedanken lesen. »Dumm, hörst du! Mein Vater war krank, und ich kam nach Kairo, um ihn zu besuchen. Aber dann sagte er, dass ich mir mit dem Ersparten aus London doch auch in unserem Land eine Existenz aufbauen könnte. So bin ich zunächst wieder in eine Kanzlei gegangen, aber das Leben in Ägypten war teurer geworden, und ich hatte mich an einen gewissen Lebensstandard gewöhnt.«

»Heißt das, du konntest von deinem Gehalt in London trotz der hohen Lebenshaltungskosten dort mehr Geld zurücklegen als durch deine Anwaltstätigkeit hier?«

An Tareks Blick kann ich erkennen, dass ich eine dumme Frage gestellt haben muss.

»Allerdings! Sehr viel mehr sogar. Hier konnte ich kaum von meinen Honoraren leben. Na ja … in dieser Situation bin ich dann mit dem Rest meines Geldes in eine Baufirma eingestiegen, die ein Verwandter von mir mit einigen Freunden betrieb. Es sah sehr Erfolg versprechend aus. Sie rekonstruierten ein Haus in Mohandessin, richteten Appartements in der 6.-Oktober-Stadt ein, jenem Stadtviertel, das damals mitten in die Wüste gebaut wurde. Mit dem Innenausbau haben wir mehr Geld verdient, als wenn wir mit hohen Vorkosten das Haus selbst gebaut hätten …«

Tarek schweigt plötzlich. Offenbar will er diesmal nicht erzählen, dass eine Wirtschaftsflaute zu Beginn der Neunzigerjahre und eine Reihe von Fehlentscheidungen seiner Geschäftspartner ihn um seine gesamte Einlage brachten. Und auch nicht, dass es in dieser Situation kein Zurück mehr gab in den Anwaltsberuf. Er nutzte die Chance, die vakante

Stelle eines *torabi* zu übernehmen. Tarek zog wieder in sein Elternhaus.

»Du hast mir doch einmal erzählt, dass ein reicher Saudi dir ein interessantes Angebot gemacht hat«, erinnere ich mich.

Tarek sieht mich verwundert an. Offenbar weiß er nicht mehr, dass er mir davon schon erzählt hat. Tee wird serviert, und hinter der schüchternen Hausangestellten kommt eine schmächtige, leicht gebeugte Frau herein, die sich neben der Tür in einen Sessel setzt – Tareks Mutter. Augenblicklich setzt sich ihr Sohn gerade hin, legt den Jammerton ab und erzählt sachlich weiter:

»Ein Freund meines Bruders war Unterstaatssekretär im Justizministerium. Der kannte einen saudischen Geschäftsmann. Ein Treffen wurde organisiert. Obwohl ich gar nicht wusste, weshalb ich den Saudi treffen sollte, wusch und rasierte ich mich und zog mir einen dunklen Anzug an. Wir speisten in einem Club unten am Nil, wo nur Leute aus höheren Kreisen verkehren. Man sprach über alles Mögliche, und durch eine kurze Bemerkung bekam ich mit, dass er mich für eine Stellung im Auge hatte. Erst ganz zum Schluss sagte der Saudi, ich solle am nächsten Tag in sein Büro kommen. Also bin ich am nächsten Tag hin. Er zeigte mir Bilder von seinen Wohnungen in London und in der Schweiz und von seinem Sohn, der in den USA lebte. Dann begann er mit mir englisch zu sprechen. Er sagte, er wolle mich als seinen persönlichen Assistenten einstellen und habe bereits einen Vertrag vorbereitet. Neben Essen, Wohnung und Kleidung wurden mir 4000 saudische Rial Monatslohn angeboten, mehr, als ich je zuvor verdient hatte.«

Tarek stockt, blickt kurz zu seiner Mutter, die vor sich auf den Teppich starrt, und verfällt wieder in den klagenden Tonfall:

»Manchmal macht Gott einem ein Geschenk, und man ist so dumm, es wegzustoßen. Plötzlich hat man nur noch Bedenken: Dann bist du wieder so lange von zu Hause weg, vielleicht spielt der Saudi sich als Chef auf … Jedenfalls lehnte ich das Angebot ab. Ich habe mich verhalten wie ein störrisches Kleinkind, wie ein dämlicher Trottel …«

Es entsteht eine Pause, während der alle Anwesenden verlegen nach ihren Teetassen greifen. Irgendwann sagt Mokhtar leise zu seinem Freund:

»Nein, Tarek, du hast keinen Fehler gemacht, lass dir das von einem sagen, der dich lange und gut kennt.« Dann wendet er sich an mich. »Jeder Mensch hat Stärken und Schwächen, und Tarek ist keiner, der harte und für andere unangenehme Entscheidungen treffen kann …«

»Ich habe damals erst mit ihm geschimpft«, mischt sich Tareks Mutter ein. »Und dein Bruder auch, Tarek, daran erinnerst du dich sicher. Aber dann, nach einer Weile, habe ich verstanden, dass mein Junge nicht der war, den dieser saudische Herr suchte. Tja, und in dieser Zeit ist hier die *torabi*-Stelle wieder frei geworden, die lange Zeit sein Cousin innehatte und zuvor mein Mann und davor mein Schwiegervater. Tarek, du solltest zufrieden sein!«

»Das meine ich auch«, sagt Mokhtar. »Alle aus unserer Gruppe sagen das. Dein alter Freund Mohsen hat dir schon oft ins Gewissen geredet, und auch mein Bruder Jechija rät dir an jedem Donnerstag wieder neu dazu.«

Tarek nickt, aber die Worte des Freundes scheinen ihn nicht zu erreichen.

»Von was für einer Gruppe sprichst du denn?«, will ich wissen.

Es ist offenbar die richtige Frage, um Tarek aus seiner Traurigkeit zu reißen. Lebhaft erklärt er mir:

»Wir kennen uns seit Kindertagen. Alle sind wir hier draußen aufgewachsen.«

»Aber nicht in den Grabhöfen!«, wirft Tareks Mutter energisch ein, »sondern in richtigen Wohnungen, so wie wir. Manche haben drüben in Tonsy am Rande des Friedhofs gewohnt, andere oben am Midan Sayeda Aisha.«

»Wir treffen uns jede Woche«, erzählt Tarek.

»Auf einem der Gräber?«, hake ich nach.

»Was ist denn daran verwunderlich?«, sagt Mokhtar. »Du hast doch bei Monas Eltern auch auf dem Hof gegessen und Tee getrunken und weißt, dass die Menschen hier mit den Toten leben, sich verheiraten und Kinder zur Welt bringen … Der ganze Kreislauf menschlichen Lebens findet hier draußen statt.«

»Willst du am nächsten Donnerstag mitkommen?«, unterbricht Tarek seinen Freund und sieht mich an.

»Sehr gerne!«, freue ich mich.

»Da musst du aber viel Zeit mitbringen«, sagt Mokhtar. »Wir treffen uns nie vor neun Uhr abends und sitzen oft bis in die frühen Morgenstunden beieinander.«

»Keine Sorge, ich bin schon immer ein Nachtmensch gewesen«, bekenne ich.

In der Kuppel der Moschee im Hintergrund spiegelt sich bereits das Rot der untergehenden Sonne. Ich möchte unbedingt noch Mona und ihre Familie auf dem neuen Grabhof besuchen.

»Lotst du mich zu Hamdi und Nassra?«, frage ich Tarek.

»Na dann los!«, antwortet er und wuchtet seinen massigen Körper in die Höhe.

In den engen Gassen zwischen den Mauern der Totenstadt ist es schon fast dunkel. Beleuchtet ist nur die große Durchgangsstraße, auf der Busse den riesigen Friedhof durchqueren.

Hier wohnte Monas Familie. Von Tarek weiß ich, dass Mona mit ihren Eltern und Geschwistern inzwischen weiter oben in einem geräumigeren Grabhof lebt, fast schon am Midan Sayeda Aisha, wo Steinmetze und andere Handwerker vielen Grabhofbewohnern Arbeit und Brot bieten. Was Tarek nicht erwähnte, ist die Tatsache, dass einer seiner *torabi*-Kollegen mit dem alten Grabhof eine windige Grundstücksspekulation betrieben hatte, die aufgeflogen war. Die Leidtragenden, so schien es mir damals, würden Mona und ihre Familie sein. Die Eltern des Mädchens waren sehr verzweifelt, als ich vor meiner Abreise noch einmal vorbeischaute, um mich von ihnen zu verabschieden. Umso mehr freut es mich, dass sich ihre Wohnsituation wesentlich verbessert hat.

Die kleine Aya erscheint als Erste im Türrahmen, als wir vor dem neuen Domizil anhalten. »Hāšim ist da!«, ruft die Zehnjährige nach hinten.

Ich muss lachen. Hoda, die mich wie alle meine Freunde »Haase« nennt, stellte mich einst mit diesem Namen vor. Die Grabhoffamilie aber verstand den islamischen Namen »Hāšim«, und so nennt man mich hier bis heute.

Nassra läuft mir entgegen, sich schnell ein Tuch über den Kopf werfend. Fröhlich schließt mich Monas Mutter in die Arme und küsst mich auf beide Wangen. Hamdi, ihr stiller Gatte, erwartet mich in der Tür und heißt mich mit vier Küssen willkommen. Ich trete in eine geräumige Halle mit einem hohen Kuppelgewölbe, die zwei gewaltigen Sarkophagen Platz bietet und damit fast so groß ist wie der Hof der früheren Wohnstätte. Fast alle Geschwister Monas kommen nun angelaufen – die kichernde Sabrin, Hoda mit dem melancholischen Blick, der kleine stumme Karim und die Jüngste, Samah, die vor anderthalb Jahren noch nicht laufen konnte. Rechts und links des mit einigen alten Sitzmöbeln ausgestatteten Salons gehen mehrere Zimmer und eine Küche ab. Nassra und Hamdi führen mich in den hinteren Teil eines riesigen Hofes mit Bäumen, zwischen denen Hühner herumlaufen.

»Das sind die Gräber einer Pascha-Familie«, erklärt Nassra, während sie die große Holztür der Halle aufschließt.

Mona kommt angelaufen, ohne *hijab,* die langen Locken in einem Pferdeschwanz gebändigt.

»Ich freue mich, dass du zu meiner Verlobung nach Kairo gekommen bist«, ruft Mona. Ich bin überrascht und verstehe ihre Mitteilung als Hinweis, dass ich sie nicht wie bei früheren Begegnungen in die Arme schließen darf. Mit solchen Vertraulichkeiten ist es nun vorbei – diese Regel gilt in nahezu allen sozialen Schichten Ägyptens.

Mona hat meinen Blick womöglich als einen skeptischen interpretiert, immerhin weiß ich von ihr, dass sie schon zwei Verlobungen wieder gelöst hat. Jedenfalls setzt sie sofort hinzu:

»Diesmal ist es der Richtige, ganz bestimmt!«

»Möbeltischler ist er, und er hat mit unserem Cousin zusammengearbeitet, drüben an der Shari' el-Tonsy«, schnattert Sabrin, während wir wieder den Wohnbereich betreten, »aber unser Cousin ist leider gestorben, mit 16 Jahren. Stell dir vor, Hāšim, er war fast noch ein Kind. Deshalb können wir die Verlobung auch nicht mit Musik feiern.«

»Halt den Mund!«, weist Mona ihre jüngere Schwester zurecht.

»Wann ist sie denn, deine Verlobung?«, frage ich.

»Am Donnerstag!«, sagt Mona und strahlt mich an. »Du wirst doch kommen, oder?«

»Na sicher!«, erkläre ich.

Es wird für mich wohl eine lange Nacht in der Totenstadt werden.

Der Plan, am Donnerstagabend erst zu Monas Verlobungsfest und dann zum Stammtisch von Tarek und seinen Freunden zu gehen, erweist sich schnell als unrealistisch. Denn auch eine Stunde nachdem ich den festlich geschmückten Hof betreten habe, ist von Mona und ihrem Auserwählten noch nichts zu sehen. Im Grabhof hinter dem Wohngebäude stehen sich in zwei Reihen Stühle gegenüber, die Nassra und Hamdi in der Nachbarschaft zusammengeborgt haben. Einige Nachbarn sowie Freunde und Verwandte haben dort schon Platz genommen. Der Grabhof sieht festlich aus: Heller, seidig glänzender Stoff wurde vor die Fassade der grauen Totenhalle drapiert. Vermutlich kann man solche Stoffbahnen in einem der Geschäfte mieten, wo auch die anderen Requisiten für Familienfeiern zu bekommen sind, allen voran der *kosha,* jener meist goldfarbene Thron für die Verlobten. Für Monas Fest hat man sich darauf beschränkt, das Familiensofa aus der Wohnstube vor die verhüllte Totenhalle zu stellen. Gelegentlich klettern Monas kleiner Bruder Karim oder eines der Nachbarskinder auf das bequeme Möbel, um im nächsten Moment von den Anwesenden lautstark wieder vertrieben zu werden. Brautmutter Nassra trägt eine mit Goldfäden durchwirkte beigefarbene *abaya* mit passendem Kopftuch, Hamdi eine gebügelte hellgraue *galabeya.*

Ich bin gespannt, wie Mona und der Bräutigam aussehen werden. Als Sabrin mir zuflüstert, dass ihre Schwester im Kostümverleih ein langes Abendkleid ausgewählt und sich beim Friseur für blonde Strähnchen und aufwendiges Make-up entschieden hat, befürchte ich das Schlimmste. Während meines letzten Aufenthalts besuchte ich mit Mona und ihren beiden ältesten Schwestern eine Straßenhochzeit – weiter oben, wo freitags illegale Händler einen Flohmarkt abhalten. Damals war die Braut stark geschminkt, mit hellblauen Halbmonden über den Augen und knalligen Rougebalken auf den Wangen. Die Grabhofmädchen waren begeistert, und sie sehnten den Tag herbei, an dem auch sie herausgeputzt im Mittelpunkt eines solchen Festes stehen würden.

Vorerst aber, so scheint es, ist mit Monas Erscheinen noch nicht zu rechnen. So beschließe ich, mich erst mal auf jenem Grabhof sehen zu lassen, wo Tarek und seine Freunde zum wöchentlichen Stammtisch zusammenkommen.

Noch sitzen Tarek und Mokhtar allein an einem langen Tisch, auf dem ich zwei Schachteln abstelle. Keiner der beiden macht Anstalten, sie zu öffnen, wenngleich die Aufschrift »Groppi« verrät, mit welchem Inhalt gerechnet werden darf. Im Hintergrund des Grabhofes fegt ein Mann Blätter zusammen. Mit seinen Shorts, dem kurzärmeligen Hemd und den Kniestrümpfen in Gummisandalen sieht er aus wie ein deutscher Schrebergärtner.

»Er hat die Tochter der Familie geheiratet, die früher hier lebte«, flüstert mir Tarek zu. »Er selbst ist auch auf einem Grabhof aufgewachsen, wohnt aber heute drüben in Maadi. Soviel ich weiß, ist er Versicherungsvertreter.«

»Er gehört also nicht zu eurer Gruppe?«, frage ich.

»Oh nein! Er hat ein- oder zweimal bei uns gesessen, aber das ist schon eine Weile her.«

»Aber warum fegt er für euch den Grabhof?«

»Das macht er nicht für uns. Er hat es seinen Schwiegereltern versprochen, bevor sie gestorben sind«, klärt mich Tarek auf. »Sie waren Wächter für die Familie Menasterly, die hier bestattet ist. Er kommt an jedem Wochenende.«

»Und er gestattet euch, hier zusammenzusitzen?«

Tarek lacht. »Das muss er mir nicht gestatten, ich bin hier der *torabi!*«

»Die Familie Menasterly war eine sehr angesehene Familie«, erklärt Mokhtar, »sehr wohlhabend.«

Das eine bedingt hierzulande offenbar immer auch das andere, geht mir durch den Kopf. Handwerker gelten als geschickt, Lehrern begegnet man respektvoll, einem Imam, Arzt oder Anwalt ohnehin. Vor Angehörigen der Staatsmacht haben viele Menschen Angst, und Händlern sagt man nicht ganz zu Unrecht nach, dass sie gerissen seien – aber eine Familie ohne materiellen Wohlstand ist in der ägyptischen Klassengesellschaft meist nicht »angesehen«, eine mit Vermögen hingegen fast immer.

»Womit haben die Menasterlys denn ihr Geld gemacht?«, frage ich.

»Das weiß ich nicht«, bekennt Mokhtar, und auch Tarek zuckt mit den Schultern. »Aber es muss eine ganze Menge gewesen sein. Den Palast der Menasterly kannst du drüben auf der Insel Roda besichtigen, kurz vor dem Nilometer. Da ist inzwischen ein Museum drin.«

»Das Umm-Kolthoum-Museum, für die berühmte ägyptische Sängerin«, ergänzt Tarek.

»Alles, was sonst noch von den Menasterlys existiert, liegt dort drinnen«, sagt Mokhtar und zeigt auf ein Gebäude gegenüber dem Eingang. Durch zerbrochene Fensterscheiben kann ich Marmorsarkophage erkennen.

Ich sehe mich näher auf dem weitläufigen Areal um. Neben der kunstfertig geschnitzten und messingbeschlagenen, allerdings ziemlich wurmstichigen Tür des Grabhofs steht ein mindestens drei Meter hoher Gummibaum. Eigenartig, dass der Mann dort im Auftrag seiner verstorbenen Schwiegereltern Blätter fegt, nicht aber die Scheiben zur Totenhalle ersetzt. Tarek scheint meine Gedanken zu erraten.

»Hier sieht man, warum viele Leute niemanden mehr auf

ihrem Hof wohnen lassen«, sagt er. »Es verrottet alles. Oben in der Nähe der Mameluckengräber haben kürzlich welche das Wasser nicht abgestellt, die Grabkammer unter ihrem Hof ist vollgelaufen. Da unten lagen fünf Leichname ...«

»Die unterirdischen Leichenkammern entsprechen wie diese Sarkophage eher der pharaonischen Tradition«, doziert Mokhtar. »Auf den Grabhöfen hier werden die Toten nicht mit Erde bedeckt, wie es eigentlich der islamischen Tradition entspricht.«

»Ich weiß!«, sage ich. Er hat mir über diese Bestattungsart schon viel erzählt. Die Orte der Toten waren in der pharaonischen Zeit immer auch Orte von Lebenden. Schließlich mussten die aufwendigen Grabmale und die wertvollen Grabbeigaben bewacht werden. Mit Beginn der islamischen Zeit fand diese Begräbniskultur ein vorläufiges Ende, erst durch die Mamelucken, die während ihrer Herrschaft ab dem 13. Jahrhundert prächtige Marmormausoleen errichteten, wurde sie wiederbelebt.

Ein schmächtiger Mann mit Papieren in der Hand betritt den Grabhof und steuert direkt auf uns zu.

»Das ist mein Bruder Jechija«, sagt Mokhtar und vertieft sich in die Unterlagen.

Der Neuankömmling reicht mir zum Gruß die Hand, und mir fällt auf, dass er seinem Bruder zwar ähnlich sieht, aber nicht annähernd so selbstsicher auftritt.

»Die Zahlen sind leider überhaupt nicht aktuell«, erklärt Mokhtar und übergibt mir die Papiere, eine Studie des Wissenschaftsjournalisten Mamdouh El Waly über die Besiedelung der Totenstädte aus dem Jahr 1986.

»Das ist alles, was ich finden konnte«, entschuldigt sich Jechija. »Es gibt keine neueren Zahlen, diese Arbeit macht sich heute keiner mehr.«

Während Mokhtar mir erklärt, dass sein Bruder als Büroleiter des Dekans der Al-Azhar-Universität tätig ist, überfliege ich die Zahlen. Es ist hochinteressant, was ich da lese. Seinerzeit lebten 12 419 Menschen in den beiden Friedhofsstädten, 3529 der Grabhöfe waren an die staatliche Wasserversorgung angeschlossen. Die übrigen Bewohner mussten sich von privilegierten Nachbarn oder aus Brunnen Wasser holen. 7240 Grabbewohner hatten damals bereits Strom, und ich weiß, dass die Zuleitungen vielerorts angezapft wurden. El Walys Studie gibt darüber Aufschluss, was die Grabhofbewohner im Jahre 1986 mit dem Strom anfingen: 812 Familien besaßen Kühlschränke, 657 elektrische Waschmaschinen (halbautomatische Geräte wie das von Nassra), es gab 1125 Schwarz-Weiß-Fernseher (wie der, in dem Hamdi abends Filme sieht), 379 Farbfernseher und sogar 21 Videogeräte. Selbst zu Toiletten, Butangasherden und Heißwasserboilern gibt es in der Studie Zahlen. Doch die Statistik blieb folgenlos, und die Besiedelung und damit die sozialen Konflikte haben sich seitdem vervielfacht.

»Damals lebten in den beiden Totenstädte 12 419 Menschen ...«, versuche ich ein Gespräch darüber in Gang zu bringen.

»Heute sind es mindestens fünfmal so viel«, sagt Jechija.

»Das Zwanzigfache!«, ruft Tarek lachend.

»Das halte ich für übertrieben«, wendet Mokhtar ein.

Mir wird klar, dass nicht einmal die Bewohner die ganze Tragweite der Totenstädte erfassen.

»Ist das euer Freund aus Deutschland?«, ruft vom Eingang her ein Herr, der beweist, dass man auch in einer *galabeya* elegant aussehen kann. Das dunkelgraue Kleidungsstück mit blauen Streifen und aufgesetzter Brusttasche könnte maßgeschneidert sein. Der freundliche Herr mit dem Dreitagebart schüttelt mir lange die Hand und sagt:

»Abdul Wahad. Ich bin ein Freund der Deutschen und liebe ganz besonders eure Literatur!«

»Wirklich?«, rufe ich überrascht. Er nimmt Platz, heftet seinen interessierten Blick auf die Groppi-Schachteln und spult fast ein Dutzend Autorennamen und Buchtitel herunter: von Goethes *West-östlicher Divan* bis Grass' *Die Blechtrommel*. Schließlich löst er den Blick von den Kartons, sieht mir direkt in die Augen und erklärt: »Ein Buch habe ich schon drei- oder viermal gelesen: *Kullu shay' hadi' fi al-maydán al-gharbi*. Was übersetzt »Alles still an der westlichen Front« heißt. Ich bin verwirrt.

»*Im Westen nichts Neues?* Von Erich Maria Remarque?«, frage ich nach.

»Remarque, ganz richtig!«, bestätigt mein Gegenüber. »Wer dieses Buch gelesen hat, wird für immer den Krieg verabscheuen.«

»Ich habe das Buch nicht gelesen und verabscheue den Krieg trotzdem«, sagt Tarek, »schließlich hat er mir die Unbeschwertheit meiner Jugend genommen.«

»*Harb al-ayyām as-sitta*«, murmelt Mokhtar vor sich hin. So wird auf Arabisch der Sechstagekrieg genannt. Mit Kampfjets reagierte Israel damals mit einem Präventivschlag gegen ägyptische Luftwaffenbasen auf den Aufmarsch von Panzerverbänden und fast 100 000 Soldaten an ihrer Grenze. Ich erfahre, wie 17-jährige Burschen von Haus zu Haus und von Grabhof zu Grabhof liefen, um die staatlich befohlene Verdunkelung durchzusetzen.

»Wir waren enthusiastisch damals«, erinnert sich Tarek, »sahen unsere palästinensischen Brüder schon in den Straßen von Haifa und Tel Aviv tanzen. Doch nach einer Woche war alles vorbei, und wir hatten den Sinai verloren.«

»Es war die Enttäuschung unseres Lebens«, sagt Mokhtar.

»Bis dahin war Gamal Abdel Nasser unser Idol gewesen, nun war er das Symbol der Niederlage. Wir wussten doch alle, dass wir den Krieg nicht verloren hatten, weil unsere Armee zu schwach war, sondern wegen Fehlern der militärischen Führung. Nasser hatte sich selbst vom Thron gestürzt.«

»Wir kamen damals drüben auf dem Platz vor der Moschee zusammen, wisst ihr noch?«, erinnert sich Abdul Wahad. »Wir überlegten, was wir nun tun könnten ... Einige unserer Freunde gingen damals zur Militärakademie. Unser Abdou hat es bis zum Oberleutnant geschafft, 1973 war er auf dem Sinai dabei.«

»Heute importiert er Chemikalien aus China für die Gerbereien drüben in Altkairo«, sagt Tarek und bricht in ein meckerndes Lachen aus, das ansteckend wirkt.

Plötzlich ist es still. Ein jeder, so scheint es, lässt noch einmal die Zeit Revue passieren. Der Sechstagekrieg und der Sinai-Feldzug vom Oktober 1973 hätten dieses Land verändert, so höre ich immer wieder in Gesprächen mit ägyptischen Intellektuellen. Wobei die aktuelle gesellschaftliche Realität äußerst unterschiedlich bewertet wird. Wie denken wohl meine Freunde hier über das heutige Ägypten?

»Hat jemand von euch den Roman *Der Jakoubijân-Bau* gelesen?«, frage ich in die Runde. Alle am Tisch nicken.

»Das Buch ist kein Spiegel unserer Gesellschaft«, stellt Mokhtar kategorisch fest.

»Hat Alaa al-Aswani das denn behauptet?«, fragt Abdul Wahad.

»Er vielleicht nicht, aber das Buch wurde in Dutzende Sprachen übersetzt. Und draußen in der Welt denkt man womöglich ...«

»Draußen in der Welt«, fällt Abdul Wahad seinem Freund ins Wort, »werden Fotos von den Pyramiden veröffentlicht, und daneben steht ein Kamel. So stellt man sich in Amerika und vielen anderen Ländern Ägypten vor. Alaa al-Aswani hat diesen Roman aber vor allem für uns geschrieben. Und keiner kann sagen, dass er Dinge behauptet, die es überhaupt nicht gibt.«

»Der Sohn des Türstehers vom *Jacoubijân-Bau*«, versuche ich zu konkretisieren, »hat doch den Traum, Polizeioffizier zu werden. Er besteht die Aufnahmeprüfung als einer der Besten, wird aber mit dem Hinweis auf den Beruf seines Vaters abgelehnt. In seiner Enttäuschung wird er zum willfährigen Opfer eines fundamentalistischen Imams und schließlich zum Terroristen …«

Energisch winkt Mokhtar ab. »Immerhin wurde er zur Universität zugelassen. Er hätte Anwalt werden können oder Arzt – nur eben kein Offizier.«

»Und auch kein Staatsanwalt«, wirft Tarek ein. »Aber was ist daran falsch?«

Vier Augenpaare sind auf mich gerichtet, während im Hintergrund der Mann in den Shorts grußlos den gefegten Grabhof verlässt. Ich versuche eine Antwort:

»Wir hatten in Deutschland einen Bundeskanzler, dessen Mutter Putzfrau war.«

»Der Sohn einer Putzfrau kann bei uns auch alles werden. Eine Frau, die das Haus reinigt, hat ein höheres Ansehen als ein Türsteher«, erklärt Mokhtar und fährt fort: »Die Engländer haben eine Regelung eingeführt, nach der alle Bewerber für den höheren Staatsdienst bis zu drei Generation zurück auf ihre Herkunft überprüft werden müssen.«

»Das stammt aus dem 19. Jahrhundert!«, protestiere ich. »So eine Diskriminierung würde im heutigen Großbritannien gegen eine ganze Reihe von europäischen Bestimmungen verstoßen.«

»Lass es dir mal von einem ägyptischen Anwalt erklären«, mischt sich Tarek ein.

»Derartige Reglementierungen können natürlich nur für Positionen mit hoheitlichen Aufgaben gelten. Wir alle, die wir uns hier auf diesem Grabhof treffen ... auch wir kommen nicht gerade aus einer feinen Gegend. Doch fast alle haben es zu etwas gebracht, sieht man mal von mir ab.«

»*Torabi* ist ein angesehener Beruf«, wirft Mokhtar ein, wird aber von Tarek ignoriert.

»Seine Karriere kennst du«, sagt er und weist auf Mokhtar, »Jechija arbeitet für den Dekan der Al-Azhar-Universität, und Abdul Wahad hat sogar zwei Studienabschlüsse ...«

»Erst habe ich Landwirtschaft studiert und danach arabische Sprache und Literatur«, bestätigt er.

»Und was arbeitest du heute?«, will ich wissen.

»Ich bewerte im Auftrag des Landwirtschaftsministeriums die Kurse für Studenten aus Asien, Afrika und Südamerika.«

»Alle diese Karrieren«, nimmt Tarek seinen Faden wieder auf, »hätte der Sohn des Türstehers auch machen können. Er konnte bloß nicht Offizier oder leitender Beamter in der Justizverwaltung werden.«

»Aber warum nicht?«, beharre ich auf eine mir nachvollziehbare Erklärung.

Mokhtar beugt sich nach vorn, legt die Finger aneinander wie jemand, der sehr konzentriert eine wohlüberlegte Ansicht vermitteln möchte:

»Wir sprechen von Machtpositionen, also von Posten, in denen es etwas zu entscheiden gibt, was die Allgemeinheit betrifft. Dazu muss man nicht reich sein, aber man sollte nicht aus einer Schicht kommen, die wenig Achtung genießt ... Aufsteiger könnten Komplexe haben, die sich negativ auf die Gesellschaft auswirken.«

Sprach's und lehnte sich zurück. Erst jetzt nehme ich zur Kenntnis, dass Mokhtar heute nicht wie sonst im dreiteiligen Anzug mit Krawatte erschienen ist. Er trägt Jeans und T-Shirt und wirkt trotz der nikotingelben Zähne jünger als die anderen.

»Hier ist ein Experte für dieses Thema«, ruft Mokhtars Bruder, als ein imposanter Herr auf uns zukommt, der ein dunkelblaues T-Shirt mit passendem Sakko kombiniert.

»Experte für was?«, fragt er, während er mich mit einem festen Händedruck begrüßt.

»Ich heiße Abdou, lege dich nicht mit mir an, ich habe ein Vierteljahrhundert Kampferfahrung – in einer Kommunikationskompanie«, sagt er und lacht lauthals über seinen eigenen Witz.

Auch er zeigt keinerlei Überraschung darüber, hier einen Fremden anzutreffen. Offensichtlich haben Tarek und Mokhtar ihren Stammtischbrüdern meinen Besuch angekündigt.

»Was hältst du als langjähriger Armeeoffizier davon, dass Söhne von Türstehern keine Offiziere werden können?«, fragt Mokhtar.

Abdous süffisantes Grinsen lässt erahnen, dass mit einer ernsthaften Antwort nicht zu rechnen ist.

»Offizier? Der Sohn eines Türstehers? Der bleibt doch bei der Lagebesprechung neben der Tür stehen, oder?« Abdou sieht sich um wie ein Restaurantgast, der den Kellner sucht. »Gibt's denn nichts zu trinken?«

»Ich mache Tee!«, sagt Tarek und verschwindet in der niedrigen Tür, die hinten im Grabhof zu den Haushaltsräumen führt.

»Ich habe Kuchen mitgebracht«, sage ich und zeige auf die Schachteln.

»Damit sollten wir warten, bis alle da sind. Aber das kann

noch dauern«, sagt Abdul Wahad, den die Bemerkungen des pensionierten Armeeoffiziers Abdou sichtlich amüsiert haben.

Abdou beugt sich zu mir herüber und spricht mir halblaut ins Ohr:

»Ich hatte in meiner Offizierskarriere mit Vorgesetzten zu tun, die sich sonst was eingebildet haben auf ihre Herkunft, aber militärisch nicht viel taugten. Und ich hatte eine ganze Reihe tapferer, listiger Soldaten unter mir, die nicht aufsteigen durften, weil ihre Großväter die falschen Jobs hatten. Nein, davon halte ich nichts!«

Wenige Minuten später mache ich mich auf, um noch einmal bei Monas Verlobungsfest vorbeizuschauen. Ich musste den Männern versprechen, später noch einmal zurückzukommen. Man sei die halbe Nacht da, aber ob ich vom Kuchen noch etwas abbekommen würde, könne man mir nicht versprechen.

Gemächlich spaziere ich durch die dunklen Gassen der Totenstadt. Irgendwo bellt ein Hund, nur gelegentlich hört man hinter der Mauer eines Grabhofes gedämpfte Stimmen. Mir geht ein Gespräch durch den Kopf, das ich einmal mit Mokhtar El-Kassabany führte. Ich hatte ihn gefragt, ob er und Tarek früher auch mit Kindern aus den Gräbern gespielt hätten, etwa mit Nassra und ihren Geschwistern, die ja in unmittelbarer Nachbarschaft aufgewachsen seien. Ohne eine Spur von Überheblichkeit erklärte mir Mokhtar, dass Grabhofkinder schon deshalb nicht ihre Spielkameraden gewesen seien, weil sie ja zu einer anderen sozialen Schichten gehört hätten.

Auf der beleuchteten Hauptstraße beobachte ich in einiger Entfernung ein junges Paar, das auf die geöffnete Tür von

Nassras und Hamdis Wohnstätte zugeht. Die Frau trägt zum hochgesteckten Haar ein goldfarbenes ärmelloses Abendkleid, ihr Begleiter einen klassischen dunklen Anzug mit weißem Hemd und Krawatte. Schon von Weitem wird mir zugewunken, und als ich näher komme, erkenne ich Mona. Der Friseur hat ganze Arbeit geleistet und aus ihrem Gesicht jeglichen individuellen Charme eliminiert. Monas jugendliche Natürlichkeit ist den harten Zügen einer unpersönlichen Maske gewichen. Ihre schönen dunklen Locken sind, mit blonden Strähnchen versehen, zu einer Hochsteckfrisur aufgetürmt, die die junge Frau Jahre älter wirken lässt. Mona aber fühlt sich sichtlich wohl, ihr ist sogar ein gewisser Stolz anzumerken. Der Bräutigam wirkt nicht so kostümiert, obwohl auch sein Outfit in dieser Gegend nicht zur Alltagsgarderobe eines Möbeltischlers zählen dürfte. Es mag daran liegen, dass er das Sakko nicht geschlossen hat, den Kragenknopf seines Hemdes offen und die Krawatte gelockert trägt – die linke Hand lässig in die Hosentasche gesteckt. Er verkörpert das, was Monas Generation auch in Kairo einen »coolen Typen« nennt.

»Das ist Hāšim, mein früherer Chef, von dem ich dir ja schon erzählt habe«, stellt mich Mona vor.

Dabei zwinkert sie mir mit beiden Augen kurz zu, und ich verstehe, weshalb sie unsere partnerschaftliche Zusammenarbeit an ihrem Buch so beschreibt. Bei meinem Besuch vor wenigen Tagen hatte sie mir zum Abschied zugeflüstert, dass ihr Verlobter von der Existenz des Buches nichts wisse und auch nichts erfahren solle. Ihr eigenes Exemplar habe ihr Vater sofort weggeschlossen.

Arm in Arm machen sich Walid und Mona auf den Weg zu dem zur *kosha* umfunktionierten Sofa. Während sie durch das Spalier von Freunden, Nachbarn und Verwandten schreiten, stimmen alle ein ohrenbetäubendes Trillern an. In Ägypten ist dieses Signal bei nahezu jedem freudigen Anlass zu hören.

Schnell wird der Höhepunkt der Feier angesteuert. Walid öffnet das in Leder gebundene Kästchen, in dem auf rotem Samt neben den beiden Verlobungsringen ein weiterer Ring für die Braut und eine Armbanduhr liegen. Die Ringe werden gewechselt. Ich zücke meine Kamera und halte die Szene fest. In wenigen Tagen werde ich Mona als nachträgliches Verlobungsgeschenk ein Album mit den schönsten Fotos überreichen.

Monas Mutter tritt neben mich und versucht auf das Display meiner Kamera zu blicken. Ich zeige ihr die bisherigen Aufnahmen.

»Wird das denn eine Liebesheirat?«, frage ich.

Nassra sieht mich mit ihrem leichten Silberblick an. »Eine Frau *muss* doch ihren Mann lieben und ehren, das verlangt Allah.«

»Wie haben die beiden sich denn kennengelernt?«

»Walid ist drüben in Tonsy Möbeltischler, und Mona arbeitet ganz in der Nähe in einem Geschäft, das diese tragbaren Telefone vermietet oder verkauft oder was weiß ich. Ab und zu hat sie ihren Cousin besucht, und nachdem sie Walid kennengelernt hatte, sah sie immer häufiger bei ihm vorbei.«

»Aber Mona hat nicht um Walids Hand angehalten, oder?«, frage ich scherzhaft.

Nassras Lachen steigert sich zu einem hysterischen Kreischen. Es dauert eine Weile, ehe sie sich so weit beruhigt hat, dass sie mir antworten kann:

»Nein, nein, nein! Eines Tages kam Walid zu uns, und noch am selben Tag hat Hamdi mit ihm die Al-Fatiha gesprochen.«

Ich kannte die erste Sure des Korans lange Zeit nur als

Bestandteil der täglichen Gebete. Erst hier in der Totenstadt erfuhr ich von Hamdi, dass die gemeinsame Rezitation der Al-Fatiha auch die Verlobungsvereinbarung zwischen einem Bräutigam und seinem künftigen Schwiegervater besiegelt.

Auf der provisorischen *kosha* legt Mona liebevoll ihre beringte Hand auf Walids Unterarm. Ich freue mich für sie, dass die Al-Fatiha diesmal keine arrangierte Verbindung besiegelt.

Sabrin hält mir ein Tablett mit kleinen Tortenstücken unter die Nase. Auch ihre Schwester Hoda bietet den Gästen Leckereien an. Die zwei Schachteln aus dem Café Groppi fallen mir ein. Ob sie wohl noch im Grabhof ein paar Blocks von hier entfernt auf dem Tisch stehen? Um Sabrin nicht zu enttäuschen, nehme ich mir ein kleines Tortenstück. Dann packe ich meine Kamera ein und breche auf.

Es ist unerwartet still auf dem Grabhof der Familie Menasterly, obgleich sich mittlerweile noch mehr Männer um den Tisch mit den nach wie vor unberührten Schachteln versammelt haben. Fast alle Stühle sind besetzt, und niemand nimmt von mir Notiz. Die Anwesenden lauschen Mokhtars Ausführungen. Offenbar hat Tareks Selbstmitleid mal wieder dafür Anlass gegeben, wie schon aus den ersten Sätzen deutlich wird, die ich aufschnappe.

»Du weißt, dass ich schon heute regelmäßig Leichen wasche. Weil es mir ein wahres Bedürfnis ist ...«

»Das kann ich sehr gut verstehen«, sagt Abdou der Armeeoffizier. »Ich habe meinem Onkel geholfen, den Großvater zu waschen. Erst dachte ich, es würde mir etwas ausmachen, aber das war nicht der Fall. Im Gegenteil, ich wurde innerlich ganz ruhig.«

»Bei mir war auch mein Vater der Erste, den ich gewaschen

habe, nachdem mir meine Schwester das Ritual genau erklärt hat«, sagt Mokhtar. »Aber als Frau durfte sie ja keinen Mann waschen, und so kam sie zu mir.«

»Beim eigenen Vater würde mir das auch nichts ausmachen«, wirft ein sehr korpulenter, freundlich wirkender Mann ein, der sich auf einen Gehstock stützt.

»Ich wasche auch fremde Menschen«, fährt Mokhtar fort. »Die Leichen von vielen armen Grabhofbewohnern, deren Familie sich keinen Leichenwäscher leisten können. Auch bei Menschen, die ich nicht kenne, empfinde ich dieses wundersame Gefühl innerer Ruhe und Ausgeglichenheit.«

Vielleicht hat dieses Gefühl auch damit zu tun, dass ihm für Leichenwaschen an *Al-Kiyama,* dem letzten Gericht Gottes, Pluspunkte gutgeschrieben werden?

»Was dir fehlt, ist die Demut vor dem Tode!«, weist Mokhtar Tarek zurecht. Ein schwerer Vorwurf angesichts des Ortes ihrer Versammlung.

Dann ist es still. Ich gehe auf die Gruppe zu und sage:

»Will denn keiner etwas von den wunderbaren Torten essen, die ich extra aus Wust al-Balad mitgebracht habe?«

Sofort springt Abdou auf und greift sich vom Tisch, auf dem bereits Teller und kleine Löffel bereitliegen, ein großes Messer. Offenbar hatte man nur noch auf meine Rückkehr gewartet. Die Schachteln werden geöffnet, und unter einem allgemeinen »Oh!« und »Ah!« begutachten die Männer die kunstvoll verzierten Torten. Einer legt die Stücke auf die Teller, die ihm ein gehbehinderter Mann hinhält.

Mokhtar macht mich mit seinen anderen Freunden bekannt. Zunächst stellt er mir einen Mann vor, der Mohsen heißt. Ich erfahre, dass er in der *PR*-Abteilung der Housing and Development Bank arbeitet. Es fällt schwer, mir das vorzustellen, da sein introvertierter, fast scheuer Charakter nicht zu dem Bild passen will, das man sich in meiner Welt von einem PR-Manager macht. Zwei weitere Brüder Mokhtars sind inzwischen zu der Gruppe gestoßen – Mohammed, der als Justiziar in einem Unternehmen tätig ist, und Mustafa, der bei den Wasserwerken die Buchhaltung leitet.

»Unsere Lachfabrik muss das größte Stück bekommen!«, ruft Abdou in die Runde, was große Heiterkeit auslöst.

Gemeint ist der übergewichtige, gehbehinderte Mann, der sich mit den Händen auf seinen Stock stützt, bis man ihm das Tortenstück vor die Nase hält.

»Ich möchte zwei«, brüllt er und beginnt ein meckerndes Lachen.

»Jetzt weißt du, warum wir ihn so nennen!«, sagt Mokhtar. »Viele Jahre mussten wir auf ihn verzichten, da hat er in Saudi-Arabien …«

»… die Bilanzen frisiert«, ergänzt Mohammed und lacht immer lauter.

»Das hat mich krank gemacht. Aber hier bei unseren Treffen blühe ich auf. Irgendjemand muss ja für Auflockerung sorgen, wenn die dort Quatsch erzählen. Wie dieser Gentleman hier, ein kleiner Schuhfabrikant, der mit Exporterfolgen angibt, die er gar nicht hat.«

»Woher willst du das denn wissen? Hast du meine Bücher geführt?«, erregt sich der Angesprochene.

»Wenn deine Angaben stimmen würden, müsste die ganze Welt in deinen Schuhen herumlaufen!«, witzelt die »Lachfabrik«, was wiederum den Schuhfabrikanten veranlasst, mit beleidigter Miene große Stücke Schokoladentorte in sich hineinzustopfen.

»Wie heißen Sie denn wirklich?«, frage ich ihn, um die gespannte Situation etwas aufzulockern.

»Mohammed!«, antwortet er.

»Oh, ein seltener Name!«, sage ich und löse riesiges Gelächter aus, in das nun auch der Schuhfabrikant einstimmt.

»Er hier hat auch einen seltenen Namen«, sagt Tarek und weist auf den einzigen Brillenträger in der Runde.

»Lass mich raten!«, bitte ich. »Mahmoud?«

Wieder prusten alle los, und der Brillenträger hat Mühe, seine Freunde zu übertönen:

»Ali! Ali el Sabeh.«

»Er hat auch in Saudi-Arabien gearbeitet«, ruft Mohammed, die »Lachfabrik«. »In einem Steinbruch hat er gearbeitet und ist noch immer kerngesund. Ich hingegen saß im Büro und wurde krank. Das soll mir mal einer erklären!«

»*Kismet!*«, sage ich und sorge damit abermals für Heiterkeit. »Heute arbeite ich in einer Fabrik für *halauwa*«, berichtet Ali el Sabeh. »Das ist eine arabische Süßigkeit.«

»Mit Sesamkörnern, ich weiß«, sage ich. »Ich liebe *halauwa!*«

Endlich sind alle Teller verteilt, und ein jeder ist mit dem Genießen seiner Tortenportion beschäftigt. Der Vollmond hat mittlerweile genau über der Totenstadt Position bezogen. Ich überlege, ob seine Strahlkraft ausreichen würde, um die Szenerie auf dem Grabhof auszuleuchten, und man auf das kalte Licht verzichten könnte, das die beiden Neonröhren über dem Tisch verbreiten.

»Mohsen, gib mir Emads Stück auch noch, der kommt sowieso nicht mehr. Hat sich seit Wochen nicht blicken lassen«, sagt die »Lachfabrik«.

»Seit er unsere Ersparnisse an der Börse versenkt hat«, ruft Mustafa, der Buchhalter aus dem Wasserwerk.

»Meine nicht!«, lacht der Schuhfabrikant, und kaum hörbar sagt der PR-Mann von der Housing and Development Bank:

»Meine auch nicht!«

»Emad war unser Aktienexperte«, erklärt mir Tarek. »Er hat uns sonst was versprochen, damit wir ihm Geld für seine Börsenspekulation geben. Na ja, und dann hat er sich verspekuliert. Und ward nicht mehr gesehen.«

»Darf ich dich auch mal was fragen?«, wendet sich Abdul Wahad, der Literaturliebhaber, an mich: »Wie denken die Deutschen über uns Ägypter?«

Mit einem Schlag sind alle Augenpaare auf mich gerichtet.

»Deine Frage unterstellt, dass alle 82 Millionen Deutschen dieselbe Meinung haben«, sage ich und ahne, dass wir ein Thema gefunden haben, das uns noch eine ganze Weile beschäftigen wird.

Als ich Mohammed, der irgendwo am Rande der Totenstadt in seinem Auto geschlafen hat, gegen Mitternacht telefonisch zum Grabhof beordere, schwirrt mir der Kopf. Die Namen deutscher Orientalisten, die laut Mokhtar seit dem 17. Jahrhundert einen wichtigen Beitrag zur Völkerverständigung geleistet hätten, wirbeln in meinem Kopf umher. Ich denke über die Rolle der deutschen Wehrmacht nach, deren Kampf gegen die britische Mandatsmacht, Oberleutnant Abdou zufolge, positiv zu bewerten sei. Über die von den Nazis verfolgten Juden wollte keiner so recht etwas sagen. Nur dass man früher in Kairo mit jüdischen Mitschülern keine Schwierigkeiten gehabt, sie aber in der Nasser-Zeit als Kommilitonen an der Universität auch nicht vermisst habe. Schließlich sei deren Staat ja damals zu Ägyptens Hauptfeind geworden, und über den Friedensvertrag von Camp David wollte man sich am Grabhof-Stammtisch partout nicht einig werden …

Ich beschließe, am Midan Tahrir an der weißen Villa auszusteigen, in der sich noch bis vor Kurzem die Amerikanische

Universität befand. So kann Mohammed direkt auf die andere Nilseite zu seiner Familie fahren. Die fünf Minuten, die ich zu Fuß von hier zum Midan Talaat Harb benötigen werde, hätten für ihn an diesem belebten Wochenendabend einen Umweg von mindestens einer halben Stunde bedeutet. Ich schlendere hinüber zu dem kleinen Park, der vor dem imposanten Verwaltungsgebäude – der Mogamma – liegt, setze mich auf eine Bank, beobachte junge Leute, die hier herumalbern, und elegante Flaneure, die vermutlich von Wust al-Balad zu den Bars der Fünfsternehotels am nahen Nilufer unterwegs sind. Ich schmunzle über verhinderte Verkehrsrowdys, die in ihren Autos mit frisierten Motoren im Straßenchaos feststecken und durch Dauerhupen versuchen, den Frust darüber loszuwerden.

Vermutlich hat keiner von all diesen Leuten eine Ahnung, dass sich nur wenige Kilometer von hier Menschen auf Gräbern zu Stammtischen treffen, vor Sarkophagen Verlobungen feiern und neben Mausoleen über deutsche Literatur sprechen.

Der Club der Eliten

Der Wagen, der vor dem Groppi auf mich wartet, ist dem Fahrtziel angemessen. Hoda sitzt hinter dem Lenkrad ihrer silbergrauen Mercedes-Limousine, mit der wir auch schon ins bettelarme Boulak al-Dakrour und in die Totenstadt gefahren sind. Diesmal aber geht es in den exklusiven Gezira Sporting Club, wo der Wagen für weitaus weniger Aufsehen sorgen dürfte.

Kurz hinter dem Midan Talaat Harb erkenne ich auf der rechten Straßenseite das feudale Portal des Automobil Clubs, der beansprucht, exklusivster Club der Stadt zu sein. Da ihm der Cairo Capital Club im Nachbarbezirk Garden City diesen Titel streitig macht, haben sich vermögende Kairener sicherheitshalber in beide Mitgliederlisten eingetragen. Denn wer in Kairo etwas auf sich hält, ist Mitglied in einem Club.

Die Club-Kultur in Ägypten geht auf die britischen Besatzer zurück, die 1892 den Gezira Sporting Club gründeten – und zwar auf der Nilinsel Zamalek, wo sie ihre Pferde trainierten.

Während sich Hoda Zentimeter für Zentimeter von der Shari' Kasr el-Nil in den Strom von Taxis auf den Midan Tahrir schiebt, erzähle ich, wie ich im Sommer 1979 zum ersten Mal die palmengesäumte Allee zwischen Eingang und Hauptgebäude des Clubs entlanglief. Damals war ich noch

Student und wohnte im Hussein-Hotel, der Absteige im Khan el-Khalili, von deren Dachterrasse aus Maggy, Hoda und ich unlängst nach Darb al-Ahmar hinüberblickten. An einem brütend heißen Augusttag erkundigte ich mich an der schmucklosen Rezeption, wo ich in Kairo für wenig Geld schwimmen gehen könne. Beim Gezira Sporting Club, so erfuhr ich, gebe es Tagesmitgliedschaften. So schlenderte ich durch die engen Gassen des Basars bis hinunter zur 26.-Juli-Straße in Wust al-Balad, flanierte durch Kairos Stadtmitte, überquerte den Nil und erreichte schließlich völlig durchgeschwitzt das Clubgelände. Ich hatte die 15 Pfund für ein Taxi gespart, musste aber für eine Eintrittskarte 25 Pfund hinlegen. Das war für mich nicht gerade billig, aber doch wesentlich preisgünstiger als eine Tageskarte für den Pool in einem der Fünfsternehotels.

Verglichen mit meiner bescheidenen Bleibe, war der Gezira Sporting Club purer Luxus. Dass die riesigen Umkleideräume eher an deutsche Turnvereine erinnerten und das weiße Jackett des Kellners kleine Löcher hatte, empfand ich als liebenswerte Anzeichen für den morbiden Charme des Clubs.

Am Sád-Zaghloul-Platz in Zamalek verlassen wir die At-Tahrir-Brücke. Hier geht es zum Stadion des Fußballvereins »Ahly« oder ins staatliche Krankenhaus für Lehrer, in das vor 20 Jahren neu erbaute Opernhaus oder eben in den Gezira Sporting Club.

Hoda hat mich bereits avisiert, denn nur als Mitglied auf Zeit kann man auf dem Clubgelände recherchieren, und um Fotos schießen zu dürfen, muss ich einen Mann der clubeigenen Security an meiner Seite akzeptieren. Nach einer kurzen Kontrolle am Haupteingang fahren wir über die Allee weiter. Mir ist, als wäre die Zeit stehen geblieben. Allerdings, so bemerkt meine Begleiterin, habe das Parkplatzproblem ein bedrohliches Ausmaß angenommen, seit Mitglieder, die in der Nähe arbeiten, ihre Wagen tagsüber auf dem Clubgelände abstellen. Andere lassen ihre Autos mitsamt Fahrern in zweiter Reihe parken, solange sie sich dem vielfältigen Clubleben hingeben.

Im Vorstandsbüro herrscht an diesem Morgen hektisches Treiben. Rechnungen müssen abgezeichnet und Uniformhemden ausgehändigt werden. Ein Computer ist ausgefallen, und der stellvertretende Clubdirektor Wathek Morgan beruhigt aufgebrachte Neumitglieder, die auf ihre Clubausweise warten. Dabei macht er seinem Namen alle Ehre: *wathek* bedeutet »selbstsicher«.

Ein Ägypter mittleren Alters kommt herein und begrüßt Hoda – die beiden kennen sich offenbar schon länger. Der freundliche Mann heißt Tarek el-Ebiary, gehört dem Clubvorstand an und ist bereit, mir erste Auskünfte zu erteilen. Er zündet sich eine Zigarette an, und nachdem er genüsslich den Rauch in den Raum geblasen hat, erklärt er gleichmütig, dass die Aufnahmegebühr für Einzelpersonen wie für Ehepaare 130 000 ägyptische Pfund betrage – umgerechnet mehr als 17 000 Euro. Für Kinder bis 16 Jahre betragen die Kosten 5000 Pfund, bis zum 21. Lebensjahr ist das Doppelte zu bezahlen, volljährige Familienmitglieder zahlen 30 000 Pfund. Eine fünfköpfige Familie kommt also schnell auf einen Betrag, der dem doppelten Jahresgehalt eines ägyptischen Universitätsprofessors entspricht. Meine erstaunte Reaktion ignorierend, streift mein Gegenüber gelassen die Asche der Zigarette ab, während Hoda beschwichtigt:

»Die meisten Leute sind seit Jahrzehnten hier. Viele von ihnen könnten diese Gebühr heute gar nicht mehr bezahlen.«

Offenbar existiert im Gezira Sporting Club längst eine Art

Zweiklassengesellschaft aus etablierten Eliten und neureichen Profiteuren jeglicher Provenienz.

»Einige der alten Mitglieder haben sich zu einer Gruppe zusammengeschlossen, die sich ›Pioniere‹ nennt«, setzt Hoda ihre Erläuterungen fort. »Sie machen gemeinsame Reisen, feiern hier ihre Geburtstage … ansonsten kommen sie jeden Tag früh und bleiben lang.«

»Theoretisch müssen unsere Senioren den Club nur zum Schlafen verlassen, ansonsten ist hier alles zu finden«, erklärt Tarek el-Biary. »Wir haben zahlreiche Restaurants und Cafés, in denen *breakfast, lunch* und *dinner* serviert werden. Es gibt zwei Friseure, ein Postamt, eine Bank und eine Moschee. Und wenn unsere Senioren sich noch mal verlieben sollten, gibt es sogar einen *masun,* einen *sheikh,* der den Ehevertrag aufsetzen kann – wenn sie nicht gerade nebenan beim Notar mit der Formulierung ihres Testaments beschäftigt sind.«

Er fängt zu lachen an, auch Wathek Morgan stimmt ein, und wenige Minuten später halte ich einen auf vier Wochen befristeten Ausweis in den Händen.

Mit einem hageren jungen Security-Mann in blauer Uniform verlasse ich das Büro. Auf einer Anschlagtafel neben dem alten Backsteingebäude mit dem Restaurant Elite werden die Clubmitglieder darüber informiert, dass die einmal geleistete Aufnahmegebühr keineswegs die einzige finanzielle Zuwendung ist, die der Vorstand von ihnen erwartet. Derzeit entsteht in der 6.-Oktober-Stadt, mitten in der Wüste westlich von Giza, eine Dependance des Clubs für alle, die aus der bedrückend gewordenen Enge der Stadt in eines der dort wachsenden Villenviertel oder schicken Compounds ziehen. Der Gezira Sporting Club bekommt also Nachwuchs, und das will finanziert sein.

Bei einem ersten Gang über das weitläufige Gelände wird

deutlich: Hier wird zwar Sport getrieben, doch ist dies keineswegs das einzige Freizeitvergnügen im Club: Die »Pioniere« veranstalten ihr tägliches Veteranentreffen, modisch gekleidete Frauen besprechen die aktuellen Themen der Klatschpresse, und junge Leute praktizieren das international verbreitete Gesellschaftsspiel »Sehen und gesehen werden«.

Auf der Terrasse neben dem Cricketfeld sitzen unter einem Baldachin zwei alte Männer auf Korbstühlen an einem Tisch. Auf die blau-weiß gemusterte Decke haben sie ein dunkelgrünes Filzquadrat gebreitet und spielen Domino. Unter der aufmerksamen Beobachtung eines gleichaltrigen Dritten sind die beiden Spieler in ihr Spiel vertieft und lassen sich weder von mir noch von den beiden Frauen mit überdimensionalen Sonnenbrillen am Nebentisch stören. Die beiden Damen sprechen über das alles beherrschende Tagesthema in Kairo – den Prozessauftakt gegen Hisham Talaat Mustafa. Dem Multimillionär und Mitglied des ägyptischen Oberhauses wird vorgeworfen, einen Mann gedungen zu haben, seine Exgeliebte, die libanesische Sängerin Suzanne Tamim, in deren Luxusappartement in Dubai ermordet zu haben.

»Dieser Mohsen al-Sukkari, der bei Hishams Unternehmen Sicherheitschef war, hat ja bei seiner Festnahme den Mord gestanden …«, sagt eine der beiden Damen.

»Aber gestern hat er widerrufen!«, unterbricht die andere.

»Wirklich?«

Einer der Dominospieler, ein schmächtiger Herr mit strengem Blick, hat mich entdeckt.

»Darf ich fragen, woher Sie kommen?«

»Aus Deutschland!«, antworte ich und habe damit auch das Interesse der beiden Damen geweckt.

Als ich mich dem Tisch der Dominospieler nähere, steht eine von ihnen auf und kommt neugierig heran. Jetzt erst bemerke ich, dass sie ein kleines Vermögen an Goldschmuck und Brillantringen an Hals und Fingern trägt. Durch ihre strassbesetzte Sonnenbrille sieht sie mich freundlich interessiert an.

Ich stelle mich vor, erkläre, dass ich über den Club schreiben möchte, und schon macht mich der schmächtige Herr mit den anderen bekannt:

»Dieser Herr hier heißt Samy. Er war Arzt oben in Mahalla el Kobra.«

Der Name verrät, dass es sich um einen koptischen Christen handelt, und ich vermute, dass er seinen Alterssitz in das aufregendere Kairo verlegt hat, nachdem er womöglich sein ganzes berufliches Leben in dem nordägyptischen Industrieort verbracht hat.

»Und dies hier ist Mohammed Hamdi. Er war Richter am Obersten Berufsgericht Ägyptens.«

Der Jurist wendet sich mir zu und erklärt mit einer krächzenden Stimme, die auf eine überstandene Kehlkopfoperation schließen lässt:

»Sie haben Gamil gerettet. Er war gerade dabei zu verlieren ...«

Tatsächlich hat sich sein Spielpartner bereits darangemacht, die Dominosteine neu zu mischen. Ohne auf den Einwurf einzugehen, stellt sich der schmächtige Mann nun selbst vor:

»Ich war zeitlebens beim Militär, von 1952 bis 1975 habe ich in der ägyptischen Armee gedient. Zuletzt als Panzergeneral.«

Von der Sowjetunion aus, wo er im Ausbildungslager gewesen sei, habe er Deutschland besucht. Ich nehme an, dass ihn seine Ausflüge in die DDR führten, frage aber etwas gänzlich anderes:

»Waren Sie einverstanden, als Sadat im Sommer 1972 die sowjetischen Militärberater aus dem Land wies?«

»Sehr sogar! Wissen Sie, ich konnte Sadat damals nicht leiden, wegen dieser pathetischen Reden, die er immer und überall gehalten hat, aber dass er die Russen rausgeworfen hat … Ja, da hatte er meine uneingeschränkte Zustimmung, und ich will Ihnen sagen, warum.« Der alte Mann blickt konzentriert auf die Spielsteine in seiner Hand. »Die Russen waren keine Freunde. Nie haben wir von ihnen moderne Waffen bekommen. Militärtechnisch waren wir immer einen Schritt hinter den Israelis zurück. Sie wollten, dass wir auf sie angewiesen sind. Ich erinnere mich an ein Ereignis 1973, an einem der ersten Tage des Krieges. Wissen Sie, ich war von Anfang an in die Vorbereitung des Feldzuges auf dem Sinai einbezogen. Der 6. Oktober war für uns ein Fest … und am nächsten oder übernächsten Tag, da haben wir einen israelischen Panzer erobert, den der Gegner nicht rechtzeitig hatte zurückziehen können. Es war ein fabrikneuer amerikanischer Panzer, der keine 200 Kilometer auf dem Tacho hatte, mit Klimaanlage und Automatikgetriebe, also hervorragend geeignet für den Wüstenkrieg. Keiner von uns konnte das Ding auf Anhieb fahren. Da habe ich begriffen, dass wir gegen Amerika im Krieg stehen.«

Gamil ignoriert meine konsternierte Reaktion. Aber wer wäre ich, einem ägyptischen General bei einem militärischen Thema zu widersprechen?

»Damals war ich schon ein Sadat-Mann, also im Oktober '73, meine ich«, fährt der Exoffizier fort. »Ich hatte mich um 180 Grad gedreht und trug auch danach alle seine Entscheidungen mit. Die Reise nach Jerusalem, das Abkommen von Camp David …«

»Was haben Sie empfunden, als ausgerechnet Mitglieder der Armee ihn umbrachten?«, will ich wissen.

»Das waren keine ehrenwerten Soldaten!«, erklärt er apodiktisch.

Es herrscht einen Moment Stille, dann meldet sich die schmuckbehangene Dame zu Wort:

»Ich muss sagen, dass der Präsident damals auch einige politische Fauxpas beging.«

»Allerdings!«, krächzt der Jurist. »Er hat zum Beispiel einen *sheikh* verspottet.«

»Ibrahim Al Mahallawy aus Alexandria«, ergänzt der koptische Mediziner. »Er war zwar inhaftiert, nichtsdestotrotz hatte er noch immer großen Einfluss, und Sadat …«

»… hat gesagt, der *sheikh* liege in seiner Zelle wie ein Hund«, gibt der Offizier zu und liefert gleich die Entschuldigung hinterher: »Der Präsident stand unter ungeheurem Druck der arabischen Nachbarn … Es gibt 22 arabische Länder, und in ihrer verbohrten Mentalität haben sie die Visionen unseres Präsidenten einfach nicht kapiert. Später haben viele Araber bereut, nicht auf ihn gehört zu haben. Zum Beispiel die Palästinenser – die hatte er ins Mena-Haus eingeladen, draußen an den Pyramiden. Er sagte: ›Stellt eure Flagge auf den Tisch, und wir reden miteinander.‹ Aber das haben sie nicht gemacht!«

Nachdem wir das Cricketfeld verlassen haben, frage ich den Security-Mann, wie lange er schon hier arbeitet, und er erzählt mir von dem Vorort von Giza, wo er als drittes von sechs Kindern aufwuchs und mit seiner Frau, die er vor fünf Jahren heiratete, noch heute wohnt. Er ging zur Mittelschule, besuchte eine technische Fachoberschule, arbeitete als Buchhalter in einer Ziegelsteinfabrik.

Einer aus dem Dorf habe ihm irgendwann erzählt, dass hier im Club junge Leute für den Sicherheitsdienst gesucht würden. Nach dem Vorstellungsgespräch im Büro des Clubvorstands musste er an einem Training teilnehmen und konnte schließlich die Stelle antreten.

Von mir befragt, was seine bevorzugte Aufgabe sei, kommt die Antwort so prompt, als hätte er sich lange darauf vorbereitet:

»Ganz wichtig ist es, Feingefühl für die Menschen zu haben und sich höflich zu verhalten, denn die meisten gehören zur High Society unseres Landes. Manchmal kommt es zum Streit zwischen Mitgliedern, und da ist es dann meine Aufgabe zu schlichten, möglichst diplomatisch natürlich. Von meinen älteren Kollegen weiß ich, dass sie viel öfter eingreifen mussten als heute.«

»Wie hoch ist Ihr Gehalt hier?«

»600 Pfund«, sagt er, und es macht nicht den Anschein, als fühlte er sich unterbezahlt.

Er müsste also nicht weniger als 18 Jahresgehälter für die Aufnahme als reguläres Mitglied hinblättern.

»Ist es für Sie sehr aufwendig, zu Ihrer Arbeitsstelle zu kommen?«, frage ich weiter.

»Ja Sir, das ist es. Ich brauche am Morgen zwei Stunden und für den Heimweg am Abend wieder zwei Stunden. Aber es wäre noch teurer, wenn ich eine Wohnung in Kairo mieten würde.«

»Was kostet Sie denn die Fahrt?«

»Ich bezahle dafür monatlich 200 Pfund«, antwortet er emotionslos.

»Haben Sie Kinder?«, frage ich.

»Leider nein, Sir!«, sagt er mit trauriger Miene.

Vor dem Hauptgebäude verabschiedet sich der Security-Mann von uns. Er hat mitbekommen, dass wir auf der Terrasse des Lido mit einem ehemaligen Clubdirektor verabredet sind.

Nachdenklich blicke ich dem sympathischen Mann hinterher. Für 200 Pfund ist es ihm nicht möglich, in einer Stadt eine kleine Wohnung zu finden, in der andere für Luxusappartements nur sechs Pfund bezahlen …

»Dies hier war früher die Männerterrasse«, reißt mich Hoda aus meinen Gedanken und zeigt auf eine Plattform rechts vom Eingang des Hauptgebäudes, auf der heute Gäste beiderlei Geschlechts speisen.

»Und dort drüben war die Frauenterrasse. Da saß ich oft mit meiner Mutter und bekam zur *tea-time* ein Stück Kuchen.«

Auf der einstigen Männerterrasse wird ein Herr bedient, der als Karikatur eines Adligen durchgehen könnte: hellblauer Blazer, gestreiftes Hemd, Krawatte und Einstecktuch, geöltes, in der Mitte gescheiteltes Haar und ein altmodisches Menjoubärtchen.

»Warum setzt sich jemand hier zum Essen hin, wo man die Abgase vom Parkplatz einatmet und es nichts zu sehen gibt? Auf der anderen Seite des Gebäudes ist doch die schöne Poolterrasse des Lido«, wundere ich mich.

»Ich denke, aus alter Gewohnheit«, sagt Hoda lachend. »Früher haben hier keine Autos geparkt, und drüben gab's noch keinen Pool.«

Daneben, auf der einstigen Damenterrasse, bekomme ich mit, wie zwei ältere Frauen sich über das Thema des Tages unterhalten:

»Die Tamim sollte schon vorher in London aus einem Fenster ihres Hotelzimmers gestoßen werden. So wie sie es damals mit dieser Schauspielerin gemacht haben.«

»Suad Hosny?«

»Ja, die hat man doch auch aus dem Hotelzimmer gestoßen.«

»Aber bei Suad Hosny war es Selbstmord.«

»Das hat man hinterher behauptet!«

Zusammen mit Hoda durchquere ich das Gebäude. Auf der anderen Seite betreten wir den gastronomischen Bereich des Lido. Der Pool hier wurde erst vor einigen Jahren angelegt. Einige junge Mädchen schwimmen im Bikini, und auf den Liegestühlen der Terrasse sind Frauen mit *hijab* weitaus seltener zu sehen als anderswo auf dem Clubgelände. Am großen Pool ein Stück weiter oben, so erfahre ich von Hoda, überwiegt der *hijab,* etwa bei den Müttern, die ihre Kinder zum Schwimmunterricht begleiten. An zwei Vormittagen in der Woche sei das gesamte Areal dort ausschließlich für Frauen reserviert.

Hoda sieht sich um, aber unser Gesprächspartner scheint noch nicht da zu sein. Sie steuert einen der wenigen unbesetzten Tische an. Von dem Herrn, mit dem wir verabredet sind, weiß ich nur, dass er Hady Moafi heißt, früher Direktor des Gezira Sporting Club war und eine erstaunliche Sammlung an historischen Dokumenten aus der Geschichte des Clubs besitzen soll. Derzeit ist er dabei, die Website des Clubs zu gestalten. Und von Hoda weiß ich, dass früher alle Mädchen für den attraktiven Schwimmer schwärmten.

»Dieser Mann hier ist eine Institution am Lido«, sagt Hoda, als ein Kellner in einer dunkelblauen, mit goldenen Bordüren verzierten *galabeya* und einem weißen Turban an den Tisch kommt, um die Bestellung aufzunehmen.

»Er heißt Abdel Gelil«, stellt sie mir den Nubier vor und fragt ihn, wie lange er schon im Club arbeite.

»In wenigen Wochen sind es 45 Jahre«, antwortet er. »Ich bin mit 18 Jahren von Assuan nach Kairo gekommen und habe zunächst als Hauskellner in einer privaten Villa gearbeitet. Dann habe ich davon gehört, dass man hier einen festen Vertrag bekommen kann, mit Krankenversicherung

und Rentenanspruch … Na ja, so habe ich eben hier angefangen.«

»Und hat sich der Club in den 45 Jahren sehr verändert?«,
frage ich unbedarft.

Der Kellner winkt resigniert ab. »Früher gab es hier bei uns
keinen Standesdünkel.«

»Das stimmt«, bestätigt Hoda, »Standesdünkel kannten
wir nicht.«

»Es war für einen Kellner eine Ehre, im Gezira Sporting Club zu arbeiten, man war darauf stolz«, erzählt Abdel
Gelil.

»Und heute?«, frage ich.

»Ich sage es Ihnen ehrlich: Wenn ich nächstes Jahr in Rente
gehe, weine ich dieser Stelle keine Träne nach. Höchstens der
Vergangenheit, aber das mache ich auch heute schon. Was
möchten Sie gern trinken?«

Nachdem er die Bestellung aufgenommen und sich entfernt
hat, erklärt mir Hoda, was eben unausgesprochen blieb.

»Ich finde es empörend, was sich manche Kinder aus
neureichen Familien gegenüber den Angestellten im Club
herausnehmen. Solche Respektlosigkeiten hat es früher nicht
gegeben.«

Kurz darauf kehrt Abdel Gelil mit unseren Getränken
zurück. Er muss Mitte 60 sein, sieht aber um einiges älter
aus.

»Abdel, seit wann serviert man zur Limonade Plastikbecher?«, fragt ein großer braun gebrannter, nicht mehr
ganz junger Mann, der von hinten an den Tisch tritt. »Hole
unseren Gästen bitte Gläser.«

Mir ist sofort klar, dass es Hadi Moafi sein muss, der mir
gerade die Hand schüttelt, auch wenn er sich nicht vorstellt
und nur kopfschüttelnd feststellt: »Solche Sitten sind hier ein-

gerissen, seit es dort hinten diese amerikanischen Fast-Food-Kioske gibt.«

Ich erfahre, dass Hadi Moafi eine französische Mutter hat und die Hälfte des Jahres an der Côte d'Azur verbringt.

»Sein Vater war ein sehr berühmter Herrenschneider«, wirft Hoda ein. »Er wurde sogar von der königlichen Familie beschäftigt.«

»Aber erst durch mich ist er Mitglied des Gezira Sporting Clubs geworden«, erinnert sich Hadi Moafi. »Als ich zwölf war, haben mich Talentscouts in der Schwimmstaffel eines Clubs in Heliopolis entdeckt.«

Das muss etwa zur selben Zeit gewesen sein, als Maggy wegen der falschen Staatsbürgerschaft aus der Frauenstaffel ausgeschlossen wurde.

Mit großer Geste weist Hadi Moafi in die Weiten des Gartens.

»Jeder Baum hier hat eine Biografie«, erklärt er. »Die Briten haben sie aus Indien, aus Neuseeland, aus der ganzen Welt hierhergebracht. Die Bäume könnten uns die Geschichte des Clubs erzählen.«

Da sie das nicht können, übernimmt Hadi Moafi diese Aufgabe.

»In den ersten sechs Jahrzehnten waren die Briten hier weitgehend unter sich«, erinnert sich mein in sportlichen Designerschick gekleideter Gesprächspartner. »Präsident des Clubs war damals automatisch der jeweilige Gouverneur der britischen Krone. Hier versammelte er seine Offiziere mitsamt Familien zunächst zu Veranstaltungen des Pferdesports. Bald kamen dann ein Golfplatz und ein Tenniscourt hinzu. Damals hieß der Club noch Khedivial Sporting Club.«

Ob dem Chronisten die unfreiwillige Komik dieses Namens

klar ist? »*Khedive*« war die Bezeichnung für den ägyptischen Vizekönig, und der seinerzeit amtierende *khedive* Ismail Pascha hatte seinen Staat in den Bankrott getrieben. Deshalb kamen die Briten am 14. September 1882 überhaupt ins Land – um ihre Interessen am Suezkanal zu wahren. Sie kauften dem *khedive* den Großteil des Gartens ab, den er 1869 vor dem Palast anlegen ließ, in dem er zur Eröffnung des Kanals seine internationalen Gäste bewirtet hatte. Obwohl nach ihm benannt, hatte die königliche Familie bis in die Dreißigerjahre dort gar keinen Zutritt.

»Nach dem Ende des Zweiten Weltkrieges«, fährt Hadi Moafi fort, »forderten die Kairoer Eliten, allen voran hohe Regierungsbeamte, Diplomaten und zu Vermögen gekommene Geschäftsleute, als Mitglieder akzeptiert zu werden. 1951 wurden sie dabei durch einen Streik der Kellner unterstützt. Und durch Eisenbahner, die den streikenden Kellnern beistanden. Damals fanden hier an jedem Wochenende Pferderennen statt. Die Tiere mussten von den Stallungen außerhalb der Stadt mit der Bahn zum Südufer des Nils gebracht werden. Die Kellner überredeten die Eisenbahner, den Zugverkehr lahmzulegen. Man schützte ›technische Schwierigkeiten‹ vor und boykottierte so immer häufiger den Transport der Pferde.«

Hadi Moafi reibt sich lachend die Hände, als hätte der Coup gegen die Besatzer erst vor Kurzem stattgefunden. Gut gelaunt setzt er seine Erzählung fort:

»Es blieb den Engländern nichts anderes üblich, als die Pforten des Gezira Sporting Clubs auch für Ägypter zu öffnen. Einer wurde sogar in den Vorstand gewählt.«

»Major Murad!«, ruft Hoda.

»Ja, richtig! Die Engländer meinten nämlich, der ägyptische Vertreter im Vorstand müsse ein Militär sein.«

»Ich kann mich noch gut an ihn erinnern«, sagt Hoda, »er war ein Bekannter meines Großvaters.«

Auf der Website wird Hadi Moafi den Kellnern und Eisenbahnern ein Denkmal als erfolgreiche Widerstandskämpfer setzen. Bei westlichen Historikern wird der Sinneswandel der britischen Besatzer hingegen ein wenig anders erklärt: Nach dem Verlust ihrer Kolonien in Fernost und durch den Aufstieg der USA zur Weltmacht Nummer eins sei die Stellung der Engländer in der Welt geschwächt gewesen – daher das Bedürfnis nach Annäherung mit der ägyptischen Oberschicht.

In Hadi Moafis Erinnerungen leben noch einmal die alten Kämpfe auf:

»In einer Nacht-und-Nebel-Aktion haben junge Ägypter die englischen Schilder auf dem Clubgelände mit arabischen überklebt. Major Murat konnte daraufhin den Vorstand von zweisprachigen Schildern überzeugen, wie wir sie bis heute haben.«

»Wenn Sie sich hier im Club so umsehen …«, will ich das Gespräch auf die Gegenwart lenken.

» … dann denke ich mit Wehmut an die große Zeit zurück«, fällt mir Hadi Moafi ins Wort.

»Sie meinen, als Sie als Heranwachsender hierherkamen, in den Fünfzigerjahren?«

»Ende der Fünfziger, Anfang der Sechziger, ja! Damals betrat man dieses Gelände nur im Blazer mit gestreifter Krawatte. Wussten Sie, dass man diese Krawatten auch *club tie* nennt?«

Der noch immer sehr sportlich wirkende Gentleman seufzt.

»Wir tranken damals nicht diese Softdrinks in Dosen, wie man sie heute serviert …«

»Ich erinnere mich an *icecream soda*«, schwärmt Hoda.

»Oh, das war unser *favourite*«, bestätigt Hadi Moafi, »ein herrliches Getränk. Und zum Tee gab es *english cakes* und nicht das Zeug da!«

Angewidert weist er mit dem Kopf auf einige Jugendliche, die sich an einem der Stände Cheeseburger geholt haben.

»Drinnen im Herrenflügel gab es eine gut bestückte Bar mit alten Whiskeys und wunderbarem Cognac!«

»Ist da nicht mal was vorgefallen?«, überlegt Hoda.

»Nun ja, einige Burschen hatten wohl ein bisschen zu viel getrunken und gerieten unten an der Pergola aneinander. Da hat sich ein älterer Herr eingemischt. Die jungen Leute gaben Widerworte, vielleicht ist auch ein Schimpfwort gefallen. Jedenfalls bekam der Mann einen Herzanfall und starb. Das war ein bedauerlicher Vorfall, sicherlich, aber dass der Gouverneur daraufhin in allen Clubs ein striktes Alkoholverbot einführte, kann man nicht gerade als Verhältnismäßigkeit der Mittel bezeichnen.«

»Es gab damals einige Gerüchte«, erinnert sich Hoda.

»Ja, dass Gaddafi bei der Entscheidung des Gouverneurs mit Geld nachgeholfen haben soll. Ich vermute eher, dass das Ganze ein willkommener Anlass war, ein Verbot zu erlassen, das er ohnehin im Sinn hatte. So wie Abdel Asis Ibrahimi in seinem Hotel.«, sagt er und schüttelt den Kopf.

Abdel Asis Ibrahimi ist ein saudischer *sheikh,* der auf der Nilinsel Roda das Grand Hyatt Cairo betreibt und sämtliche Alkoholvorräte aus Bars, Restaurants und Minibars in einem Gesamtwert von angeblich 300 000 US-Dollar in den Nil gießen ließ. Womit er bestimmt nicht gerechnet hatte: Umgehend stuften die ägyptischen Behörden die Nobelherberge auf ein Zweisternehotel zurück. Der amerikanische Mutterkonzern drohte gar, den renommierten Namen zurückzuziehen.

Der *sheikh* musste klein beigeben und zumindest im Panoramarestaurant im 41. Stock wieder Alkoholika zulassen.

»Nasser war unser Club übrigens immer suspekt«, erzählt Hoda. »Er nannte ihn den ›Club der Paschas‹, weil er hier einen Treffpunkt von monarchistischen und liberalen Gegnern seines Regimes vermutete. Natürlich wusste er, dass hier Leute aus der alten Elite saßen und über ihn und seine sogenannte Revolution spotteten.«

»Angeblich soll Nasser ja damals dafür gesorgt haben, dass seine Offiziere umsonst im Club aufgenommen wurden«, sage ich und muss an den Panzergeneral denken, der neben dem Cricketfeld Domino spielt.

»Als ich nach einem längeren Auslandsaufenthalt wieder nach Kairo kam«, erzählt Hadi Moafi, »war der Club jedenfalls nicht mehr derselbe. Und genau da fragte man mich, ob ich Direktor werden will. Nun, ich habe zur Bedingung gemacht, dass man mir den Stuhl von Major Murad ins Büro stellt. Tatsächlich haben sie das Möbelstück irgendwo in einem Lager gefunden.«

Ein auffallend elegant gekleidetes älteres Paar betritt die Terrasse. Sofort eilt der Kellner Abdel Gelil auf die beiden zu und geleitet sie zu einem Tisch direkt am Pool. Die alten Leute entdecken ihren früheren Clubdirektor, und während die Dame ihm freundlich zuwinkt, deutet ihr Begleiter eine leichte Verbeugung an.

»Es war nicht mehr der Club von Major Murad«, setzt Hadi Moafi seine Ausführungen fort. »Daran konnte auch der Stuhl nichts ändern. Damals ersuchte man mich, die beiden Terrassen wieder nach Geschlechtern zu trennen.«

»Manchmal haben sich Frauen eben Dinge zu sagen, die die Männer nicht unbedingt hören müssen«, zeigt Hoda Verständnis.

»Das hätte ich ja akzeptiert«, bemerkt der damalige Clubdirektor, »aber dann habe ich mich mit einigen Leuten aus dem Vorstand beraten. Es war die Zeit, als immer mehr Frauen mit dem *hijab* herkamen, und man befürchtete, sie könnten beim Ruf des Muezzins in dem Raum hinter der Terrasse zu beten anfangen. Es würde sich womöglich eine religiöse Clique etablieren, und wenn dann Unverschleierte den Gebetsraum beträten, könnte es zu einer Eskalation kommen. Und sollte erst mal ein weiblicher *sheikh* dort Religionsunterricht erteilen, wie dann die Entwicklung zurückdrehen? Das hat mir eingeleuchtet. Außerdem verbieten es unsere Gesetze, dass sich private Clubs politisch oder religiös eindeutig positionieren. Also sind wir bei der Regelung geblieben, wie sie bis heute gilt: Frauen und Männer speisen gemeinsam.«

»Aber drüben hinter der Tartanbahn gibt es doch inzwischen eine Moschee«, sage ich.

»In allen Clubs gibt es heute Moscheen«, sagt Hoda.

Ich nehme mir vor, beim nächsten Stammtisch im Café Riche den Verleger Maged Farag zu fragen, ob das auch für seinen Royal Club Mohamed-Aly zutrifft. Ich kann es mir beim besten Willen nicht vorstellen, immerhin gilt sein Club als der liberalste in Kairo.

»Die Moschee hier im Club ist ein Geschenk eines unserer reichsten Mitglieder«, sagt Hadi Moafi. »Besagter Gönner stellt auch sonst sehr viel Geld zur Verfügung, etwa für die Instandhaltung der Sportanlagen.«

Ich signalisiere, dass ich dieses »Argument« verstanden habe. Dann erhebt sich Hadi Moafi, reicht mir die Hand und sagt:

»Ich lebe in den Sommermonaten in Südfrankreich – ein heilsamer Ausgleich zu diesem Land, von dem keiner sagen kann, wohin es sich entwickelt.«

Hoda und ich beschließen, hier auf der Terrasse des Lido eine Kleinigkeit zu essen, und bitten den nubischen Kellner um die Speisekarte. Während wir das Angebot studieren, bemerkt sie fast nebenbei:

»Das Klima hat sich verändert. Ich könnte heutzutage nicht mehr im Badeanzug hier sitzen. Also hier am Lido vielleicht, aber drüben am großen Pool nicht mehr. Wir sind heute in der Minderheit, und die Freiheiten, die wir in unserem Land einmal hatten, sind uns Schritt für Schritt genommen worden.«

Ich finde es bemerkenswert, solche Sätze aus dem Mund einer gläubigen Muslima zu hören, von der ich weiß, dass sie regelmäßig betet, bereits mehrfach nach Mekka pilgerte, trotz ständiger Kopfschmerzen im Ramadan fastet und einen Teil der *sadaqa* dadurch erbringt, dass sie in einem Waisenhaus in Altkairo arme Frauen das Häkeln lehrt.

Die Kontroverse, so wird mir mal wieder klar, verläuft in Ägypten keineswegs nur zwischen Muslimen und Nichtmuslimen, sondern vollzieht sich auch quer durch die Umma, wie die Gesamtheit aller Muslime im Koran genannt wird.

Heba und Salma

»Vergiss es!«, schreit mir die vertraute Stimme einer Berliner Freundin aus dem Mobiltelefon ins Ohr. »Es gibt keine islamischen Feministinnen. Muslima und Feministin – das ist nicht kompatibel!«, fährt die promovierte Soziologin fort und doziert über den »gescheiterten Diskurs über Frauen und Gender, soweit er sich auf religiöse Texte gründet«.

Ich sitze in einem klapprigen Taxi auf der Kasr-el-Nil-Brücke fest. Abgase strömen durch die defekten Fenster herein. Auf dem Trottoir rechts neben mir beobachte ich einen jungen Mann mit Hard-Rock-Café-T-Shirt und verspiegelter Sonnenbrille, der eine verschleierte Frau an der Hand führt. Zwei junge Mädchen kommen ihnen entgegen, in hautengen Outfits mit den Logos namhafter Designer und Handtaschen, die ein bis zwei Jahresgehälter eines ägyptischen Verkehrspolizisten kosten. Die Frau im *nikab* sieht sich nach den beiden um und muss sich dabei weit zur Seite drehen, denn ihr Blickfeld ist durch die schmalen Sehschlitze begrenzt.

»Wer wird denn deine Interviewpartnerin sein?«, fragt mich die Stimme aus Deutschland.

»Wenn es überhaupt klappt. Also, jetzt fahre ich erst mal zu einer muslimischen Freundin, deren Vater ist Professor an der Al-Azhar-Universität, und er versucht einen Kontakt …«

»Wie heißt die Frau?«, werde ich bedrängt.

»Suad Saleh«, sage ich und ernte einen interessierten Blick des Taxifahrers im Rückspiegel. Wahrscheinlich kennt er den Namen der Professorin für Scharia, die im ägyptischen Fernsehen eine Sendung zu religiösen Fragen hat.

»Wie schreibt man das?«

Ich buchstabiere den Namen und höre das klappernde Geräusch einer Computertastatur. Dann ein überraschter Pfiff.

»Ich wette, du hast gerade im Internet entdeckt, dass Suad Saleh eine Todesfatwa gegen einen zum Christentum konvertierten Muslim ausgesprochen hat«, sage ich.

»Du weißt davon?«

Ich muss lachen. »Na hör mal, ich bemühe mich doch nicht um ein Interview mit jemandem, von dem ich nichts weiß.«

»Suad Saleh fordert die Hinrichtung dieses Mannes!«, empört sich die Stimme im Telefon.

»Das wäre die letzte Konsequenz einer Todesfatwa, aber das ägyptische Strafrecht lässt das gar nicht zu«, stelle ich sachlich fest. »Es klingt paradox, aber sie ist tatsächlich dieselbe Person, die auch vehement mehr Rechte für muslimische Frauen fordert – und das mit Hinweis auf den Koran.«

»Hast du was zu schreiben?«, werde ich gefragt. Umständlich fingere ich das kleine Notizbuch aus der Innentasche meines Jacketts.

»Es kann losgehen!«

»Frag diese ›Feministin‹ unbedingt nach dem 34. Vers in der Sure ›Die Frau‹. Dort wird es dem Ehemann ausdrücklich erlaubt, seine widerspenstige Gattin ›im Ehebett zu meiden‹. Na ja, für viele Frauen wäre das vielleicht gar nicht mal eine Strafe … aber da steht auch, dass er sie schlagen darf!«

»Ich werde es ansprechen!«, sage ich und verabschiede mich.

Langsam setzt sich die Wagenkolonne wieder in Bewegung, und wir schleichen meinem Ziel, der Wohnung von Hebas Familie in Agouza, entgegen.

Seit ein smarter Fernsehprediger namens Amr Khaled gegen großen Widerstand für einen »modernen und toleranten Islam« eintritt, hat er vor allem unter jungen Leuten aus der Oberschicht, religiös orientierten Intellektuellen sowie unter Frauen viele Anhänger. Heba ist all das in Personalunion.

Amr Khaleds Botschaft vernahm sie bereits, als er noch in privaten Wohnungen predigte. Seither träumt sie davon, türkischen Jugendlichen in Berlin-Kreuzberg mehr Wissen über die eigene Religion zu vermitteln.

»Da gäbe es allerdings ein Sprachproblem!«, sagte ich einmal zu Heba, die an der traditionellen Deutschen Evangelischen Oberschule (DEO) in Kairo das Abitur machte. »Aber ich spreche doch Deutsch!«, protestierte sie, und ich erwiderte: »Aber viele Kreuzberger Türken leider nicht oder nicht ausreichend.« Bald darauf führte ich Heba vor Augen, dass sie für eine solche Aufklärungsarbeit nicht bis nach Berlin reisen muss. Eines Tages nahm ich sie mit zu Nassra in die Totenstadt. Es war ein langes Gespräch unter Frauen, und es wurde auch ausgiebig gelacht. Dennoch sagte Heba nachher frustriert: »Diese Menschen haben vom Islam keine Ahnung!«

Kurz hinter der Abfahrt nach Zamalek ist der Verkehr wieder dicht. Per SMS gebe ich Heba Bescheid, dass ich mich etwas verspäten werde. Das ist unter Ägyptern nicht üblich, aber wer wie Heba eine der beiden deutschen Schulen in Kairo besucht hat, weiß die Geste sehr zu schätzen.

Wäre ich zu Fuß von Wust al-Balad hinüber zur anderen Nilseite gegangen, hätte ich mein Ziel wohl längst erreicht.

Andererseits kann ich mich so auf das erste Treffen mit Heba nach fast zwei Jahren innerlich vorbereiten. Oft habe ich mit ihr diskutiert, gestritten und gelacht – in großem gegenseitigen Respekt. Heba, die inzwischen längst zu einer Freundin geworden ist, vertrat dabei vehement ihren religiösen Standpunkt, war aber immer bereit, sich mit meinen Ansichten auseinanderzusetzen, die sie »agnostisch« nannte – ein Etikett, das mir in Deutschland von strenggläubigen Christen angeheftet wird. Auch für Menschen, die nicht an einen Schöpfergott glauben, gleichzeitig aber bezweifeln, dass der Kosmos ohne übergeordneten Zusammenhang funktioniert, muss es offenbar einen Namen geben – damit habe ich mich längst abgefunden.

In Europa kann man sich lange in intellektuellen Kreisen bewegen, ohne dass es um religiöse Themen geht – in einem Land wie Ägypten, das sich in einer Art Kulturkampf zwischen Moderne und fundamentalistischem Islam befindet, geht das nicht. Doch ich sehe keinen Sinn darin, mit jemandem über die Existenz eines Gottes zu streiten, der seine Botschaft vor anderthalb Jahrtausenden Wort für Wort dem einstigen Schafhirten Mohammed diktiert haben soll. Mit der gleichen Überzeugung erklärte mir einst in Kathmandu der Oberpriester des nepalesischen Königs, dass die Göttin Durga die Welt vor dem Büffeldämon Mahisasura gerettet habe. Und warum sollte die Lehre von der göttlichen Mission Mohammeds wahrhaftiger sein als jene, die mir der Sekretär eines Kurierkardinals im Vatikan zu vermitteln versuchte, wonach die unbefleckte Empfängnis ein Beweis für die Göttlichkeit Jesu sei? Überall geht es um einen Rahmen, der das Leben ordnet und das eigene Verhalten zuverlässig in Gut und Böse einteilt. Nicht selten geht dabei jegliche Eigenverantwortung verloren.

In Ägypten beweisen das die zahlreichen Anfragen an das *dar al-ifta,* ein Amt, in dem Schriftgelehrte unter der Leitung eines Großmuftis zu fast allen Lebensfragen religiöse Rechtsgutachten erstellen.

Die Begrüßung mit Heba verläuft freundlich, aber mit der gebotenen körperlichen Distanz. Immerhin streckt sie mir ihre Hand entgegen, obwohl selbst das in muslimischen Kreisen vielfach nicht erwünscht ist. Die großbürgerliche Wohnung ist in opulentem Stilmix eingerichtet. Mit glänzenden Satinstoffen bezogene Polstermöbel im Biedermeier-Look stehen vor kleinen Tischen im arabischen *mashrabiya*-Stil, und an den Wänden hängen Bilder mit indischen und chinesischen Motiven. Heba wohnt noch bei ihren Eltern, wie es in Ägypten üblich ist, wenn man noch nicht verheiratet ist.

Zusammen mit ihrer kleinen Schwester May serviert Heba Tee und Kekse. Hebas in Blautönen schimmerndes, fast bodenlanges Gewand und der farblich darauf abgestimmte *hijab* entsprechen den strikten islamischen Kleidervorschriften, während ihre Schwester – ein Teenager mit Jeans, T-Shirt und schulterlangen dunklen Locken – dagegen verstößt.

Als ich wieder mit Heba allein bin, sage ich: »May konntest du offenbar noch nicht vom *hijab* überzeugen.«

Über den provokanten Auftakt unseres Gesprächs schmunzelnd, bemerkt sie:

»Letztlich muss das jede Frau für sich entscheiden. Ich habe in ihrem Alter auch noch keinen *hijab* getragen. Sogar während meines Touristikstudiums ging ich noch mit offenem Haar in die Vorlesungen und Seminare. Nicht, weil ich es nicht besser gewusst hätte. Damals habe ich gerade an unserer Schule die erste Frauenfußballmannschaft Ägyptens gegründet. Selbst viele *sheiks* in den Moscheen vermitteln zwar kein wirkliches religiöses Wissen … aber dass eine Frau ihre Reize verhüllen soll, das erfährt man überall. Also, gewusst habe ich es schon, aber ich habe es einfach nicht fertiggebracht. Na, und ich nehme an, bei May ist es dasselbe.«

»Und wann hast du es dann fertiggebracht? Gab es dafür irgendeinen Anlass?«, frage ich.

»Das kann man wohl sagen!«, lacht Heba. »Es war am 12. Oktober 1992, einem Montag. Abgesehen davon, dass jede Frau genau weiß, wann sie zum ersten Mal den *hijab* trug, hat das Datum noch eine andere Bedeutung. An dem Tag nämlich gab es in Kairo ein Erdbeben. Ich war hier in diesem Raum, als es losging«, erinnert sich Heba. »Dort drüben an der Wand habe ich nach Halt gesucht, als der Boden zu beben anfing. Ich dachte wirklich, das Haus stürzt ein und ich muss sterben. In diesem Moment schoss mir die Frage durch den Kopf, mit welcher Ausrede ich nun vor Gott treten könne. Ich habe nie Miniröcke getragen oder so was, aber eben auch keinen *hijab*. Tja, und als ich dann wider Erwarten doch überlebte …« Wir müssen beide über die Formulierung lachen. »… habe ich beschlossen, fortan den *hijab* zu tragen. Ich war sehr zufrieden und eins mit mir selbst. Nun wusste ich, dass es das Kopftuch war, was mir zur Zufriedenheit gefehlt hatte.«

Unwillkürlich fällt mir die Legende ein, nach der Martin Luther als junger Mann unter einer Eiche Schutz vor einem Gewitter suchte. Als in den Baum der Blitz einschlug, soll er ausgerufen haben: »Ich will ein Mönch werden!« Irgendwie aber fände ich es unpassend, Heba diese Geschichte zu erzählen, obgleich es manchmal den Anschein hat, als wollte sie den Islam reformieren. Allerdings wehrt sie sich seit jeher gegen den Begriff: Sie wolle nur gegen Fehlinterpretationen des Korans vorgehen und das heilige Buch zu seiner ursprünglichen Bedeutung zurückführen. Offenbar ist Heba noch immer davon überzeugt, dass es nur *eine* gültige Auslegung des vor 1500 Jahren in hocharabischer Sprache abgefassten Korans geben könne. Mit dieser Auffassung steht Heba nicht allein. Auch die schiitischen Muslime glauben im Besitz der einzig wahren Koranexegese zu sein, ebenso charidschitische und andere muslimische Sekten. Zu all diesen Gruppen ist nun als jüngste Kraft der Fernsehprediger Amr Khaled mit seinen Anhängern gestoßen, zu denen auch Heba gehört.

»Du weißt sicher«, nehme ich das Kopftuchthema wieder auf, »dass unsere Feministinnen den *hijab* als Ausdruck der Unterdrückung der Frau …«

»Aber das genaue Gegenteil ist der Fall!«, werde ich unterbrochen. »Mir hat noch nie jemand erklären können, weshalb es ein Zeichen für die Freiheit der Frau sein soll, wenn sie ihre körperlichen Reize jedem x-beliebigen Mann präsentiert.«

»Als emanzipiert kann sich deiner Ansicht nach also nur darstellen, wer seine Weiblichkeit versteckt?«, provoziere ich.

»Wenn du unter Weiblichkeit nur die körperlichen Vorzüge verstehen willst – bitte. Mit wem sprichst du gerade? Mit einem Mann oder einer Frau? Es gibt doch auch andere weibliche Attribute als die, die ein Minirock zum Vorschein bringt.«

Insgeheim muss ich Heba recht geben. Die Konzentration auf das Gesicht, wie sie der *hijab* bewirkt, bringt das schöne Antlitz arabischer Frauen meist erst zur Geltung. Selbst die schmalen Sehschlitze eines *nikab* lenken die Aufmerksamkeit des Betrachters auf die oft ausdrucksstarken Augen. Und die Schlitze halten *nikab*-Trägerinnen keineswegs automatisch davon ab, mit ihren Blicken zu flirten. Erst vor wenigen Tagen erlebte ich in der Goldgasse des Khan el-Khalili eine solche stumme Kommunikation. Im Verkaufsraum eines der zahlreichen Schmuckhändler wieselte ein sehr korpulenter Händler um einen Kunden aus den Emiraten herum. Der in einer strahlend weißen *galabeya* gekleidete *sheikh* kaufte für seine fünf Begleiterinnen gleich im Dutzend Schmuckstücke und akzeptierte dabei ohne Diskussion den genannten Preis. Zunächst war mir nur aufgefallen, dass sich zwei seiner Frauen scheinbar gar nicht für die Preziosen interessierten. Trotz *nikab* konnte ich erkennen, dass es sich bei den beiden um sehr junge Frauen handeln musste. Die faltenfreie Augenpartie, die aufrechte Körperhaltung und der sportive Gang ließen diesen Schluss zu. Während ich noch darüber spekulierte, ob es sich um die Töchter des *sheikhs* handeln mochte oder um zwei seiner Nebenfrauen, fiel mir auf, dass ich selbst es war, der ihre Aufmerksamkeit erregte. Zwei tiefschwarze Augenpaare forderten mich geradezu auf, den Blick zu erwidern. Als ich jenen Augen schließlich zuzwinkerte, sah ich, wie sich feine Lachfältchen bildeten, und die vermummten Gestalten stießen sich gegenseitig an.

»Es waren deutsche Touristen, die mich zuerst auf die angebliche Unterdrückung der Frau im Islam ansprachen«, reißt mich Heba aus meiner Erinnerung. »Ich war damals eine junge Reiseführerin und wusste gar nicht, was sie meinten.«

»Aber du sagst doch selbst, dass die Frauen in Ägypten ...«

»Es ist doch nicht der Koran, der sie unterdrückt«, werde ich von Heba unterbrochen, »sondern Männer, die ihn nicht kennen!«

»Aber das haben diese Touristen aus Deutschland gemeint, und du hättest das wissen können.«

»Woher denn? Ich war ein junges Mädchen aus der ägyptischen Oberschicht. In unseren Kreisen gab es damals schon viele Frauen in verantwortlichen Positionen, deren Männer sie bei ihrer Karriere unterstützten. Nenne mich naiv, aber ich wusste nicht, was drüben in Boulak al-Dakrour oder in den anderen Armenvierteln passierte. Und ich hatte keine Ahnung, dass es bei den türkischen Muslimen in Deutschland ›Ehrenmorde‹ und all die anderen furchtbaren Dinge gibt. So etwas ist doch mit dem Koran nicht in Zusammenhang zu bringen! Ich kannte den Koran zwar noch nicht besonders gut, aber ich konnte es mir einfach nicht vorstellen. Und dann nahm mich eine Freundin zu Amr Khaled mit.«

Schlagartig verschwinden die schmalen Fältchen auf Hebas Stirn. Sie lächelt und blickt gedankenverloren in die Ferne. Dann erzählt sie, um Sachlichkeit bemüht, von jener Zeit:

»Damals hat es angefangen, dass in privaten Häusern Religionsunterricht erteilt wurde. Aber ich war nicht sehr interessiert, irgendwie hatte ich das Gefühl, das waren nicht die richtigen Leute für mich. Bis ich mit dieser Freundin zu Amr Khaled kam und Sätze hörte, die ich nie zuvor von einem unserer Scheichs gehört habe. Da war ich immerhin schon 27.«

»Welche Sätze denn?«

»Er hat sich für die Frauen ausgesprochen, für ihre Rechte. Er sagte, eine Frau sei nicht Sklavin ihres Ehemannes, sondern seine Partnerin, und er müsse Verantwortung für sie übernehmen. Die Korantexte klangen plötzlich ganz anders. Was Amr Khaled sagte, hat mich sehr berührt. Dabei habe ich ihn nicht mal gesehen, sondern ihn im Nebenzimmer über Lautsprecher gehört. Trotzdem fing ich an zu heulen. Ich heulte und heulte … es war eine Reinigung, und ich begann zu begreifen, dass ich hier mehr über meine Religion erfahren würde als in meinem ganzen bisherigen Leben.«

Nachdem mir Heba bei einem unserer ersten Treffen von Amr Khaled erzählt hatte, stieß ich in Kairo mehrfach auf seinen Namen, allerdings sprach man eher abwertend über ihn. Am Stammtisch beispielsweise, zu dem der Betreiber des Café Riche jeden Freitagmittag Künstler und Intellektuelle einlädt. Dort nannte der Verleger und Sportclubbetreiber Maged Farag den prominenten Fernsehprediger einen »saudischen Agenten«, schließlich sende er seine »fundamentalistische Agitation« von einem Fernsehsender in Dschidda. Außerdem habe die Verkündigung der heiligen Botschaft ihren Verkünder steinreich gemacht, merkte ein smarter Zahnarzt an und erntete einhellige Zustimmung: Allein das Merchandising – wie religiöse CDs und DVDs – beschere der Khaled Incorporation jährlich einen mehrstelligen Millionenumsatz.

»Warum musste Amr Khaled eigentlich für einige Jahre Ägypten verlassen?«, frage ich Heba.

»Das kann ich dir nicht sagen«, erklärt sie schnell. Im Gegensatz zu den Intellektuellen im Café Riche will sie politische Vorgänge offenbar nicht kommentieren.

»Und wer kann dazu etwas sagen?«

»Am besten natürlich Amr Khaled selbst«, sagt sie. »Aber ich bezweifle, dass er dazu bereit wäre.«

»Könnten wir es versuchen?«, frage ich, ohne je ernsthaft ein Interview mit ihm in Erwägung gezogen zu haben. Zumal ich wenige Tage zuvor von einem BBC-Journalisten hörte, dass ihm ein bereits zugesagtes Gespräch mit dem viel beschäftigten Islampromi kurzfristig wieder abgesagt worden war.

»Natürlich können wir es versuchen!«, erklärt Heba lakonisch.

»Haben wir eine Chance?«, frage ich.

»*Inschallah!* Bei Suad Saleh hat's doch auch geklappt«, sagt Heba fast nebenbei und freut sich über mein überraschtes Gesicht.

»Tatsächlich?«

»Es war nicht ganz einfach. Erst hat sie Ja gesagt, aber dann hieß es plötzlich, dass die Verwaltung der Al-Azhar-Universität zustimmen müsse. Na, so was kann Wochen dauern. Also habe ich sie angerufen und ihr gesagt, dass du *jetzt* in Kairo bist. Und so haben wir als Treffpunkt einen Ort außerhalb der Uni vereinbart, im Nasr City Club schräg gegenüber, am kommenden Sonntag.«

Ich zücke mein Notizbuch, um den Termin zu notieren. Dabei fällt mein Blick auf meinen Eintrag von vorhin im Taxi.

»Kennst du in der Sure ›Die Frau‹ …«

»… den Vers 34?«, ergänzt Heba und erklärt: »Diese Sure wird immer und immer wieder von westlichen Frauenrechtlerinnen zitiert. Ich schlage vor, du fragst Suad Saleh. Aber vorher will ich dir etwas zeigen, das du kennen solltest, um ihre Antwort besser zu verstehen.«

Heba holt aus dem hinteren Teil der Wohnung einen kleinen Holzzweig, der an einem Ende zerfasert ist.

»Das hier ist eine *sewak*«, erklärt sie, »eine Naturzahnbürste, wie sie Mohammed und seine Familie benutzt haben.«

Mit diesem Rätsel entlässt mich Heba in das abendliche Kairo, welches hier in einer Nebenstraße von Abouza durch den alten Baumbestand und die abwechslungsreiche Architektur der niedrigen Wohnhäuser sehr beschaulich wirkt. Von ihrer Wohnungstür aus ruft sie Mohammed, der sich zu dieser Stunde meist bei seiner Mutter aufhält, die in diesem Gebäude als Hausmeisterin Dienst tut.

Mohammed flucht nie. Jedenfalls habe ich ihn selbst im größten Verkehrschaos nie fluchen gehört. Mohammed erkennt eine Situation und handelt. Auf der Zamalek-Brücke merken wir, dass sich der Verkehr trotz der abendlichen

Stunde auf der 26.-Juli-Straße in östlicher Richtung staut, weshalb er nach Überquerung des westlichen Nilarms zur Shari' Al-Gabaleyya abbiegt, eine der Hauptstraßen auf der Nilinsel Zamalek.

»Vielleicht haben wir auf der 6.-Oktober-Brücke auch Stau, aber dann sind wir schon viel näher an deinem Hotel«, sagt er.

Als wir den Haupteingang des Nil-Aquariums auf der linken Seite passieren, signalisiert mir mein Mobiltelefon piepsend den Empfang einer SMS.

Ich höre Du bist in Cairo! Werde demnächst heiraten – bist du dabei? Salma

Die Nachricht ist eine Riesenüberraschung. Kurz überlege ich, sie an Heba weiterzuleiten, aber die beiden haben sich seit zwei Jahren nicht mehr gesehen und kennen sich ohnehin nur über mich. Wenngleich sie ziemlich schnell feststellten, dass sie einige gemeinsame Bekannte haben. Salma ist zwar knapp zehn Jahre jünger als Heba, aber beide besuchten deutsche Schulen und arbeiten für deutsche Institutionen in Kairo: Salma für die ägyptische Außenstelle der Gesellschaft für technische Zusammenarbeit, Heba für den Deutschen Akademischen Austauschdienst. Sie sind Töchter von Universitätsprofessoren – Salmas Mutter wurde erst vor wenigen Wochen als erste Frau ins Amt des Vizepräsidenten der Universität Kairo gewählt.

Ich habe mich oft gefragt, weshalb ich die beiden unbedingt miteinander bekannt machen wollte. War ich neugierig, wie diese so unterschiedlichen Ägypterinnen aufeinander reagieren würden? Interessierte mich die Frage, ob die strenggläubige Muslima Heba und die liberal gesinnte Salma überhaupt ein gemeinsames Thema finden könnten? Jedenfalls wurde ich positiv überrascht, denn obgleich sich die Lebenswege der beiden Frauen nach der Schule völlig unterschiedlich entwickelten, stellte sich eine nicht unwesentliche Gemeinsamkeit heraus: Beide taten sich schwer, in Ägypten einen Lebenspartner zu finden, und den Umstand, dass sie noch immer ledig waren, führten sie auf die Ausbildung an deutschen Schulen zurück: Ihre Erziehung zu kritischem Denken und engagiertem Widerspruch werde von den Männern hier nicht sonderlich geschätzt, erklärten sie übereinstimmend. Für Salma scheint sich das Blatt nun gewendet zu haben.

Das musst du mir ganz genau erzählen. Wann? Wo?, antworte ich.

Seinerzeit schien mir eines der zahlreichen Cilantro-Cafés für ein Treffen der beiden jungen Frauen gut geeignet. Im modernen Interieur dieser Kaffeehauskette sitzen seit jeher Mädchen mit und ohne *hijab* beisammen. Das Cilantro unweit des Midan Tahrir war damals noch stark von Studenten der Amerikanischen Universität bevölkert, die später an den Stadtrand umzog.

Die beiden jungen Frauen kannten das Kaffeehaus seit Langem: Heba arbeitete wenige Blocks entfernt im Goethe-Institut, und weiter oben in derselben Straße hatte Salma an der deutschen katholischen Mädchenschule der Borromäerinnen das Abitur gemacht und eben zeitweilig an der Amerikanischen Universität studiert.

Inmitten der Studenten und Angestellten also nahmen meine beiden ägyptischen Freundinnen Platz. Die mit rotem Samt ausgekleidete runde Nische, in der sich Salma und Heba schließlich gegenübersaßen, hatte etwas Symbolisches: Auf der einen Seite nahm Salma in Jeans, Lederjacke und mit offenem Haar Platz, auf der anderen Heba in langer Jacke über einer schlichten Hose und mit hellblauem *hijab*. Sie entstammten demselben Kulturkreis, wurden aber ausgebildet in den Idealen eines anderen.

Heba zweifelte nach ihrer aktiven Hinwendung zur islamischen Religion die göttliche Botschaft des Koran nicht an, wohl aber dessen Auslegung durch traditionelle *sheikhs* und Imame. Und Männer, die es bequem finden, sich in diesen überkommenen Ansichten einzurichten, kämen für sie von vornherein nicht infrage. Die Charaktereigenschaften ihres idealen Ehepartners benannte Heba im Gespräch mit Salma knapp mit »religiös und cool«. Und dann lachte sie ihr sympathisches Jungmädchenlachen, das ansteckend wirkt.

Die traditionellen Auffassungen von der Ehe und der Rolle der Frau seien selbst unter Bewerbern verbreitet, die einen Teil ihrer Jugend in der westlichen Welt verbracht hätten, berichtete Salma. Und sie wusste, wovon sie sprach, hatte sie doch gerade eine fünfjährige Beziehung mit einem Diplomatensohn hinter sich, der sich zunächst liberal und weltoffen gegeben habe. Doch je näher der geplante Verlobungstermin herangerückt sei, umso mehr sei er bemüht gewesen, inakzeptable »Regeln« zu installieren.

»Zum Beispiel bin ich bei der GTZ für das Evaluieren von Projekten verantwortlich und muss dafür durch das ganze Land fahren, manchmal für zwei oder drei Tage am Stück«, berichtete sie. »Und er sagte: ›Du reist zu viel.‹ Nichts durfte ich ohne seine Erlaubnis tun, nicht einmal in meiner Freizeit. Also, er hat das nicht direkt verlangt, aber hinterher hat er immer kritisiert, dass ich dies oder jenes unternommen habe. Zum Krach kam es, als ich eine Freundin in England besuchen wollte, ohne ihn vorab informiert zu haben.«

Ich beobachtete Heba. Es war in ihrer Miene nicht abzulesen, auf welcher Seite sie stand. Das änderte sich schlagartig, als Salma sich darüber empörte, dass ihr einstiger Freund sie als »zu intelligent für eine Frau« bezeichnet hatte. Das fand auch Heba ungeheuerlich. Und dann hielten sich die beiden ungleichen Frauen an den Händen und lachten.

Hätte am Freitagnachmittag eine Stunde Zeit oder etwas mehr, schlägt Salma vor.

Ich freue mich über die Aussicht, sie in wenigen Tagen wiederzusehen. Die selbstbewusste Lebenshaltung der jungen Frau gefällt mir. Imponierend, wie engagiert sie sich auch gegen Widerstände und Anfeindungen behauptete. Das fiel ihr nicht immer leicht. Sie fühle sich halb als Deutsche und halb als Ägypterin, vertraute sie mir einmal an. Und das kritische Hinterfragen sei wohl die deutsche Seite an ihr. Wo aber erkannte sie sich als Ägypterin?

»Im Laisser-faire!«, sagte sie und lachte. »Im Straßenverkehr bin ich zum Beispiel total ägyptisch, und auch andere Regeln nehme ich nicht ernst. Aber dann meldet sich wieder die deutsche Salma in mir und sagt, wie wichtig es ist, dass es diese Regeln gibt und dass man sie einhält. Es ist ein ständiger Widerstreit.«

Nachdem der Mann, der sie »zu intelligent« fand, schließlich die Beziehung aufgekündigt hatte, geriet Salma in eine Krise. Die Schuld am Scheitern der Beziehung habe sie nur noch bei sich gesucht und ihr gesamtes bisheriges Leben infrage gestellt, erzählte sie mir damals. Im Elternhaus sei ihr einerseits vermittelt worden, dass eine Frau eine eigenständige Karriere verfolgen müsse, andererseits habe man großen Wert auf traditionelle Werte gelegt. Die ständigen Pflichtbesuche bei Verwandten und Freunden seien ihr verhasst gewesen, andererseits habe sie die zahlreichen Krankenbesuche zu schätzen gewusst, die ihr zuteil wurden, als sie nach einem Verkehrsunfall zwei Monate ans Bett gefesselt war. Sie akzeptiere die fünf Säulen des Islam – neben dem Glaubensbekenntnis, der Almosensteuer *sadaqua,* dem jährlichen Fasten und der Pilgerfahrt nach Mekka auch die fünf Gebete am Tag –, unterlasse das Beten aber oft auch mal, um zu meditieren oder zu joggen. Sie besuche mit Freunden gern mal eine Bar, und der Umstand, dass sie keinen Alkohol trinke, habe keine religiösen Gründe. Schließlich störe es sie bei ihren Freunden nicht. Dennoch würde sie nie einen Nichtmuslim heiraten. Das käme ihr schon deswegen nicht in den Sinn, weil nach islamischem Recht und der ägyptischen Zivilgesetzgebung Kinder automatisch die Religion des Vaters haben. Zeitweilig hatte Salma überlegt, nach Deutschland zu gehen – berufliche Möglichkeiten und entsprechende Verbindungen gab es etliche. Andererseits aber vermittelten ihr ausgerechnet Auslandsaufenthalte immer auch ein positives Gefühl für ihre ägyptische Heimat. Widersprüche über Widersprüche, die der jungen Frau heftig zu schaffen machten.

Eine deutsche Freundin empfahl ihr ein Buch, das ihr half, wieder Boden unter die Füße zu bekommen:

Das Paradies von Barbara Wood. In diesem Bestseller, der auch in Deutschland für Diskussionen sorgte, werden drei ägyptische Frauenschicksale zwischen religiösem Fundamentalismus und westlicher Lebensart beschrieben. Vor allem die Figur jener Frau, die nach einer Flucht ins Ausland keine Wurzeln mehr schlagen kann, stellte für Salma eine Entscheidungshilfe dar. Dennoch fehlte ihr auf der Suche nach dem persönlichen Paradies ein Partner, der sie so akzeptierte, wie sie ist. Das war Salmas Problem, als ich sie zuletzt sah. Hat sich die Situation inzwischen tatsächlich zu ihrer Zufriedenheit verändert?

16 Uhr im Gezira-Club?, frage ich per SMS.

Die Antwort erfolgt prompt:

Ok!!!

Nach 25 Jahren bin ich zum ersten Mal wieder allein im Gezira Sporting Club. Vor unserem Treffen will ich meinen Status als Clubmitglied auf Zeit nutzen, um selbst ein wenig Sport zu treiben. In der riesigen Umkleidehalle neben dem Lido ziehe ich mich um und gehe hinüber zur Tartanbahn, die sich um ein eingezäuntes Fußballfeld erstreckt. Dort muss ich dieselbe Erfahrung machen, die auch den anderen Joggern und Walkern nicht erspart bleibt: Ganze Familien nutzen die Strecke für Spaziergänge, Jungen bolzen herum. Ich muss in Schlangenlinien laufen.

Dabei habe ich die wechselnden Kulissen jenseits des Club-geländes im Blick. Welch wunderbare Aussicht auf die Sky-line von Kairo müssen die Bewohner auf den Balkonen und Dachterrrassen jener mehrstöckigen Bürgerhäuser haben, die mir einen solchen verwehren! Kein Wunder, dass die Mieten sich kaum noch von denen an der New Yorker Upper East Side unterscheiden.

Mein Blick fällt auf den in warmen rotbraunen Tönen gehaltenen Bau des Marriott-Hotels. Dahinter liegt der Palast des *khedive* Ismail Pascha, in dem sich neben Bars und Res-taurants die Hotellobby befindet – und der von den Reichen gerne als Hochzeitslocation genutzte Ballsaal Aida. Hier wird auch Salma ihre Party feiern. Vor wenigen Tagen erst war ich hier zu Gast bei einer Hochzeit. Salmas Mutter war zufäl-lig meine Tischdame. Ich half ihr dabei zu überschlagen, ob Salmas 600 Gäste hier überhaupt Platz finden würden. Bei dieser Gelegenheit erfuhr ich, dass allein die Buketts auf den 43 Tischen je 500 Pfund kosteten. Der Preis für den Blumen-schmuck im Saal entsprach also drei Jahresgehältern der Secu-rity-Männer im Gezira Sporting Club.

Der sogenannte Turm der Schande gerät in mein Blick-feld – eine Bauruine, die dem Marriott auf der anderen Seite des Clubgeländes genau gegenübersteht. Ein ägyptischer Immobilienentwickler, so hörte ich, bemerkte erst, dass ihm die Kosten davonliefen, nachdem er den eindrucksvollen Rundbau bis zum 35. Stock hochgezogen hatte. Hinter vorgehaltener Hand wird kolportiert, dass zahlungswillige Investoren und potenzielle Mieter wie ein großer Hotelkonzern absprangen, nachdem sie herausgefunden hatten, dass in der bereits fertigen Tiefgarage nicht genug Stellplätze zur Verfügung stehen würden. Der Bauherr habe daraufhin noch versucht, mit dem Gezira Sporting Club um eine Untertunnelung der Clubanlage zu verhandeln – vergeblich.

Auf die Terrasse des Lido zurückgekehrt, erreicht mich eine SMS von Salma: *Komme etwas später.* Es gibt in Kairo unwirtlichere Orte, um auf eine junge Dame zu warten als unter einem Sonnenschirm am Pool. Ich bin gespannt, welche Neuigkeiten mir Salma zu berichten hat. Wie und wo hat sie den Mann fürs Leben gefunden? Ist dieser Mann wirklich jemand, der all die Eigenschaften hat, die sie sich immer gewünscht hat? Und keine der Eigenschaften, an denen ihre letzte Beziehung scheiterte? Wie geht sie mittlerweile mit dem inneren Zwiespalt zwischen den Kulturen um?

Ein junges Paar hat in einiger Entfernung Platz genommen. Der Junge legt betont lässig die Füße auf einen der Stühle, wohl um seiner Begleiterin zu imponieren. Ein Kellner bittet ihn höflich, sie herunterzunehmen, woraufhin der junge Mann anfängt, den Kellner anzubrüllen, und das nicht etwa in der gemeinsamen Muttersprache, sondern auf Englisch.

»Sie wissen wohl nicht, wer mein Vater ist!«, schnappe ich auf und bin von seinem unverschämten Benehmen geradezu paralysiert. Das geht einem älteren Clubmitglied am Nachbartisch glücklicherweise anders. Er baut sich vor dem Flegel auf und erklärt ihm laut und dezidiert:

»Wir wissen alle, wer Ihr Vater ist. Und jetzt wissen wir auch, wer Sie sind, nämlich ein unerzogener Lümmel. Ich kenne Ihren Vater sehr gut und werde ihm von diesem Vorfall berichten.«

Der junge Mann springt auf und läuft mit hochrotem Kopf in Richtung Ausgang, gefolgt von einem völlig verunsicherten Mädchen. Gemächlichen Schrittes geht der ältere Herr an seinen Platz zurück, und erst jetzt erkenne ich, dass es der Mann ist, der bei meinem letzten Besuch im Club Hadi Moafi mit einer leichten Verbeugung begrüßte. Als sich der Kellner überschwenglich bei ihm bedanken will, klopft er ihm nur jovial auf die Schulter und flüstert ihm lächelnd etwas ins Ohr.

Ich entdecke Salma auf der anderen Seite des Pools und winke ihr zu. Über den schmalen Holzsteg, der den Liegestuhlbereich mit der Terrasse verbindet, kommt mir eine moderne junge Frau in weißer Jeans und gelber Bluse entgegen, ihr schwarzes schulterlanges Haar trägt sie offen. Salmas Wohlerzogenheit, da bin ich sicher, wird mich die unerfreuliche Szene schnell vergessen lassen. Doch heute merke ich ihr eine innere Anspannung an.

»Was ist los?«, frage ich.

»Stell dir vor, die Hochzeitsplanerin hat mich drüben im Marriott eine geschlagene Stunde warten lassen. Ich habe ihr gesagt: ›Schluss! Das war's!‹ Aber sie versteht das gar nicht! In diesem Land ist niemand pünktlich! Wenn ich zu spät zu einem Arzttermin komme … ich gehe fast nur zu ausländischen Ärzten oder Ägyptern, die im Ausland studiert haben … jedenfalls wird mir das dann in Rechnung gestellt. Diese Hochzeitsplanerin aber bekommt von uns eine Menge Geld und hält es noch nicht mal für nötig, mich anzurufen.

Ich akzeptiere ein solches Verhalten nicht, aber das kann hier in Ägypten niemand nachvollziehen …«

Salma kann sich eine andere Einstellung zum Thema Pünktlichkeit auch gar nicht leisten, geht es mir durch den Kopf. Schließlich muss sie jeden Morgen um 7.30 Uhr vor der Zentrale der GTZ erscheinen. Von dort aus werden sie und andere Mitarbeiter im Kleinbus zu einem Büro in Heliopolis oder einem der Einsatzorte in den »informellen Gebieten« gebracht, wo sie in zahlreichen Projekten helfen, die Lebensverhältnisse der Ärmsten der Armen zu verbessern.

»Aber wahrscheinlich wird sich meine Mutter für ihre impulsive Tochter entschuldigen und sie doch wieder mit der Ausrichtung der Feier beauftragen. Angeblich ist sie die Beste«, klagt Salma, atmet einmal tief durch und wirkt dann schlagartig gut gelaunt.

»Schön, dich zu sehen! Was machst du in Kairo?«

»Ich schreibe ein Buch über eine junge Ägypterin«, scherze ich, »in deren Brust ein deutsches Herz schlägt. Als ich sie das letzte Mal sah, hatte sie gerade eine Verlobung gelöst. Und jetzt teilt sie mir per SMS mit, dass sie demnächst heiraten wird. Tolles Thema, wie?«

Salma lacht kurz auf und erklärt dann ernst: »Dieser jungen Ägypterin ging es sehr schlecht, nachdem du sie zuletzt gesehen hast. Sie geriet in eine ernste Krise, warf sich vor, schuld am Scheitern der Beziehung zu sein … und dann hat sie angefangen zu lesen. Sie las und las …«

»Was denn?«

»Alles Mögliche. Buddhistische Literatur, psychologische Bücher, auch welche über den Islam. Und weißt du, was das Merkwürdige war? Keines dieser Bücher konnte ich auf Arabisch lesen. Es war, als könnte sich mein Gehirn mit Sinnfragen nur auf Deutsch oder Englisch auseinandersetzen. Komisch, wie?

Übrigens war ein Buch besonders wichtig für mich, ein christliches Buch von einem Mönch, der das Leiden als Chance zur Selbstfindung beschreibt. Na ja, ich will dich nicht langweilen.«

»Du langweilst mich nicht. Haben dir denn auch Menschen geholfen?«

»Mir haben sehr viele Leute geholfen. Ich war doch damals bei dieser Psychiaterin ... wegen den Folgen meines Verkehrsunfalls. Immer wenn jemand bremste, und es machte dieses Geräusch wie damals, bekam ich Panik und fing an zu heulen. Also, deswegen bin ich bei ihr gewesen, aber ich sprach mit ihr auch über diese anderen Probleme, und sie gab mir den Rat, alles aufzuschreiben. Und nach wie vor gehe ich zu einer Frau zur Fußreflexzonenmassage. Mit ihr habe ich über all meine Gedanken gesprochen, und sie gab mir gute Ratschläge. Sie ist mittlerweile eine sehr gute Freundin.«

Es entsteht eine Stille des Nachdenkens. Ich sehe mich auf der Terrasse des Lido um. Nie zuvor habe ich inmitten von Kairo einen Ort entdeckt, der auf mich so deplatziert wirkt wie die Terrasse des Lido in diesem Moment. Das Areal könnte ebenso in Miami Beach oder auf Ibiza liegen.

Salma würde in ihrem modischen Outfit dort nicht als fremd empfunden werden, und für das, was sie mir eben erzählte, fände sie ebenso verständnisvolle Zuhörer wie mich.

»Übrigens habe ich einen Job bei der Weltbank ausgeschlagen«, holt mich Salma aus meinen Gedanken.

»Oh!«, rufe ich überrascht. »Das dürfte deiner Mutter aber gar nicht gefallen haben.«

»Zunächst war sie natürlich stolz. Ich meine, wir sprechen von der Weltbank in Washington!!! Aber sie hat meine Entscheidung akzeptiert. Es ist ja auch einiges passiert ...«

»Der neue Mann in deinem Leben! Wie heißt er eigentlich?«

»Omar! Ja, der ist dazwischengekommen. Obwohl er mich darin bestärkt hat, nach Washington zu gehen. Er war auf der Riverside Academy, einer Military-Highschool in Georgia. Dorthin schicken manche ägyptischen Familien ihre Söhne in den zwei letzten Jahren vor dem Abitur.«

»Hodas Söhne waren auch dort«, sage ich.

»Ja, ich weiß.«

Vermögende Ägypter schicken ihre »missratenen« Söhne an diese Schule, damit sie dort ein Highschool-Diplom machen können, das angeblich kinderleicht ist. Und weil es auch missratene Töchter gibt, wurden inzwischen auch in Ägypten Schulen gegründet, die für beide Geschlechter ein solches kinderleichtes Abitur anbieten.

»Hat Omar also nicht die Einstellungen, die dich an deinem ersten Verlobten gestört haben?«, frage ich.

»Jedenfalls fand ich es für einen Ägypter schon sehr außergewöhnlich, dass er mir zugeredet hat, nach Washington zu gehen. Er war sogar bereit, seinen Job in Kairo aufzugeben oder eine Fernbeziehung zu führen. Aber wie sollte das gehen bei einer Entfernung von acht Flugstunden? Trotzdem sprach alles dafür, dass er meine Vorstellungen von einer gleichberechtigten Partnerschaft teilt. Zum Beispiel musste ich dieses Jahr schon dreimal nach Damaskus und einmal in die GTZ-Zentrale in Frankfurt, und er hatte kein Problem damit. Allerdings war ich vorsichtig. Ich hatte Sorge, dass er am Anfang alles ›pink‹ findet und nach einer Weile doch anfängt, mich zu kontrollieren. Das habe ich ihm auch gesagt, aber bis jetzt gibt es dafür keine Anzeichen. Er hat sogar akzeptiert, dass ich im Ramadan öfter mal zu Hause blieb und nicht jeden Abend zu Freunden oder seiner Familie mitgekommen bin. Du weißt ja, wie ich solche Verpflichtungen hasse.«

Und dann schwärmt sie von ihrem künftigen Ehemann,

wie es wohl alle jungen Frauen tun, denen es vergönnt ist, sich ihren Lebenspartner selbst auszusuchen. Ich erfahre, dass sie Omar durch einen Freund in einer Bar kennengelernt hat und kein Problem damit hat, dass er Alkohol trinkt. Nach seinem Wirtschaftsstudium arbeitet er im Finanzvorstand eines ägyptischen Getränkeimperiums.

Salmas Telefon klingelt. Nach einem kurzen Gespräch erklärt sie:

»Ich muss jetzt gehen, meine Mutter wartet draußen im Wagen. Wir haben noch viel zu besprechen … auch die Sache mit dieser Hochzeitsplanerin.«

Während wir gemeinsam den Lido verlassen, versuche ich herauszufinden, wie sehr diese kosmopolitische junge Frau noch ihren muslimischen Wurzeln verhaftet ist.

»Du hast mir mal erzählt, dass du nach Mekka pilgern möchtest, sobald du einen Mann hast, der dich begleitet.«

»Also, Leute, die dort waren, haben von einem unbeschreiblichen Gefühl gesprochen, von einem existenziellen Erlebnis. Natürlich will ich das irgendwann auch mal. Andererseits wird all das von Indien auch erzählt. Um ehrlich zu sein, da will ich vorher hin, und zwar in ein Ayurveda-Zentrum, an das auch ein Meditationszentrum angeschlossen ist. Ich kann mir sogar vorstellen, eine Weile in einem Ashram zu leben.«

»Und Omar?«

»Der soll natürlich mitkommen, das ist jedenfalls mein Traum. Wenn ich es ihm sage, antwortet er immer: ›Aber da gibt es keinen Alkohol!‹ Dann lacht er, und ich muss auch lachen. Na ja, nächste Woche bin ich erst mal in China.«

»Wie bitte?«

»Ja, ich vertrete die GTZ Kairo auf einem Stadtentwicklungskongress in Beijing.«

Ich entdecke Salmas Mutter im Stau auf dem Weg zum Hauptgebäude. Während ihr Fahrer genervt den Motor ausstellt, öffnet Heba Nassar die Tür zum Fond ihres Dienstwagens, um mich zu begrüßen.

»Ich komme gerade aus Rabat und bin sehr erschöpft, und nun stecken wir hier fest …«, sagt sie und lacht.

Salma setzt sich zu ihr, und ich verabschiede mich von den beiden »Global Players«.

Frauenpower und Todesfatwa

Auf halber Strecke zwischen Stadtmitte und Heliopolis verlassen wir die Stadtautobahn und fahren im Stadtteil Madīnat Nasr an den Gebäuden der Al-Azhar-Universität entlang. Im Fond von Mohammeds geräumigen Wagen sitzen Hoda und Heba, die ich für heute beide als Dolmetscherinnen beschäftigt habe.

Heba ist aufgrund ihres jahrelangen Koranstudiums sicher eher in der Lage, die Antworten von Suad Saleh präzise ins Deutsche zu übertragen. Als strenge Muslima steht sie meiner Interviewpartnerin allerdings ideologisch sehr viel näher als mir, und ich befürchte, dass sie meine kritischen Fragen oder Anmerkungen unbewusst abmildern oder gar verfälschen könnte. Deswegen soll Hoda meine Fragen an die Scharia-Gelehrte ins Arabische übersetzen.

Der Stadtteil Madīnat Nasr, auch Nasr City genannt, liegt östlich des islamischen Viertels von Kairo und südlich von Heliopolis. Eigentlich gibt es in dieser in den Sechzigerjahren des letzten Jahrhunderts angelegten Hochhaussiedlung wenig zu entdecken. Auch die dreistöckige Einheitsfassade der neu erbauten Al-Azhar-Universität, jener islamischen Bildungseinrichtung, die vor mehr als tausend Jahren hinter der gleichnamigen Moschee in Darb Al-Ahmar ihren Betrieb aufnahm, kann nicht als sehenswert bezeichnet werden. Interessant ist einzig, was hinter dieser Fassade gelehrt wird.

Die Schranke vor der gewaltigen Einfahrt zum Nasr City Club gegenüber macht unserer Fahrt ein Ende. Wir steigen aus, und Heba erklärt einem der Wachmänner, dass wir im Clubhaus einen Termin haben. Ich bin Hebas Vater, einem Professor für anorganische Chemie an der Al Azhar, dankbar, dass er alles organisiert hat, obwohl wir uns noch nie persönlich begegnet sind.

Die räumliche Nähe zur islamischen Universität macht sich sofort bemerkbar. Schon auf der langen palmengesäumten Allee zwischen dem Eingangsportal und dem rundum verglasten Clubhaus sind fast nur Frauen mit *hijab* zu sehen.

Wir entscheiden uns für einen ruhigen Platz in der rechten hinteren Ecke. Während ich auf einem kleinen Glastisch mein technisches Equipment vorbereite, gibt mir Heba letzte Instruktionen. Auf gar keinen Fall dürfe ich der Professorin zur Begrüßung die Hand geben, es sei denn, sie reiche mir die ihre hin. Laut Koran sind Berührungen zwischen unverheirateten Männern und Frauen in der Öffentlichkeit verboten, und Heba weiß nicht, wie konsequent Suad Saleh diese Vorschrift befolgt. Ich erkläre Heba, wie man das kleine Ansteckmikrofon anbringt. Undenkbar, dass ich selbst mir damit am Gewand der muslimischen Rechtsgelehrten zu schaffen mache.

Energischen Schritts eilt Suad Saleh auf uns zu und streckt mir schon von Weitem die Hand entgegen. Sie ist nicht allzu groß, füllig, und ihr Gesicht hat auf den ersten Blick eher bäuerliche Züge. Sie trägt eine schwarze *abaya* mit schwarz-weißen Stickereien auf den Ärmeln und einen dazu passenden *hijab*.

Während Heba noch mit dem Anbringen des Mikros

beschäftigt ist, schafft Suad Saleh es schon, mich zu irritieren.

»Der Islam ist die zweitgrößte Religion in Deutschland. Ist
die arabische Sprache eigentlich bei Ihnen anerkannt?«

Was meint sie wohl mit »anerkannt«? Niemand in Deutschland würde bestreiten, dass diese Sprache existiert. Und was
hat das mit der Größe der Religionsgemeinschaft zu tun? Die
Mehrheit der dreieinhalb Millionen in Deutschland lebenden
Muslime spricht Türkisch.

»Was meinen Sie damit? Die Amtssprache ist natürlich
Deutsch.«

»Na, beispielsweise auf Konferenzen.«

»Also, wenn es sich um eine internationale Tagung handelt, dann ist Arabisch unter Umständen eine der Konfe-
renzsprachen«, stelle ich klar und weiß immer noch nicht,
worauf sie eigentlich hinauswill. Doch schon wechselt sie
das Thema.

»Sie haben eine Frau als Regierungschefin, Angela Merkel.
Wie stark ist sie von ihren Emotionen beeinflusst?«, will sie
nun wissen.

Die Soziologin in Berlin fällt mir ein, die mir erzählte,
dass der Islam die Frauen im Gegensatz zu den Männern als
sehr emotional beschreibt – eine Auffassung, mit der sie über
Jahrhunderte von verantwortlichen Positionen in Politik und
Gesellschaft ferngehalten wurden. Diese Frage passt daher so
gar nicht zu Suad Saleh, die ja nach allen Quellen, die mich
über sie informierten, gerade mehr Frauen in gehobenen Positionen sehen möchte.

»Angela Merkels Denken ist vor allem naturwissenschaftlich
geprägt«, sage ich, »denn sie ist von Haus aus Physikerin.«

»Welche Fehler hat Angela Merkel in ihrer bisherigen
Amtszeit gemacht?«, fragt mein Gegenüber und vermittelt

mir zunehmend das Gefühl, dass ich derjenige bin, der interviewt wird.

»Jedenfalls keine, die nicht auch ein Mann hätte machen können«, bemühe ich mich um eine diplomatische Antwort.

»Ist sie weit entfernt von Korruption?«, vernehme ich die Übersetzung und sehe Heba verunsichert an.

»Was meint sie damit?«, frage ich auf Deutsch.

»Na, ich nehme an, sie meint, ob Angela Merkel korrupt ist.«

»Was soll ich darauf antworten?«, wende ich mich an meine Dolmetscherinnen. »Ich kann ihr ja schlecht sagen, dass Korruption in Deutschland im Gegensatz zu Ägypten ... Natürlich gab es Schwarzgeldkassen für Parteien, der Betriebsrat bei Volkswagen wurde ... Aber so etwas steht bei uns als riesiger Skandal in der Zeitung!«

»Wenn es herauskommt!«, wirft Heba ein.

»Natürlich schreiben unsere Zeitungen nicht über Fälle, die unentdeckt bleiben«, antworte ich mit einem Anflug von unterschwelliger Aggressivität. Dann wende ich mich wieder Suad Saleh zu.

»Deutsche Bundeskanzler sind persönlich nicht bestechlich, wenn Sie an so etwas gedacht haben sollten. Falls sie aber der Meinung sind, dass politische Macht per se korrumpiere, dann trifft das wohl auch auf Angela Merkel zu.«

Ich warte Hodas Übersetzung ab und beschließe, Suad Salehs Bedürfnis nach Small Talk zu stoppen und mit dem Interview zu beginnen.

»Sie waren bis vor Kurzem Dekanin der Fakultät für Rechtswissenschaft für Studentinnen der Al-Azhar-Universität. Dahinter steht eine ungewöhnliche Karriere ...«

»... die ich so gar nicht geplant hatte«, steigt sie in das

Gespräch ein und liefert umgehend einen Beweis ihrer Eloquenz. »Mein Vater war schon an der Al Azhar und hat mich bewogen, hier zu studieren. Ich wollte das eigentlich gar nicht, weil die Zukunft der neuen Fakultät noch ungewiss war. Bis dahin studierten an der Al Azhar ausschließlich Männer, von wenigen Ausnahmen abgesehen. 1962 aber wurde eine Fakultät für Studentinnen eingerichtet, und ich gehörte dazu. Ich hatte sehr gute Noten und machte im Jahre 1967 das beste Examen von Männern und Frauen. Danach war ich Assistentin, habe promoviert und mich schließlich habilitiert. Diese Karriere verdanke ich nicht zuletzt auch meinem Mann, der seiner Verantwortung nachgekommen ist, nämlich seine Frau zu unterstützen, ihr zu vertrauen und stolz auf sie zu sein.«

»Davon sind freilich viele muslimische Männer weit entfernt«, sage ich und sehe ein kurzes Lächeln über ihr Gesicht huschen.

»Weil sie ihre eigene Religion nicht kennen«, erklärt Suad Saleh. »Der Koran befiehlt dem Mann, seine Frau gut zu behandeln, und verbietet ihm, ihr gegenüber ungerecht zu sein.«

»Ich würde gerne Schritt für Schritt vorgehen«, antworte ich. »In der Sure ›Die Frau‹ wird der Mann zwar aufgefordert, gegenüber seiner Frau die Verantwortung zu übernehmen, gleichzeitig aber wird es ihm erlaubt, ›widerspenstige Frauen‹ zu ermahnen …«

»Darunter versteht das islamische Recht, dass der Mann versuchen soll, die Vernunft seiner Frau anzusprechen. Zum Beispiel, wenn eine Frau ohne Zustimmung ihres Mannes verreist und die Kinder allein lässt, dann wird sie zunächst ermahnt. Darunter versteht das islamische Recht, dass der Mann versuchen soll, die Vernunft seiner Frau anzusprechen.«

»Wenn das misslingt, wird dem Gatten in Vers 34 dieser Sure empfohlen, sie ›im Ehebett zu meiden‹«, zitiere ich weiter.

»Das ist die einzige Bestimmung im Koran, die dem Mann eine solche Möglichkeit einräumt«, bestätigt die Professorin für islamisches Recht. »Wenn nämlich der Appell an ihre Vernunft nichts hilft, so werden ihm Strafmaßnahmen erlaubt, welche die Emotionen der Frau ansprechen. All das gilt natürlich nur, wenn sie sich seinen positiven Anweisungen widersetzt.«

Ich bemühe mich um ein Maximum an Sachlichkeit angesichts dieser für europäische Ohren aberwitzigen Ausführungen. Aber um eine fremde Kultur zu verstehen, so sage ich mir, dürfen nicht die eigenen Maßstäbe angelegt werden. Ich versuche, das Gespräch mit einer humorvollen Bemerkung ein wenig aufzulockern:

»Bestraft ein Mann, der seine Frau im Ehebett meidet, sich nicht zugleich selbst?«

Heba bricht in schallendes Lachen aus, noch ehe Hoda den Satz vollständig übersetzt hat. Und auch Suad Saleh muss lachen.

»Es macht ihm ja vielleicht nichts aus, also empfindet er es auch nicht als Strafe«, mutmaßt sie.

»Da Frauen emotionaler sind als Männer, wird sie sich durch diese Zurücksetzung in ihrem Stolz verletzt fühlen.«

»Und wenn alles nichts hilft, darf der Mann – so steht es im Koran – seine Frau sogar schlagen?«

In der Miene der Rechtsgelehrten ist keine Spur von Verunsicherung zu erkennen, während sie Hodas Übersetzung lauscht. Sie nickt sogar bedächtig mit dem Kopf, als würde sie gebeten, zu irgendeinem juristischen Detail im Vertragsrecht ein Urteil abzugeben. Entsprechend sachlich antwortet sie dann auch:

»Die Moral des Propheten Mohammed, Allah segne ihn

und schenke Ihm Heil, seine charakterlichen Eigenschaften und sein Verhalten gegenüber den eigenen Ehefrauen zeigen uns, dass er gegen das Schlagen war. Wenn ein Ehemann aber eine sehr widerspenstige Frau hat, und er scheitert mit all seinen Bemühungen, dann wird ihm empfohlen, die Frau mit der *sewak* auf die Hand zu schlagen.«

Jetzt verstehe ich, was es mit dem zerfaserten Zweig auf sich hat, den Heba mir bei meinem letzten Besuch in Abouza zeigte.

»Mit der *sewak?*«, rufe ich. »Das ist eine Zahnbürste.«

»Ja, eine Naturzahnbürste, wie sie schon vom Propheten und seiner Familie benutzt wurde. Es handelt sich also eher um eine symbolische Geste.«

Ich bin froh, dass in diesem Moment das Mobiltelefon der Professorin läutet, denn ich wüsste nicht, wie ich meine Fassungslosigkeit überspielen sollte.

»Erzählt sie so was auch im Fernsehen?«, frage ich Heba, während Suad Saleh jemandem Ratschläge erteilt, worauf bei der Verfertigung des Ehevertrages zu achten ist.

»Ja, natürlich!«, antwortet Heba, als hätte ich das Selbstverständlichste der Welt gefragt. Und wahrscheinlich ist es für sie sogar das Selbstverständlichste der Welt.

»Weißt du eigentlich, wie viele Männer ihre Frauen verprügeln?«, beginnt Heba die Sache mit der *sewak* ins rechte Licht zu rücken. »Von ihr erfahren sie, dass das Äußerste, was Allah ihnen erlaubt, der Schlag mit der *sewak* auf die Hand ist. Verstehst du?«

Ist das Feminismus aus islamischer Sicht? Muslimische Männer darauf hinzuweisen, dass sie ihren Frauen nicht ins Gesicht schlagen dürfen? In traditionellen religiösen Kreisen mag das ein Fortschritt sein, aber vor mehr als hundert Jahren waren auch Muslime in dieser Hinsicht schon weiter.

Bei der Recherche im Vorfeld dieses Interviews stieß ich auf das Buch *Tahrir Al-Mar`ah* (*Die Befreiung der Frau*) des ägyptischen Juristen Qasim Amin, der Ende des 19. Jahrhunderts viel weitergehende Rechte für das weibliche Geschlecht reklamierte. In seinem zweiten Werk *Al-Mar`ah Al-Jadidah* (*Die neue Frau*) von 1901 entwirft er die Vision selbstbewusster, kosmopolitisch denkender Frauen, die sich gleichwohl als Musliminnen verstehen. Salma fällt mir ein – eine moderne junge Ägypterin, die Suad Saleh sicher als »widerspenstig« bezeichnen würde.

Ich sehe mich in der lang gestreckten Clubhalle mit den hellen Sitzgruppen um. Frauen mit kleinen Kindern sitzen beieinander, ihre Ehemänner unterhalten sich getrennt von ihnen. Ganz in unserer Nähe, auf der anderen Seite des Gangs, sitzt sich ein junges, offenbar unverheiratetes Pärchen gegenüber. Die beiden sehen sich verliebt in die Augen, und selbstverständlich trägt die Frau den *hijab*, und natürlich hält er nicht ihre Hand. Möglicherweise werden deren Familien schon bald den Ehevertrag aushandeln. Wenig später wird diese Frau dann mit ihrem ersten Kind in der Gruppe ihrer Freundinnen sitzen und er getrennt von ihnen mit den anderen Ehemännern ...

Energisch klappt Suad Saleh das Mobiltelefon zusammen, verstaut es in ihrer Handtasche und wendet sich wieder mir zu:

»Wo waren wir stehen geblieben?«

»Sie sprachen vom Schlag mit der *sewak* auf die Hand ...«

»Wie gesagt: eine symbolische Geste!«

»Wobei ich mich frage, ob es grundsätzlich immer der Mann ist, der befiehlt, und die Frau diejenige, die zu gehorchen hat?«

Suad Saleh breitet die Arme aus, legt dann die Hände ineinander und antwortet selbstsicher:

»Dem ist so, aber nur innerhalb des Ordnungsrahmens, den Gott uns vorgegeben hat. Wenn der Mann seiner Frau hingegen Schlechtes befiehlt, und sie weigert sich, dem Folge zu leisten, liegt nach islamischem Recht keine Widerspenstigkeit vor.«

»Was für ein Befehl könnte das denn sein?«, frage ich nach.

»Nun, wenn er sie beispielsweise auffordern würde, das Haus ohne den *hijab* zu verlassen, und sie ihm nicht gehorcht, so ist dies keine Widerspenstigkeit«, erklärt sie kategorisch.

Mein Blick fällt auf Hoda, die einzige Frau hier, die keinen *hijab* trägt. Außer in der Moschee, während ihrer Pilgerreise nach Mekka und bei anderen religiösen Anlässen hat sie nie einen getragen. Und käme sie auf die Idee, es doch zu tun, so würde ihr Ehemann, den ich gut kenne, vermutlich von ihr verlangen, was Hoda ihm laut Professorin Suad Saleh verweigern müsste.

»Kann man Ihrer Ansicht nach also keine gläubige Muslima sein, ohne den *hijab* zu tragen?«

»Die islamische Kleiderordnung geht davon aus, dass das Tragen des *hijab* Gottesdienst ist.«

»Was heißt das?«

»Es ist Gehorsam gegenüber dem Willen Gottes«, doziert die islamische Rechtsgelehrte. Offenbar aber hat sie meinen Blick zu Hoda bemerkt und ergänzt: »Wenn eine Frau aber den *hijab* nicht trägt, so kann sie natürlich eine Muslima sein, solange sie diese Pflicht nicht generell leugnet.«

Interessant, dass auch eine so dogmatische Person einlenkt, sobald ihre Ausführungen eine anwesende Person verletzen könnten.

»Nun gibt es ja Frauen, die im Tragen des *nikab* den Willen Gottes sehen«, will ich das Thema fortsetzen.

»Wer mich kennt, weiß, dass mich der Anblick eines *nikab* anwidert«, werde ich von Suad Saleh mit überraschender Heftigkeit unterbrochen. »Ich habe an der Al Azhar durchgesetzt, dass es Studentinnen untersagt ist, zu den Lehrveranstaltungen im *nikab* zu erscheinen.«

Wie ist ihr dieses sicher unpopuläre Verbot wohl gelungen? Als hätte sie meinen Gedanken erraten, antwortet sie:

»Schon aus Sicherheitsgründen kann der *nikab* nicht akzeptiert werden. Man kann ja nie wissen, wer daruntersteckt. Das sehen die Sicherheitskräfte unserer Universität ganz genauso. Im Übrigen hat der *nikab* nichts mit der islamischen Religion zu tun!«

Das höre ich in dieser Bestimmtheit zum ersten Mal.

»Soviel ich weiß, gibt es darüber unter muslimischen Frauen unterschiedliche Auffassungen«, sage ich.

»Nein, nein! Frauen, die den *nikab* tragen, sind beeinflusst von der salafitischen Denkweise der Saudis. Tatsächlich ist das Tragen des *nikab* vor dem Hintergrund einer traditionellen Kultur zu sehen. In der Zeit des Propheten Mohammed, Allah segne Ihn und schenke Ihm Heil, war es üblich, dass Frauen ihre Gesichter verhüllten, aber es gibt keinen Beleg dafür, dass der Prophet das von den Frauen verlangt hätte.«

Sollte sich Suad Saleh von dem frauenfeindlichen Regime in Saudi-Arabien distanzieren, bestünde die Professorenschaft der Al Azhar doch nicht nur aus »Agenten der Saudis«, wie Maged Farags behauptete.

»Dieser ›salafitischen Denkweise‹«, setze ich an, »ist es also geschuldet, dass Frauen in islamischen Ländern von der Gleichberechtigung meilenweit entfernt sind? In Saudi-Arabien dürfen sie ja noch nicht einmal Auto fahren.«

Zum ersten Mal lässt sich die Gelehrte ein wenig Zeit mit der Antwort, atmet schließlich tief durch und sagt:

»Die Stellung der Frau in Saudi-Arabien beruhte lange Zeit nicht auf der islamischen Scharia und tut dies zum Teil bis heute nicht. Sie basiert vielmehr auf Traditionen und kulturellen Sitten, wie sie vor dem Islam herrschten. Inzwischen aber führt man die Stellung der Frau auch in Saudi-Arabien stufenweise an die islamische Scharia heran.«

Dürfen denn Frauen dort inzwischen einen Beruf ausüben?«

»Aber ja, eine Frau darf Dekanin an der Uni werden und an Konferenzen teilnehmen. Ich war letzte Woche in Kuwait auf einer Tagung, und dort waren auch saudische Teilnehmerinnen.«

Ich beschließe, vom »Fortschritt« in Saudi-Arabien auf die Grundlagen des Korans zurückzukommen. Während meiner Internetrecherche stieß ich auch auf Websites feministischer Organisationen in Europa, aber auch in den Vereinigten Staaten. Dort wurde immer wieder eine Koransure zitiert, die unzweifelhaft beweisen soll, dass Frauen nur halb so viel wert seien wie Männer.

»In der Sure ›Die Kuh‹ heißt es in Vers 282 für die Regelung von Geschäften: ›Und nehmt von euren Leuten zwei zu Zeugen. Sind nicht zwei Männer da, dann sei es ein Mann und zwei Frauen, die auch als Zeugen passend erscheinen, so dass, wenn eine der beiden irrt, die andere sie erinnern kann‹«, zitiere ich.

»Es wird in diesem Vers der ganz spezielle Fall eines Darlehens beschrieben«, erläutert Suad Saleh sachlich. »Es geht um geliehenes Geld, welches zu einem späteren Zeitpunkt zur Zahlung fällig wird.«

»Und die Zeugenaussage der Frau ist halb so viel wert wie

die eines Mannes?«, frage ich. Zum ersten Mal in unserem Gespräch wirkt meine Interviewpartnerin verunsichert.

»Aber warum denn? Es reicht ja auch nicht die Zeugenaussage eines einzigen Mannes, es wird ein zweiter Zeuge benötigt.«

»Oder an dessen Stelle zwei Frauen«, unterbreche ich ungeduldig. »Daraus ergibt sich, dass eine Zeugin nur halb so viel wert ist wie ein Zeuge.«

»In diesen Bereichen sind ja eigentlich nur Männer zuständig, denn es geht um Handel und Wirtschaft, und das ist nun mal eine Domäne der Männer«, behauptet sie.

»Verzeihung«, unterbreche ich, »die Vizepräsidentin der Kairoer Universität, Heba Nassar, ist Professorin für Ökonomie und berät zahlreiche private Unternehmen …«

»Aber damals hatten Frauen auf diesem Gebiet keine Erfahrung, sie waren keine Händlerinnen. Es konnte also vorkommen, dass Frauen einige Abrechnungen vergaßen«, sagt sie mit einer wegwerfenden Handbewegung.

»Nur Frauen vergaßen Abrechnungen?«, provoziere ich.

»Gott hat Männer und Frauen mit einer gleichen Anzahl von Vorzügen ausgestattet, aber durchaus mit unterschiedlichen Vorzügen. Wir gehen also davon aus, dass ein Mann im Falle einer Schuldverschreibung ein besseres Erinnerungsvermögen besitzt als eine Frau. Und deshalb sollte in diesem speziellen Fall ihre Zeugenaussage ungültig sein, oder sie wird von einer anderen Frau erinnert. Bei allen anderen Verträgen gilt die Zeugenaussage einer Frau ebenso viel wie die eines Mannes. Im Übrigen gibt es Gebiete, in denen nur die Zeugenaussage einer Frau akzeptiert wird und nicht die eines Mannes.«

»Auf welchen Gebieten denn?«

»Zum Beispiel im Familienrecht, etwa bei bestimmten Formen der Ehescheidung, die es ja im Islam durchaus gibt. Wenn der Mann gegenüber der Frau Gewalt anwendet oder die Familie nicht ausreichend finanziell unterstützt, so kann sie die Scheidung verlangen, ohne dass der Mann dazu verhört wird.«

Dass Suad Saleh gerade auf diesem Gebiet als Expertin gilt, macht mir keine Angst. Vielmehr freue ich mich, in ihr eine kompetente Gesprächspartnerin zu haben.

»Meistens sind es doch die Männer, welche die Scheidung aussprechen«, sage ich und bemerke bei meinem Gegenüber ein kaum wahrnehmbares Nicken, während ich fortfahre: »Und die am meisten praktizierte Form ist die sogenannte *talag*, nach der Männer die Ehe einseitig für aufgelöst erklären. Falls es keine Kinder unter 15 Jahren mehr im Haushalt gibt, muss die Frau dann die Wohnung verlassen.«

»Die *talag* wird vom Mann ausgesprochen, das ist wahr«, bestätigt Suad Saleh. »Aber er muss den Scheidungswunsch dreimal aussprechen.«

»Was viele Männer dann einfach dreimal gleich hintereinander tun.«

»Nein, nein, nein!« Aufgeregt fuchtelt die Professorin mit dem Finger in der Luft herum. »Das ist nicht zulässig. Der Mann muss der Frau jedes Mal ausreichend Zeit und damit die Möglichkeit geben, ihr Verhalten zu ändern, um die ausgesprochene Scheidung gegebenenfalls rückgängig zu machen. Diese Rücknahme ist erst nach dem dritten Ausspruch nicht mehr möglich.«

»Dennoch ist es letztlich die Frau, die ihr Verhalten an die Bedürfnisse und Ansichten des Mannes anzupassen hat«, beharre ich.

»Aber *talag* ist doch nicht die einzige mögliche Scheidungsform. Der Mutter eben am Telefon habe ich geraten, im Ehevertrag eine Scheidungsform zu vereinbaren, die von der Frau ausgeht und bei der sie alle Rechte behält. Für eine Scheidung nach *tatalig* bedarf es nicht einmal der Zustimmung des Mannes. Vielfach wird auch eine Form praktiziert, die *khoulá* heißt. Dabei reicht die Aussage der Frau aus, dass sie ihren Mann nicht mehr liebt. Auch hier behält sie alle Rechte, verzichtet allerdings auf das einst gezahlte Brautgeld.«

Zufrieden lehnt sich die Professorin zurück. Ich folge ihrem Blick durch die große Halle. In einiger Entfernung entdecke ich eine Gruppe, die die prominente Fernsehfrau beobachtet und nun mit einer leichten Verbeugung begrüßt. Nach einer kleinen Weile nehme ich das Thema noch einmal auf:

»Eine Frau kann aber nur die Scheidung nach *tatalig* oder *khoulá* verlangen, wenn diese Möglichkeit von vornherein im Ehevertrag vereinbart wurde.«

»Es ist also Aufklärung nötig. Ich habe darüber promoviert und spreche auch im Fernsehen zu diesem Thema«, erklärt Suad Saleh fast stereotyp und ohne ihre Aufmerksamkeit wieder richtig an unseren Tisch zu lenken.

»Ist es richtig, dass eine Ehefrau nur dann ohne die Zustimmung ihres Mannes einen Beruf ausüben darf, wenn es vorher im Ehevertrag vereinbart wurde?«, fahre ich unbeirrt fort und erreiche, dass sich meine Gesprächspartnerin wieder mir zuwendet.

»Wenn ein Mann eine berufstätige Frau oder eine Studentin heiratet, so hat er kein Recht, ihr das Arbeiten oder die Fortsetzung des Studiums zu verbieten. Und natürlich, da haben Sie recht, hat die Frau die Möglichkeit, eine spätere Berufstätigkeit im Ehevertrag festzuschreiben wie auch die Aufnahme eines Studiums.«

Ich muss an Mona und an ihre Eltern denken. Niemals würde es ihnen einfallen, diese Rechte zugunsten ihrer Töchter in einem Ehevertrag festzuschreiben. Zum einen wissen sie um die Möglichkeit vermutlich gar nicht, zum anderen würde es ihnen nicht einleuchten, eine Bestimmung durchzusetzen, die das Vorrecht des Mannes vor der Frau einschränkt. Ein Vorrecht, das ich eindeutig aus dem Koran herauslese.

»Aber generell ist es für Sie unstrittig, dass der Mann ›Vorgesetzter‹ der Frau ist?«, frage ich und bekomme abermals eine Art juristische Minivorlesung:

»Der arabische Begriff *quawamuna* bedeutet ›verantwortliches Oberhaupt‹ und bezieht sich in diesem Zusammenhang auf den Familienverbund. Die Verantwortung des Mannes bedeutet, dass er für die Familie aufkommen muss, unabhängig davon, ob seine Frau vermögend ist oder ein eigenes Einkommen besitzt. Das ist übrigens auch der Grund, weshalb männliche Nachkommen doppelt so viel erben wie die weiblichen: weil die Frauen das Erbe für sich allein behalten dürfen, während die Männer verpflichtet sind, es in ihre Familie einzubringen. Deren Erbe ist also im Ergebnis nur halb so viel wert.«

»Nun gibt es mittlerweile in Ägypten und anderen islamisch geprägten Ländern eine Generation von Frauen wie Sie, die ein respektables Einkommen haben und damit ebenfalls zum Wohlstand der Familie beitragen«, gebe ich zu bedenken.

»Ein Mann, der das Geld seiner Frau ohne ihre Zustimmung angreift, verliert die Position des verantwortlichen Oberhauptes«, erklärt Suad Saleh, was man auch als subversiven Vorschlag zur Entmachtung des Mannes sehen könnte. Das wäre dann wahrhaftig eine feministische Taktik, aber ich bezweifle, dass mein Gegenüber auch nur entfernt daran gedacht hat.

Ich hole aus meinen Unterlagen einen Zeitungsausschnitt hervor und konfrontiere Suad Saleh damit:

»Vor einiger Zeit haben Sie öffentlich erklärt: ›Männer wollen nicht, dass Frauen Karriere machen. Insbesondere unsere Geistlichkeit gönnt uns keinen Erfolg.‹«

»Daran hat sich leider nichts geändert!«, ruft sie engagiert und hat auch gleich ein Beispiel parat: »Als ich bei der *magma el bohouth el islameja* einen Antrag auf Mitgliedschaft stellte …«

»Das ist die Vereinigung für Islamische Studien«, wirft Hoda ein.

»… habe ich nur eine Stimme von den 22 anwesenden männlichen Mitgliedern bekommen. Man hat offenbar noch immer Angst davor, dass Frauen islamische Rechtsgutachten erstellen. Solche Fatwas auszuarbeiten zählt nun aber zu meinen Aufgaben als Professorin für Scharia. Auch zu Zeiten des Propheten Mohammed wurden von dessen Frauen und Töchtern ganz selbstverständlich Fatwas formuliert. Wir aber sehen uns noch immer mit sehr vielen rückständigen Vorstellungen konfrontiert.«

»Wie verbindlich sind denn solche Fatwas für den sunnitischen Islam, der ja keine geistigen Autoritäten außer Gott anerkennt?«, frage ich.

»Jede Fatwa beruht auf einem Beweis für ein Vergehen, wie wir es im Koran finden oder im Regelwerk mit Überlieferungen zum Verhalten des Propheten Mohammed. Dieses Regelwerk wird Sunna genannt. Es gibt allerdings vier verschiedene Rechtsschulen im sunnitischen Islam, und kein Muslim ist verpflichtet, einer bestimmten Rechtsschule zu folgen. Deshalb sind unsere Fatwas auch nicht rechtsverbindlich.«

»Ist es schon mal vorgekommen, dass eines Ihrer Rechtsgutachten einer Fatwa des *dar al-ifta* widersprach?«

»Aber natürlich ist das vorgekommen, weil es auch unter den *sheikhs* im *dar al-ifta* Anhänger der verschiedenen Rechtsschulen gibt. Letztlich ist es eine Frage des Vertrauens gegenüber dem jeweiligen *sheikh,* der die Fatwa erstellt.«

»Unlängst wurde spekuliert, Sie hätten vor, sich selbst als Großmufti ins Gespräch zu bringen?«

Die Professorin lacht still vor sich hin und erklärt:

»Eine Zeitung hat die Frage aufgeworfen, ob ich überhaupt eine Fatwa erstellen dürfe, und als ich dazu öffentlich Stellung nahm, haben einige daraus gefolgert, ich wolle Großmufti werden.«

»Sie wären die erste Frau in einer solchen Position, nicht wahr?«, mutmaße ich.

»Als Mufti? Oh nein, das hat es in der Geschichte des Islam durchaus gegeben. Der Prophet Mohammed selbst, Allah segne Ihn und schenke Ihm Heil, hat einige seiner nächsten Gefährten aufgefordert, seine Frau Sayeda Aisha nach Fatwas zu fragen. Damit war sie ein Mufti, und bis heute spielen ihre Aussagen in den Hadithen, also den Überlieferungen, eine große Rolle. Noch Generationen später vermittelte eine Frau dem Imam el-Shaf'i das islamische Wissen. Er wurde zum Begründer einer der vier Rechtsschulen und liegt hier in Kairo begraben.«

Nicht nur, weil ich Suad Salehs verstohlenen Blick zur Uhr bemerke, sondern weil es sich inhaltlich durchaus anschließen lässt, spreche ich meine heikelste Frage an.

»Eine von Ihnen erlassene Fatwa löste weltweit Empörung aus. Sie erklärten, der Ägypter Mohammed Hegazi müsse mit dem Tode bestraft werden, weil er und seine Frau den Übertritt zum koptischen Christentum öffentlich bekannt gegeben hatten ...«

Suad Saleh sieht mir direkt in die Augen. Es ist kein kalter oder gar herzloser Blick, eher ein gleichgültiger, als hätte ich sie gefragt, ob sie gut zu Abend gespeist hätte.

»Ja, diese Fatwa habe ich erlassen«, bekennt sie. »Aber nicht, weil Mohammed Hegazi Christ geworden ist, sondern weil er und seine Frau dabei öffentlich den Islam beleidigt haben.«

»Wie ist dieses Todesurteil mit dem in Sure 2 Vers 256 beschriebenen Grundsatz vereinbar, dass in Glaubensdingen kein Zwang angewandt werden darf?«, frage ich nach.

»Es gibt keinen Zwang in der Religion«, behauptet meine Gesprächspartnerin. »Wenn jemand vom Islam zum Christentum konvertiert oder umgekehrt, ohne dass dabei ein Wirbel in der Gesellschaft entsteht, so ist das sein Recht. Das Todesurteil bezieht sich darauf, dass er Unruhe in die Gesellschaft brachte. Mohammed Hegazi hat die Medien ausgenutzt, um seinen Übertritt zum Christentum öffentlich zu erklären, und hat dabei den Islam angegriffen. Somit ist er Missionar geworden, und Missionierung vom Islam zum Christentum sowie umgekehrt wird nicht akzeptiert, weil das die Religionsfreiheit angreift.«

»Es schränkt doch die Religionsfreiheit nicht ein, wenn jemand den Entschluss seiner Konvertierung erklärt«, protestiere ich.

»Als Wafaa Kostantin, die Frau eines koptischen Priesters, zum Islam übertrat, und es war ihr eigener Wunsch, Muslima zu werden, da wurde sie von der Kirche entführt und gefoltert ...«

»Das ist ebenso inakzeptabel wie Ihre Todesfatwa gegenüber Mohammed Hegazi!«, sage ich, nicht bereit, mich ablenken zu lassen.

Plötzlich verfällt Suad Saleh in einen vertraulichen Ton.

»Wo hält er sich denn eigentlich auf? Ist dieser Mohammed Hegazi plötzlich verschwunden?«

Darf ich eine Information preisgeben, die ich tags zuvor von einem italienischen Journalisten im Café Riche bekam?

»Er hält sich versteckt …«, formuliere ich unverfänglich und werde umgehend unterbrochen.

»Es kann sein, dass vernünftige Leute ihm empfohlen haben, nicht zu missionieren, und er damit aufgehört hat. Nicht also, weil er Angst vor der Todesstrafe hat.«

»Dazu müsste er nicht im Untergrund leben«, mache ich der haltlosen Spekulation ein Ende. »Er hat einem italienischen Journalisten erklärt, dass sich nach Ihrer Fatwa viele Menschen berufen fühlen, ihn und seine ebenfalls konvertierte Frau zu töten.«

»Der Islam kennt keine Selbstjustiz!«

»Das sehen die, die Mohammed Hegazi bedrohen, offenbar anders.«

Ohne darauf einzugehen, flüchtet sich die Professorin wieder in die Darstellung islamischer Überlieferungen:

»Selbst der Prophet Mohammed, Allah segne Ihn und schenke Ihm Heil, hat die Todesstrafe bei einem Abtrünnigen nicht vollstreckt. Viele Muslime sind in der Zeit des Propheten vom Glauben abgefallen, und trotzdem hat er die Todesstrafe nicht vollstreckt. Im Koran steht, wenn Allah gewollt hätte, dass alle gläubig sind, hätte er das so gemacht. Aber er gibt den Menschen die Freiheit bis zum Tag des Jüngsten Gerichts. Gott hat in Etappen Propheten geschickt, wie auch Jesus von Nazareth einer war. Sie brachten frohe Botschaften für die Gläubigen und warnten die Ungläubigen.«

»Wer sollte denn Ihrer Meinung nach das Todesurteil gegen Mohammed Hegazi vollstrecken?«, lenke ich das Gespräch wieder in die Gegenwart.

»Die Richter! Aber natürlich erst, nachdem man mit ihm gesprochen hat. Es kommt nicht darauf an, ihn zum Islam zurückzuholen, sondern ihn dazu zu bringen, seine Angriffe zu unterlassen.«

»Welche Richter denn? Das ägyptische Strafrecht unterliegt doch nicht der Scharia.«

Nun blickt mich Suad Saleh mit der Überheblichkeit eines Menschen an, der einem anderen etwas ganz Selbstverständliches erklären muss.

»In der Verfassung steht, dass die Scharia eine Grundlage für die Gesetzgebung ist, nur wird sie beim Strafmaß oftmals nicht umgesetzt.«

Überraschend erhebt sich Suad Saleh nun und erklärt auf diese Weise das Interview für beendet. Heba kann gerade noch das Ansteckmikrofon entfernen, als mir die Professorin für Scharia zum Abschied die Hand hinstreckt. Dabei kann ich es mir nicht verkneifen zu sagen:

»Frau Professorin Saleh, ich fürchte, Ihre abschließenden Aussagen dienen nicht dazu, bei meinen Lesern Sympathien für Ihre Religion zu erzeugen.«

Mit einem Lächeln, das man gleichermaßen als überlegen oder mitleidig interpretieren könnte, erklärt sie:

»Das ist auch nicht meine Aufgabe. Die Freiheit hat im Islam Grenzen, und Gott ist heilig.«

Energischen Schritts strebt sie dem Ausgang zu, neben sich Heba, die sie bis dorthin begleitet. Während Hoda ihre Unterlagen in der Handtasche verstaut, greife ich zu meinem Mobiltelefon, gehe hinüber zu den Polstermöbeln, wo vorhin das junge Pärchen saß. Mich in einen Sessel fläzend, wähle ich die Nummer meiner Freundin in Berlin, der ich am Morgen von dem bevorstehenden Termin erzählt hatte.

»Na, bist du mit dem Interview fertig?«

»Allerdings!«, sage ich erschöpft.

»Und? Gibt es einen islamischen Feminismus?«

»Nun, es gibt zumindest Frauen, die die Willkür der Männer nicht widerspruchslos hinnehmen.«

»Ist für das, was du heute erfahren hast, der Begriff ›Feminismus‹ eine geeignete Vokabel?«, hakt sie energisch nach.

»Diese Frage mit Ja oder Nein zu beantworten würde bedeuten, mich um die Möglichkeit einer Differenzierung zu bringen«, sage ich. Nach einem kleinen Augenblick der Stille fangen zwei Menschen, fast 3000 Kilometer voneinander entfernt, gemeinsam an zu lachen.

Raqs Sharqi – die Kunst
der Unberührbaren

Urplötzlich wirkte der Muezzin völlig verändert. Eben noch hatte er in deutscher Sprache seinen strikten islamischen Standpunkt vertreten. Aber dann war er mit einem Mal einsilbig geworden, um sich schließlich überraschend zu verabschieden.

Heba kann nur mutmaßen, was seinen plötzlichen Aufbruch ausgelöst haben könnte. Denn auch sie hatte den jungen Mann erst an diesem Abend kennengelernt. Eine Freundin hatte ihn mitgebracht und uns beiden vorgestellt. Irgendwann hatte er mich gefragt, zu welchen Themen ich recherchierte, und ich erwähnte, dass ich mich auch um einen Kontakt zu Raqs-Sharqi-Tänzerinnen bemühen wolle. Wollte der strenggläubige Muslim nicht zusammen mit Bauchtänzerinnen in einem Buch erwähnt werden? Eine durchaus plausible Erklärung, gelten doch die Künstlerinnen in weiten Kreisen Ägyptens als so etwas wie Unberührbare. Selbst wer für ein Hochzeitsfest eine Bauchtänzerin engagiert, sieht sie meist als wenig ehrenhaft an.

Heba verrät mir, solche Engagements zustande kommen: In der Shari' Mohammed-Ali, wo die Instrumentenmacher ihre Läden haben, sollen die Impresari ihre Tänzerinnen noch immer wie in alten Zeiten per Handschlag vermitteln.

Schon am nächsten Tag mache ich mich auf den Weg dorthin. Nachdem ich erst ein wenig durch Darb al-Ahmar geschlendert bin, verlasse ich das Basarviertel durch das alte Stadttor Bab Zuweyla und gehe die Shari' Ahmed Mahir in Richtung Westen hinunter – vorbei an zahlreichen Handwerkerhöfen. Hier entstehen keine Kunstwerke, wie weiter oben bei den einstigen Zeltmachern, die sich heute auf phantasievoll bestickte Kissenbezüge und Überdecken spezialisiert haben, sondern Gegenstände des täglichen Bedarfs. In einer Holzwerkstatt werden Baumstämme zunächst in gleich große Stücke gesägt, von der Rinde befreit und in eine Fräsmaschine eingespannt. Am Ende stehen vorn am Eingang glatt polierte Hackklötze auf drei Beinen zum Verkauf, wie sie bei Metzgern und in Großküchen zum Einsatz kommen. Vor dem Laden eines Blechschmieds ist von Gießkannen über Trichter bis zu Rohren für Abzugshauben alles ausgestellt, was man aus dem biegsamen Metall herstellen kann. Und gleich nebenan sitzt ein junger Mann auf einem Schemel und nagelt ein engmaschiges Drahtgitter in einen Holzreifen. Um ihn herum stapeln sich in verschiedenen Größen die so gefertigten Siebe.

Als ich am Midan Bab Al-Khalq in die Shari' Mohammed-Ali einbiege, fällt mir auf, dass die Straße zwei Gesichter hat: Auf der einen Straßenseite mit ihren nüchternen Zweckbauten und heruntergekommenen Wohnkasernen aus der Nasser-Zeit haben Obsthändler Äpfel und Orangen zu gewaltigen Pyramiden vor ihren Läden aufgetürmt. Auf der anderen Seite ist noch die klassische arabische Architektur vorherrschend. Hier reihen sich die Werkstätten der Möbelschreiner aneinander, dazwischen aber gibt es noch einige wenige Geschäfte, die anbieten, wofür die Shari' Mohammed-Ali einst im gesamten arabischen Raum berühmt war: traditionelle Musikinstrumente. In den Schaufenstern hängen *outs,* jene für arabische Vokalmusik unentbehrlichen Kurzhalslauten, daneben *darabukkas* oder *tablas,* wie die trichterförmigen Trommelkörper aus Ton, Keramik oder Metall auch genannt werden.

Beim Betreten eines der Läden werde ich von der Inhaberin aufmerksam gemustert, ehe sie sich auf ein Gespräch mit mir einlässt. Ihr Mann, so erfahre ich schließlich, stellt die Instrumente noch in Handarbeit her, die Werkstatt aber befindet sich längst nicht mehr in diesem Viertel. An der Wand entdecke ich ein Foto, das sie wesentlich jünger neben einem stattlichen Herrn zeigt.

»Das ist Farid el-Attrash, das war ein sehr berühmter syrischer Musiker. Dieses Foto ist damals sogar in der *Al-Ahram* erschienen. Aber nicht meinetwegen, sondern wegen ihm«, sagt sie und lacht.

»Haben Sie denn nach wie vor viel Kundschaft aus anderen arabischen Ländern?«, frage ich.

»Überwiegend. Von den ägyptischen Kunden könnten wir schon lange nicht mehr leben. Aber unsere Instrumente haben einen sehr guten Ruf in der arabischen Welt, auch die *outs,* die mein Nachbar herstellt. Das ist einer der wenigen Wirtschaftszweige, den die Chinesen noch nicht mit Billigprodukten überschwemmt haben. Es gibt nur einige Instrumentenbauer im Irak, die billigere Hölzer und Lacke verwenden, aber die sind für uns keine Konkurrenz. In unseren Laden kommen berühmte Musiker aus Saudi-Arabien, dem Jemen und vielen anderen Ländern. Und die achten mehr auf Qualität als auf den Preis.« Offenbar macht es der in ein bodenlanges Kostüm aus dunkelblauem Samt und einen hellblauen *hijab* gekleideten Frau Spaß, über das eigene Metier zu sprechen.

»Sind Ihre Kinder denn auch Instrumentenbauer?«, frage

ich, wissend, dass Nachwuchs das Ziel jeder ägyptischen Familie ist.

Kopfschüttelnd winkt sie ab. »Die sollten was machen, was Zukunft hat. Unsere Tochter ist Rechtsanwältin, und unser Sohn studiert noch. Internationales Recht, in England.«

»Und wer wird Ihr Geschäft einmal übernehmen?«

Sie zuckt mit den Achseln und dreht dabei die Handflächen nach außen. Ein junger Mann betritt den Laden, und selbst mir ist klar, dass seine enge schwarze Lederkleidung nicht zu einem traditionellen *out*-Spieler passt.

»Haben Sie elektronische Abtaster für Gitarren?«, fragt er fast schüchtern.

»Nein!«, lautet die knappe Antwort.

»Können Sie mir vielleicht sagen …«

»Nicht in der Shari' Mohammed-Ali!«

Die Ladenbesitzerin schüttelt energisch den Kopf, als hätte man sie nach Schuhen oder Briefmarken gefragt. Kurz nachdem er den Laden verlassen hat, kommt ein Mann mit dicken Brillengläsern herein.

»War dieser Typ auch bei dir?«, sagt der Mann, den ich als den Musikalienhändler von nebenan erkenne.

Als die Ladenbesitzerin resigniert abwinkt, erklärt er mir:

»Solche wie der da sind Anhänger von Tamer Hosny und seiner Musik. Sie kennen doch Tamer Hosny? Das ist einer von diesen Popmusikern, die ständig im Fernsehen zu sehen sind. Und jetzt wollen die jungen Leute plötzlich alle nur noch Gitarre spielen.«

»Dann sollten Sie vielleicht auch Gitarren im Angebot haben«, schlage ich vor.

»Das hat einer versucht, ein Stück weiter oben«, berichtet der Händler. »Erst hat er gut verkauft, aber nach einer Weile wollten die meisten das Instrument wieder zurückbringen.«

»Weil es sich nicht von allein spielt«, erklärt die Ladenbesitzerin. »Das Spiel auf der Gitarre will genauso gelernt sein wie das Musizieren auf unseren *outs*.«

»Auch wenn es bei den Musikern von Tamer Hosny ganz leicht aussieht«, ruft ihr Kollege im Hinausgehen.

Meine Gesprächspartnerin greift zu einem Lappen und beginnt die Glasplatte des Verkaufstischs zu putzen.

»Es macht mich traurig zu sehen, wie unsere Straße immer mehr verkommt. Niemand kümmert sich um sie, schon gar nicht der Staat. Ich habe noch die Zeiten erlebt, als hier draußen die Künstler flanierten. Manche kamen herein, um sich ein wenig zu unterhalten oder auch mal in die Saiten zu greifen. Vor den *kahwas* traten Sänger auf. Die Shari' Mohammed-Ali war auch die Wiege des ägyptischen Raqs Sharqi. Hier in dieser Straße wurde der berühmte Kairoer Stil entwickelt.«

Das ist mir neu. In ägyptischen Filmen, so hatte ich gehört, wurden seit den Zwanzigerjahren die starren Tanzformen durch geschmeidigere Bewegungen ersetzt. »Wirkung geht vor Tradition!«, war ein viel zitiertes Motto. Aber wie soll eine solche Entwicklung hier in der Mohammed-Ali-Straße ihren Anfang genommen haben?

»Früher gab es kaum eine berühmte Tänzerin, die nicht einen Bezug zu unserer Gegend hatte. Nadia Hamdi wurde dort drüben geboren …«, sagt meine Gesprächspartnerin.

»Aber soweit ich gehört habe, werden hier doch noch immer Tänzerinnen vermittelt«, hake ich nach.

»Wo denn?«, fragt sie konsterniert.

»Na, irgendwo hier in der Shari' Mohammed-Ali.«

»Die letzte Tänzerin aus unserer Straße, die es zu einigem Ruhm gebracht hat, war Lucy. Sie hat jahrelang im Parisiana getanzt, dem Theater ihres Mannes drüben in Haram, auf der Straße zu den Pyramiden. Doch heute sieht man Lucy als Schauspielerin im Fernsehen. Aber bei uns hier … da gibt es nur noch drittklassige Tänzerinnen.«

»Und wo kann ich die finden?«, hake ich ein.

»Das weiß ich nicht. Fragen Sie am besten in dem *kahwa* an der Ecke nach. Wir haben mit denen ja nichts zu tun. Raqs-Sharqi-Musiker spielen keine *outs,* die sind denen viel zu leise. Eine *out* ist ein sanftes Instrument.«

»*Ashkurak giddan!*«, bedanke ich mich und mache mich hoffnungsfroh auf den Weg.

Der Kellner mit dem fleckigen weißen Kittel ist zugleich Besitzer des *kahwa* und fühlt sich sofort berufen, mir Auskünfte zu erteilen. In seinem Lokal verkehre Ekrami, erklärt er stolz, der letzte große Raqs-Sharqi-Impresario. Von hier aus manage er ein ganzes Ensemble von Künstlern. Tag für Tag sitze Ekrami an jenem Tisch dort unter dem Baum und vermittle seine Schützlinge an Privatpersonen, Firmen oder Hotels. Heute sei ich leider zu spät dran, der Impresario sehe wie immer zu dieser Stunde in den zahlreichen Schminkräumen zwischen hier und Wust al-Balad nach dem Rechten. Morgen aber werde er mich gern mit dem »König der Mohammed-Ali-Straße« bekannt machen.

Ich bestelle mein Lieblingsgetränk, das ausschließlich in Ägypten und auch nur in der kühleren Jahreszeit angeboten wird: *sahlab.* Die süße eingedickte Milch mit gehackten Pistazien, Mandeln und Zimt wird heiß serviert und schmeckt einfach köstlich.

Das *sahlab* genießend, lasse ich die orientalische Szenerie auf mich wirken, beobachte den Fahrer eines kleinen Lieferwagens, der – bepackt mit Schränken, Sofas und Sesseln – versucht, auf der verstopften schmalen Straße seinen Wagen zu wenden …

Am nächsten Tag signalisiert mir der *kahwa*-Betreiber schon von Weitem, dass ich diesmal nicht vergeblich gekommen bin. Mit hektischen Kopfbewegungen weist er zu einem der kleinen verbeulten Metalltische, an dem ein Mann sitzt, der mit weißen Jeans, hellblauem Hemd und weißem Pullunder an einen Tennisspieler oder einen Segler erinnert. Den König der Mohammed-Ali-Straße hatte ich mir in traditionellerer Kleidung vorgestellt. Außerdem hätte ich ihn für älter gehalten. Dieser Mann ist höchstens Mitte vierzig.

Ich nehme an einem freien Tisch in seiner Nähe Platz. Neben Ekrami sitzt ein einfach gekleideter unrasierter Mann mit einer tiefbraunen Beule auf der Stirn. Vor allem in den unteren Gesellschaftsschichten gilt ein solches Mal als Zeichen besonderer Frömmigkeit, zeigt es doch, dass man während des Gebets die Stirn fest auf die Sisalteppiche der Moscheen oder die oft sandigen Böden der Gebetsräume drückt. Ich kann mir gut vorstellen, welch große Überwindung es ihn gekostet haben muss, einen Impresario von Tänzerinnen aufzusuchen. Die Väter der Bräutigame sind für die Ausrichtung der Hochzeitsfeiern verantwortlich – wahrscheinlich wünscht sich sein Sohn aus gegebenem Anlass einen solchen Auftritt. Ekrami erklärt ihm die Modalitäten:

»Das Honorar richtet sich danach, was wir für das Geld vereinbaren, das eure Gäste auf die Braut regnen lassen. Wenn meine Künstler davon nichts kriegen sollen, wenn ihr also alles behalten wollt, ist das Grundhonorar natürlich höher. Ihr könnt uns aber vorher weniger bezahlen, wenn wir uns nachher das Geld eurer Gäste teilen.«

»Aber wie teilen wir?«, fragt der Mann schüchtern. »Wie viel bekommt ihr und wie viel das Brautpaar?«

»Das ist Verhandlungssache. Ihr könnt uns alles geben, oder wir machen halbe-halbe, oder wir bekommen drei Viertel und ihr ein Viertel …« Ekramis Mobiltelefon klingelt. Der Impresario schiebt seinem Kunden einen Ordner zu. »Hier, such dir schon mal ein oder zwei Mädels aus!«

Während der Mann mit spitzen Fingern den Künstlerkatalog öffnet und sein Blick an den Fotografien der Tänzerinnen klebt, spricht Ekrami ziemlich laut ins Telefon.

»Hör zu, Malak, du fährst mit Sarah zu Emad, der schminkt euch heute, und ich komme nachher … Nein, Emad wird euch schminken, ich habe keinen andern … Keine Sorge, ich hole euch später ab und bringe euch zu eurem Auftritt drüben in Boulak al-Dakrour.«

Ekrami will sich gerade wieder seinem Kunden zuwenden, als ihm der *kahwa*-Besitzer ins Ohr flüstert und mit dem Kopf in meine Richtung weist. Der Impresario blickt zu mir, dreht die Handfläche nach oben und führt den Daumen mit den übrigen Fingern zusammen – »Warte einen Moment!«, bedeutet diese Geste. Ich nicke ihm zu und lausche dem Fortgang des Gesprächs:

»Sieh mal hier, diese beiden Tänzerinnen sind noch sehr jung, die werden deinen Gästen sicher viel Freude bereiten. Ich schlage vor, du nimmst sie beide und noch zwei Musiker dazu.«

»Was würde das denn kosten?«, fragt der Kunde nervös, fast ängstlich.

Ekrami mustert den ganz gewiss nicht vermögenden Mann und schlägt ihm vor:

»Pass auf, ihr verzichtet auf das Geld auf der Bühne und bezahlt mir nur 500 Pfund – für alles. Damit liegt das ganze Risiko bei uns. Aber auch die Chance, vielleicht mit ziemlich viel Geld nach Hause zu fahren.«

»Muss ich die 500 denn sofort bezahlen?«, will der Mann wissen.

»Wie viel hast du dabei? Die Hälfte? Gut, dann gib mir die Hälfte und den Rest am Abend. Aber vor dem Auftritt, hörst du?«

Die beiden werden handelseinig, und Ekrami zündet sich eine Zigarette an. Nachdem der Kunde Ekramis Tisch verlassen hat, winkt mich der »König« zu sich heran.

»Eine solche Vereinbarung könnte man mit vermögenden Familien gar nicht machen«, erklärt er mir statt einer Begrüßung. »Die würden mir das kleine Grundhonorar bezahlen und ihren Gästen dann zuflüstern, sie sollten das Bühnengeld dem Brautpaar zustecken, sobald meine Mädels gegangen sind. Aber einfache Menschen wie dieser Mann sind ehrlich. Nun zu uns: Was willst du wissen?«

Selten bin ich in Ägypten jemandem begegnet, der so schnell auf den Punkt kommt, ohne sich zunächst ausführlich über Gott und die Weltlage zu unterhalten.

»Wie viele Leute beschäftigst du?«, frage ich.

»Also, für mich arbeiten 15 Tänzerinnen und 24 Musiker. Dann beschäftige ich tageweise Friseure, die die Künstler auch schminken. Außerdem werden die Mädchen zu einigen Auftrittsorten von einer Garderobiere begleitet, denn dort ziehen sie sich ja erst um. Wenn sie in einem Hochzeitszelt auf der Straße auftreten, wechseln die Tänzerinnen die Kleidung selbst, meist in der Wohnung der Brauteltern.«

»Ich würde gerne mal die Arbeit einer Tänzerin begleiten, vom Schminken bis zum Auftritt«, sage ich.

Ekrami sieht mich lächelnd an und nimmt einen letzten Zug von seiner Zigarette, ehe er sie energisch ausdrückt.

»Komm mit, ich zeige dir erst mal einen unserer Schminkräume«, fordert er mich auf.

Wenige Minuten später steige ich hinter ihm die ausgetretenen Stufen eines düsteren Treppenhauses hinauf. In der zweiten Etage betreten wir zu meinem Erstaunen einen Friseursalon. An der Längswand des schmalen schlauchförmigen Raumes hängen gesprungene Spiegel, und durch die Polster der Stühle bohren sich die Sprungfedern. Auf einem dieser Sessel fläzt sich eine dralle, nicht mehr ganz junge orientalische Schönheit und bläst Rauchwolken in die Luft.

»Das ist Bibo, meine Frau!«, sagt Ekrami und erzählt ihr, dass ich über den Raqs Sharqi schreiben will.

»Was willst du denn schreiben?«, fragt sie provozierend, und ihre schwarzen Augen funkeln mich feindselig an. »Über ägyptische Weiber, die halb nackt auf der Bühne stehen und die Männer verrückt machen?«

»Wenn ich das schreiben wollte, müsste ich nicht hierherkommen«, antworte ich ruhig.

Bibo mustert mich. Im Spiegel sehe ich Ekrami, der mit verschränkten Armen an der Wand lehnt und mit süffisantem Grinsen das Geschehen beobachtet.

»Dann erklär mir, was du von mir willst!«, herrscht mich Bibo an.

»Ich möchte einfach erfahren, wie meine Bühnenkolleginnen in Kairo arbeiten«, versuche ich sie zu irritieren, was auch gelingt.

»Wen meinst du denn damit? Ich soll deine Kollegin sein, oder wie?«

»Nun, mein eigentlicher Beruf ist die Schauspielerei«, erkläre ich. »Ich bin Bühnenkünstler, so wie du.«

Ein Lächeln huscht über Bibos Gesicht.

»Wir Raqs-Sharqi-Tänzerinnen kommen von ganz unten, aus der Gosse. Auch die, die heute Stars sind, wie Lucy oder Dina. Sie alle kommen von ganz unten, hörst du? Wie ist das bei euch? Aus welchem Land kommst du eigentlich?«

»Aus Deutschland! Tja, wie ist das bei uns? Na ja, auch bei

uns kommen Schauspieler in aller Regel nicht gerade aus der Upperclass, aber ein ganz so tiefes Unten wie in Ägypten gibt es eigentlich kaum«, versuche ich zu erklären.

»Und was spielst du so auf der Bühne?«, fragt sie, nun schon weitaus interessierter.

»Zum Beispiel Musicals.«

»Was ist das?«

Anstelle einer Antwort stimme ich einen Song aus *My Fair Lady* an, den ich unzählige Male in Kostüm und Maske des Müllkutschers Doolittle auf der Bühne zum Besten gab:

»Hey, heute Morgen mach' ich Hochzeit / dindong, bald bimmelt's wunderbar …«

Und weil ich auch die Choreografie noch beherrsche, lege ich nach jedem Refrain einen kleinen Tanz hin. Es ist sicher eine groteske Vorstellung, die ich da zwischen Frisierkommode und Trockenhaube gebe, aber sie verfehlt nicht ihre Wirkung. Denn als ich fertig bin, kann ich den Applaus von Bibo, Ekrami und einem Friseur entgegennehmen, der inzwischen den Raum betreten hat.

Das Eis zwischen der Tänzerin und mir ist gebrochen. Und während der Friseur ihr ausdrucksstarkes schönes Gesicht in ein unpersönliches maskenhaftes Antlitz verwandelt, erzählt mir Bibo aus ihrem bewegten Leben.

»Ich komme aus einem Dorf im Nildelta, und ich kann mich noch sehr genau erinnern, dass ich als kleines Mädchen einmal Raqs Sharqi im Fernsehen gesehen habe. Wie gebannt habe ich auf die Tänzerin gestarrt und sie grenzenlos bewundert. Das ist 30 Jahre her, ich weiß nicht mal mehr, wer das war.«

»Nagwa Fuad vielleicht«, wirft Ekrami ein, »oder die junge Suheir Saki …«

»Plötzlich ist mein Großvater ins Zimmer gekommen und

hat sofort das Fernsehgerät ausgeschaltet«, erinnert sich Bibo. »Solche Tänzerinnen gelten in unseren Dörfern ... und nicht nur dort ... als schmutzig und verdorben.«

»Und wie hat es deine Familie aufgenommen, als du später selbst diesen Beruf ...«

»Ich bin mit 13 Jahren von zu Hause abgehauen, weil man mich mit einem älteren Mann aus Saudi-Arabien verheiraten wollte. Ich habe mich vor ihm geekelt. Also bin ich weggelaufen und habe mich in Kairo herumgetrieben. Und mit 15 saß ich bei einem Friseur in der Shari' Al-Azbakiyya drüben in Wust al-Balad ... dort werden wir manchmal geschminkt, in einem Salon wie diesem hier ... da traf ich also eine Frau, die mir anbot, in ihre Tanztruppe einzusteigen.«

»Hast du denn eine Tanzausbildung?«, frage ich, doch Bibo verdreht bloß die Augen.

»Niemand hier hat eine Tanzausbildung«, mischt sich Ekrami ein. »In Ägypten können alle Mädchen tanzen, alle! Meinen Tänzerinnen bringe ich nur ein paar Kniffe bei, denn ich habe früher selbst getanzt, als Gruppentänzer in Ramadan-Shows. Damit habe ich mein Technologiestudium an der Heluwan-Universität finanziert. Heute gebe ich meine Kunst an die Mädchen weiter. Und für größere Shows entwickle ich auch mal eine komplette Choreografie.«

Plötzlich schreit Bibo laut auf. Der Friseur hebt erschrocken die Hände und ruft:

»Entschuldige, *captain,* tut mir leid!«

Offenbar hat er sie beim Hochstecken der Haare mit der Nadel gepiekst.

»Wieso *captain?*«, frage ich.

»Meine Kolleginnen nennen mich so, weil ich die Frau vom Chef bin. Und er nennt mich Bibo, weil das der *captain* bei ›Ahly‹ ist, seinem Lieblingsfußballverein. Eigentlich heiße ich Mervet. Jedenfalls hat in diesem Gewerbe niemand eine Tanzausbildung.«

»Auch Dina nicht?«

»Die schon gar nicht!«, schreien Bibo und Ekrami unisono und beginnen zu lachen.

»Dina!«, ruft Bibo und verdreht erneut die Augen. »Sie tanzt nicht, die geht spazieren.«

»Das hat die Leute vor dem Metro-Kino in Wust al-Balad aber ziemlich verrückt gemacht!«, spiele ich auf ein Ereignis an, das vor einiger Zeit tagelang von Internetbloggern in allen Details geschildert wurde: Im Metro-Kino hatte ein ägyptischer Film mit der berühmten Tänzerin Premiere. Weil viele ihrer Fans keine Karten bekommen hatten, trat Dina im Kostüm auf den roten Teppich und tanzte für sie. Viele der männlichen Schaulustigen waren so erotisiert, dass einige anschließend wahllos über Passantinnen herfielen und versuchten, sie zu berühren oder gar zu küssen. Selbst Frauen im *nikab* waren vor ihnen nicht sicher. Die in der Shari' Talaat Harb anwesenden Polizisten fühlten sich für solche Belästigungen ebenso wenig zuständig wie die in großer Zahl anwesenden Kräfte von *mabaheth amn el dawla,* dem ägyptischen Geheimdienst. Ohne die Blogger wären die verharmlosenden offiziellen Stellungnahmen die einzigen Veröffentlichungen zu den Vorfällen geblieben.

»Mich hat noch keiner angegrapscht«, sagt Bibo und blickt im Spiegel ihrem Ehemann und Manager in die Augen. »Allerdings fahre ich in bestimmte Gegenden nur noch mit Aufpasser, seit … Na ja, es war bei einem Hochzeitsfest in der Totenstadt. Ich hatte noch gar nicht angefangen, sondern saß noch bei den Musikern und trank einen Tee. Da fiel mir auf, dass irgendein alter Trottel die ganze Zeit auf mein Dekolleté starrte. Das hätte mich nicht gestört, denn deswegen kommen diese Typen ja. Aber plötzlich, ich traute meinen Augen kaum, sah ich, dass seine Lippen das Wort *sharmouta* formten, also ich hörte es nicht, ich sah es nur. Und dann …«

Bibo zündet sich eine Zigarette an und bläst langsam den Rauch aus – ein Vorgang, der die Spannung steigert, denn das arabische Wort *sharmouta* bedeutet nichts weniger als Hure.

»Ich gehe in meinem Kostüm langsam auf den Alten zu, fordere ihn auf, das Wort doch bitte mal laut zu wiederholen. Es wird ganz still. Der Mann vor der Bühne sieht mich mit einem glasigen Blick an, wahrscheinlich hatte er Bier getrunken oder was geraucht, vielleicht auch beides, jedenfalls brüllt er mit einem Mal ganz laut: ›*Sharmoutaaaa!*‹ Ich habe noch mein Glas in der Hand, und ohne nachzudenken, kippe ich ihm den heißen Tee ins Gesicht …«

Bibo muss so doll lachen, dass sie feuchte Augen bekommt. Sofort beginnt der Maskenbildner, an ihr herumzutupfen. Endlich findet sie die Worte wieder:

»Du kannst dir sicher vorstellen, wie der geschrien hat. Andere Männer haben ihn sofort weggeführt, die wollten sich von so einem Trottel doch nicht das Hochzeitsfest verderben lassen. Ich ging zu meinen Musikern und sagte: ›So, jetzt können wir anfangen.‹«

Ekrami spendet der Schilderung seiner Frau Applaus, und ich muss zugeben, dass sich auch mein Mitleid mit dem alten Mann in Grenzen hält.

»Kann ich dich denn heute zu deinem Auftritt begleiten?«, frage ich nach einer Weile.

»Nein, das geht nicht«, wirft Ekrami schnell ein. »Bibo wird auf einer privaten Party tanzen, da darf sie keinen Fremden mitbringen. Aber wenn du willst, kannst du mit zwei anderen Mädchen mitfahren. Die tanzen auf einer Straßenhochzeit in Boulak al-Dakrour.«

Blick auf den Midan Talaat Harb vom Hotel Tulip.
Nur freitags erlebt man den Platz fast menschenleer.

Verlässlicher Begleiter beim Erkunden der Stadt:
mein Freund und Fahrer Mohammed

Jugendstil mitten in Kairo: der prachtvolle Eingang des
einstigen Nobelcafés Groppi

Die deutsche Buchhandlung Lehnert & Landrock ist durch die historischen Kairo-Fotos ihrer Begründer über die Grenzen der Stadt hinaus berühmt.

Marguerite Lambelet, genannt Maggy – die Antwort des arabischen Films auf Brigitte Bardot

Der Autor mit Mona und ihrem stolzen Verlobten

Eine ungewöhnliche Begegnung: Das Grabhofmädchen Mona erzählt an der renommierten deutschen katholischen Mädchenschule aus ihrem Leben in der Totenstadt.

Monas Geschwister spielen in der Totenstadt zwischen
den bewohnten Gräbern.

Stammtisch in der Totenstadt. Ganz rechts Tarek, der mit
seinem Amt als staatlich lizenzierter Grabmeister hadert
(links daneben Prof. Mokhtar El-Kassabany)

Hackklötze für Metzgereien werden in kleinen Betrieben von Hand gefertigt.

In den kleinen Werkstätten der Basare arbeiten die Silberschmiede eng beieinander.

Mit kleinen Hämmern und Meißeln stanzen Kunsthand-
werker Motive aus der Zeit der Pharaonen in Messingteller.

Das Hauptgebäude des elitären Gezira Sporting Clubs. Im Hintergrund die Bauruine des „Turms der Schande"

Der frühere Clubdirektor Hady Moafy wird von Abdel Gelil bedient, der schon sein 45 Jahren hier arbeitet und den alten Zeiten nachtrauert.

Praxisschild von Alaa al-Aswani (in ägyptischer Schreibweise)

An diesem Schreibtisch in der Zahnarztpraxis entstehen
die Bücher des ägyptischen Romanciers.

Umstrittene Feministin: Scharia-Professorin Suad Saleh
(rechts) im Gespräch

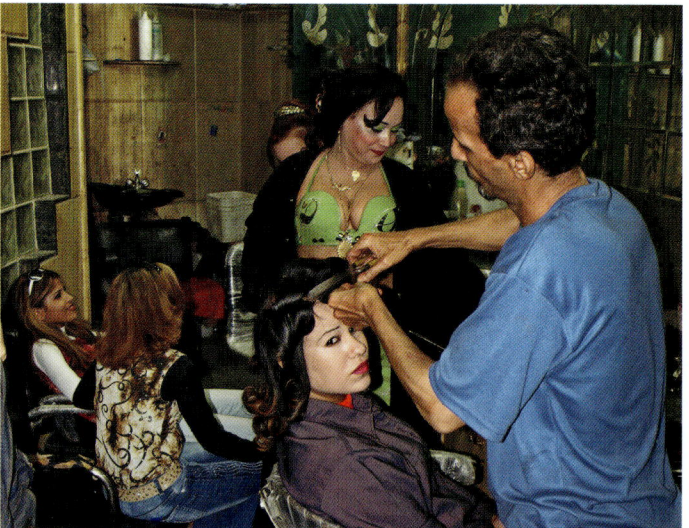

In einem dunklen Frisiersalon werden Raqs-Sharqi-
Tänzerinnen für ihre Auftritte geschminkt.

Die Gegend außerhalb des Stadtzentrums, in der
Amr Khaled sein Büro hat, erinnert an amerikanische
Wohnsiedlungen.

Der charismatische Fernsehprediger Amr Khaled zieht
vor allem junge Menschen in seinen Bann.

Dramatische Szenen: Brandanschlag auf das Büro des inhaftierten Oppositionsführers Ayman Nour

Polizei und zivile Kräfte des ägyptischen Geheimdienstes gehen gegen Journalisten vor.

Hasan al-Kindi, der »Lederpreuße«, auf dem Gelände der islamischen Al-Azhar-Universität

قسم اللغة الألمانية

DEUTSCHABTEILUNG

Das Schild der deutschen Abteilung im Fatwa-Amt. Hier bearbeitet Hasan al-Kindi deutsche Fragen zum Islam.

Salma und Heba auf der Kasr-el-Nil-Brücke

Felfil, seit über 40 Jahren Kellner im legendären Café Riche, posiert unter dem Bildnis seines berühmtesten Gastes Nagib Machfus.

Durch diese Geheimtür im Keller sollen einst Gamal Abdel Nasser und seine Freien Offiziere heimlich das Lokal verlassen haben.

Im Gerbereienviertel: Wie im 19. Jahrhundert werden die Felle auf Pferdekarren transportiert.

Aus der gallertartigen Masse, die in Scheiben geschnitten in der Sonne trocknen muss, wird Industrieleim.

»Gern!«, sage ich und wundere mich, dass selbst arme Leute in Boulak al-Dakrour drüben in Giza die Ausgaben für solche Auftritte nicht scheuen.

»Auf einer Privatparty macht die Arbeit sicher mehr Spaß als auf der Straße von Boulak al-Dakrour«, vermute ich.

»Es bringt mehr Geld, das auf jeden Fall«, sagt Bibo. »Aber diese Leute lassen dich auch spüren, dass du aus einer anderen Schicht kommst. Vor allem die Frauen, die natürlich eifersüchtig sind, wenn ihre Männer uns auf die Beine glotzen. Oft dürfen wir uns nicht mal in ihren Häusern umziehen. Wir sollen tanzen und dann ganz schnell wieder verschwinden.«

»Ist das der Grund, weshalb du jetzt schon das Kostüm trägst?«

»Genau!«

Wenig später schiebt sich Ekramis japanische Limousine durch den dichten Feierabendverkehr in Richtung Wust al-Balad.

»Als Bibo zu mir kam, hatte sie schon einige Jahre in Sharm el-Scheich getanzt, in den großen Touristenhotels«, erzählt er, während er sich durch den dichten Verkehr schlängelt. »Sie war dort mit dieser Tanztruppe hingekommen. Aber ganz schnell haben die Manager in den Hotels ihre Begabung erkannt und sie als Solotänzerin gebucht.«

»Und warum kam sie nach Kairo zurück? Am Roten Meer ist es doch schön, und sicher hatten die Touristen weniger Vorurteile gegenüber Tänzerinnen.«

»Nein, Vorurteile hatten sie keine. Im Gegenteil! Sie dachten, nach ein paar Drinks an der Bar können sie sie dann mit aufs Zimmer nehmen. Verstehst du? Sie sagten nicht ›sharmouta‹, aber gedacht haben sie es auch. Außerdem gab es dort einen Impresario, der Bibo alles vorschreiben wollte. Aber sie hat nun mal ihren eigenen Kopf.«

»Und wie ist sie zu dir gekommen?«

»Ein Freund hat sie mir empfohlen. Wir sind beide im Vorstand eines Syndikats von Künstleragenturen, und er kannte sie irgendwoher.«

»Dann habt ihr euch verliebt?«

»Das ging von ihr aus. Ich war ja schon verheiratet, hatte zwei Kinder ...«

»Und du hast dich ihretwegen scheiden lassen?«

»Nein! In diesem Land darf ein Mann mehr als einmal heiraten. Allerdings muss die erste Ehefrau zustimmen.«

»Du hattest also eine tolerante Gattin.«

»Sie hat Bedingungen gestellt«, sagt Ekrami, während er den Wagen auf der 26.-Juli-Straße einparkt. »Die Wohnung behält sie, die Kinder bleiben bei ihr, und ich kümmere mich weiter um die Familie.«

»Das hast du akzeptiert, nehme ich an.«

Der »König« wirft mir mit einen verständnislosen Seitenblick zu.

»Natürlich habe ich das akzeptiert. Ich liebe doch meine Familie.«

Als ich neben Ekrami die kleine Fußgängergasse entlanggehe, wo Männer und Frauen gemeinsam vor den *kahwas* und Grillrestaurants sitzen und Schischa rauchen, erkenne ich die Gegend wieder. Gleich hier um die Ecke kehrte ich früher regelmäßig in eines der orientalischsten Kaffeehäuser der Stadt ein. Das Café Suma in der schmalen Shari' Al-Azbakiyya wirbt mit Bildern und Skulpturen der Sängerin Umm Kolthoum, die allerdings selbst nie hier war. Umm Kolthoum war in der Fünfziger- und Sechzigerjahren so berühmt, dass während der Liveübertragung ihrer Konzerte im Radio die Straßen zwischen den Golfstaaten und der marokkanischen Atlantikküste wie leer gefegt waren. Neben der Kasse des Café

Suma entdeckte ich einmal ein Foto, auf dem Umm Kolthoum leidenschaftlich eine Frau auf den Mund küsst. Dieser Aspekt ihres Lebens wird in westlichen Biografien erwähnt, hierzulande aber weitgehend tabuisiert.

»Komm mal mit!«, sage ich zu Ekrami.

Als ich ihm das Foto zeige, zuckt er nur mit den Schultern und sagt:

»Na und? Es gibt auch unter meinen Tänzerinnen welche, die sich küssen.« Und mit einem vielsagenden Lächeln fügt er hinzu: »Sie lassen sich dabei nur nicht fotografieren.«

Gegenüber vom Café Suma steige ich hinter Ekrami wieder in einem dunklen Treppenhaus über ausgetretene Stufen in die zweite Etage hinauf. Und abermals befindet sich hier ein Friseursalon. In diesem tummelt sich ein halbes Dutzend junger Frauen.

»Das hier sind Malak und Sarah«, stellt mir Ekrami die Künstlerinnen vor, die auf einer Bank neben dem Eingang darauf warten, geschminkt zu werden. »Die beiden kannst du nachher zu ihrem Auftritt begleiten.«

»*Bist* du denn auch ein *malak?*«, frage ich die junge Frau, denn ihr Name bedeutet »Engel«.

»Nein, das kann man nicht behaupten!«, ruft eine ihrer Kolleginnen aus dem Hintergrund und erntet lebhaftes Gelächter.

Sofort läuft Malak rot an und sagt leise: »Das ist nur ein Künstlername, eigentlich heiße ich Hagar.«

»Und ich heiße Manar, aber alle nennen mich Sarah«, bemerkt ihre Kollegin.

Die beiden jungen Frauen, die mich gleichermaßen schüchtern wie interessiert betrachten, könnten kaum unterschiedlicher aussehen. Malak hat den bronzenen Teint einer Araberin, während Sarahs bleiche Haut fast an die von Nordeuropäerinnen erinnert, wären da nicht die tiefbraunen Augen und die dunklen Haare.

»Dieser Mann hier ist ein Schauspieler aus Deutschland«, erklärt Ekrami und löst damit ein Bombardement von Fragen aus: Ob ich ein reiner Bühnenschauspieler sei, will man wissen, oder ob ich auch Filmrollen übernähme … Kollegial stehe ich den Tänzerinnen Rede und Antwort und beschließe, Malak und Sarah erst auf dem Weg nach Boulak al-Dakrour weiter zu befragen. Sicher werden sie gesprächiger sein, wenn sie nicht die bissigen Kommentare der anderen befürchten müssen.

Eine Stunde später sind auch die Gesichter von Malak und Sarah zu Masken geschminkt. Ekrami übernimmt es persönlich, uns nach Boulak al-Dakrour zu fahren.

»Ich habe früher als Verkäuferin in einem kleinen Geschäft gearbeitet«, erzählt Malak.

»Du musst erzählen, was deine Mutter dir angetan hat«, wird sie fast liebevoll von Sarah unterbrochen.

»Na ja, ich bin immer aus der Schule abgehauen, und in der siebten Klasse bin ich dann gar nicht mehr hingegangen«, schildert Malak zögerlich. »Da hat mich meine Mutter bestraft …«

»Sie hat einen Löffel erhitzt und sie damit verbrannt!«, empört sich Sarah.

Ich weiß gar nicht, was ich zu einer solchen Grausamkeit sagen soll. Es entsteht ein Moment der Stille.

»Wo bist du aufgewachsen?«, frage ich Malak schließlich.

»Hier in Kairo, in Boulak.«

»Das ist nicht, wo wir jetzt hinfahren«, will Ekrami erklären.

»Ich weiß!«, sage ich. »Das ist …«

»… gleich hier drüben«, ruft Malak und zeigt auf die

Häuser auf der rechten Seite, ehe Ekrami den Wagen auf die 26.-Juli-Brücke steuert, auf der wir den Nil überqueren.

»Dort habe ich dann später in einem Coffeeshop gearbeitet, als Kellnerin«, erzählt Malak weiter. »Die Frau des Besitzers war in einer Tanztruppe und hat mich eingebaut. Aber ihr Mann nahm mir fast das ganze Geld weg. Bei einem der Auftritte habe ich dann Mädchen aus Ekramis Truppe kennengelernt. Sie haben mir erzählt, wo sie immer geschminkt werden, und da bin ich dann hingegangen und habe ihn getroffen ...«

»Malak hat mir was vorgetanzt, und sie war sehr gut«, bestätigt Ekrami.

»Und fortan durftest du dein Geld für dich behalten?«, mutmaße ich.

»Ekrami bekommt nur seine Prozente, aber Omar, dieser Coffeeshop-Besitzer, gab nicht nach. Er ist oft dort aufgetaucht, wo ich tanzte, und sagte, dass ich nicht einfach weglaufen darf. Ich hatte Panik, dass er mir was antun könnte ...«

»Wir kannten ein Mädchen, dem hat ein Typ Säure ins Gesicht geschüttet«, ruft Sarah dazwischen.

»Davor hatte ich bei Omar auch Angst. Einmal wollte er mich schlagen, ich konnte gerade noch in unseren Bus fliehen.«

»Wir haben dieses Problem dann gelöst«, unterbricht Ekrami, und die energische Kopfbewegung des Impresarios lässt bei mir gar nicht erst die Vermutung aufkommen, als wäre das Problem schlicht durch die Zahlung einer Ablösesumme aus der Welt geschafft worden.

»Bist du auch aus Kairo?«, will ich von Sarah wissen.

»Nein, nein, ich komme aus einem kleinen Kaff in der Nähe von Tanta.«

»Und hast du noch Kontakt zu deinen Eltern?«

»Meine Eltern sind mir eigentlich egal, aber trotzdem fahre ich manchmal hin und gebe ihnen Geld. Weil ja mein kleiner Sohn bei ihnen wohnt.«

»Du hast einen Sohn?«, rufe ich überrascht.

»Ja, ich hatte sogar mal einen Mann dazu«, sagt sie und lacht. »Aber ich habe es geschafft, dass er sich von mir scheiden lässt.«

Inzwischen haben wir die vornehmen Viertel von Mohandessin hinter uns gelassen. Ekrami kurvt bereits durch die Gassen mit den für die »informellen Gebiete« typischen unverputzten Häusern. Auch hier in Boulak al-Dakrour gab es vor wenigen Jahrzehnten noch fruchtbare Felder und Bauernhöfe. Doch wegen der Zuwanderung wurde es für die Landwirte immer lukrativer, illegal Häuser zu bauen und von den Mieten zu leben. Inzwischen muss Ägypten deswegen in großem Stil Lebensmittel importieren.

»Freut ihr euch auf euren Auftritt?«, frage ich die beiden hinter mir.

»Ich würde jetzt lieber auf einem der Nilboote für Touristen tanzen«, bekennt Malak. »Eine ausländische Frau hat mir erzählt, dass sie in ihrer Heimat einen Raqs-Sharqi-Kurs gemacht hat. Stell dir das mal vor! Seitdem bemerke ich immer wieder, dass viele Ausländerinnen mich genau beobachten. Wahrscheinlich wollen sie sich was abgucken.«

»Ich bin froh, dass wir nicht dort sind«, sagt Sarah.

»Warum?«, frage ich.

»Weil sie Angst vor der Sitte hat«, erklärt Malak.

»Sie ist erst 20 Jahre alt, also nach ägyptischem Recht noch nicht volljährig«, klärt mich Ekrami auf.

»Auf den Nilbooten kommt die Sitte manchmal vorbei«, sagt Malak. »Aber hier heraus trauen sie sich nicht.«

»Wie alt warst du denn, als du geheiratet hast?«, frage ich sie.

»Du meinst, als sie mich mit diesem Typen verheiratet haben? Keine Ahnung, hab ich vergessen«, sagt sie, und aus dem Fond des Wagens ertönt das kreischende Gelächter zweier fröhlicher junger Frauen.

Ekrami parkt seinen Wagen in einiger Entfernung vom Hochzeitszelt. Es ist kein Zelt aus bunt bedruckter oder gar bestickter Plane, wie es bei einer Hochzeit in der Innenstadt verwendet würde. Nur ein paar blaue Stoffbahnen hängen von einem großen Gestell herunter. Auf einer kleinen Bühne sitzt das Brautpaar auf Holzstühlen, die mit Silberbronze gestrichen wurden. Davor stehen ärmlich gekleidete Menschen in einer Schlange und warten darauf, ihre Glückwünsche loszuwerden. Abseits vom Geschehen werden Malak und Sarah, mit verschiedenen Kostümen über dem Arm, vertraut von zwei Männern begrüßt.

»Das sind meine Musiker«, flüstert mir Ekrami ins Ohr. »Der eine hat einen kleinen Synthesizer, und der andere schlägt dazu auf der *tabla* den Takt.«

Ich mische mich unter die Gäste, die vor dem Hochzeitszelt herumstehen und mich freundlich distanziert mustern. Auffallend viele junge Frauen sind ohne *hijab* erschienen. Kleine Jungen raufen miteinander, um den gleichaltrigen Mädchen zu imponieren, von denen einige zur Feier des Tages mit Kajal und Lippenstift geschminkt sind. In Plastikbechern wird *sharbat* an die Gäste verteilt, jenes sirupartige Hochzeitsgetränk, das selbst im Ballsaal Aida im Mariott-Hotel gereicht wird. Auch ich bekomme nach einer Weile als Festmahl eine kleine Schachtel mit einem Sandwich und eine Dose Cola in die Hand gedrückt.

Die Musik spielt auf, und sofort kommt Stimmung in das

bis dahin eher trostlose Fest. Einige junge Männer stürmen die Bühne, entführen den Bräutigam von seinem Thron und werfen ihn unter lautem Rufen mehrfach in die Höhe. Die Braut sitzt, umgeben von Freundinnen, noch immer auf der Bühne und beobachtet laut lachend das Geschehen.

Der Mann an den *tablas* wechselt zu einem wilderen Rhythmus, offenbar das Zeichen für den Beginn der Tanzdarbietung. Der Bräutigam stürzt zurück auf seinen Platz an der Seite der Braut. Vor der Bühne versammeln sich dicht an dicht die anwesenden Männer, ihre Frauen und Mütter beziehen etwas weiter entfernt Position. Mit tänzelnden Schritten betreten Malak und Sarah die Bühne und werden mit Applaus und zustimmenden Pfiffen der Männer begrüßt. Schnell wird klar, dass diese Darbietung mit dem deutschen Begriff »Bauchtanz« nur unzulänglich beschrieben ist. Raqs Sharqi bedeutet übersetzt »orientalischer Tanz«, und genau das ist es, was die beiden hier vorführen – einen Tanz, der den ganzen Körper in schlangenhafte Bewegung versetzt.

Einige der Frauen zollen Malak und Sarah mit lautem Trillern Respekt. Ich muss an Bibo denken, der an diesem Abend auf der exklusiven Privatparty wohl kaum eine so lebendige Begrüßung zuteil werden dürfte. Jedenfalls habe ich eine solche Stimmung nie erlebt, wenn ich gelegentlich in einem der Fünfsternehotels zufällig Augenzeuge einer Raqs-Sharqi-Darbietung wurde. Ein rhythmisches Klatschen war dort schon das Äußerste an Ekstase.

Die beiden Tänzerinnen tragen wunderschöne Kostüme: tief dekolletierte paillettenbestickte Oberteile und weite Beinkleider aus transparentem Tüll. Einst waren Bauch und Beine der Tänzerinnen nackt. Inzwischen aber hat der Gesetzgeber dem Druck von islamischer Seite nachgegeben und unbedeckte Körperteile verboten. Die Künstlerinnen fanden in der hauchdünnen Gaze einen augenzwinkernden Kompromiss.

Aus der Entfernung wirkt das Make-up der Mädchen gleich viel natürlicher. Am seitlichen Bühnenrand steht Ekrami, die Männer gut im Blick, die sich kurz den Tänzerinnen nähern, um Geldscheine über sie regnen zu lassen. Mehrfach verlassen Sarah und Malak die Bühne, um kurz darauf in anderen Kostümen aufzutreten und die Menge mehr und mehr in Verzückung zu versetzen. Zu meinem Erstaunen führt das zu immer neuem Geldregen. Woher nur haben diese armen Menschen all das Geld? Womöglich müssen die Familien sich das Vergnügen dieses Abends in den nächsten Wochen vom Mund absparen.

Offenbar war Ekrami diesbezüglich optimistischer als die Brauteltern, die neben dem Brautpaar stehend beobachten, wie die Tänzerinnen zwischendurch die Banknoten einsammeln und in einen kleinen Karton neben ihrem Impresario werfen. An ihren fassungslosen Mienen kann ich erkennen, auf welchen Abrechnungsmodus sie sich im Vorfeld geeinigt haben.

Nach dem Auftritt kommen mir zwei erschöpfte Tänzerinnen entgegen, ihre leeren Gesichter glänzen von der Abschminke. Es ist weit nach Mitternacht, als wir auf der 26.-Juli-Brücke die Nilinsel Zamalek überqueren und in der Ferne die Skyline von Kairo sichtbar wird.

»Die Braut hat zu mir gesagt, dies sei der schönste Tag in ihrem Leben«, unterbricht Malak die Stille. Und Sarah sagt mit matter Stimme:

»Glaub mir, sie hat recht!«

Trotz der gelungenen Pointe vernehme ich kein Lachen mehr im Fond des Wagens. Ich drehe mich zu den beiden um. Sarah hat ihren Kopf auf Malaks Schulter gelegt. Liebevoll halten sie einander bei den Händen, als ob sie sich gegenseitig Halt geben wollen in einer Welt, die für sie Verachtung, aber keinerlei Perspektive bereithält.

»So, hier sind wir!«, sagt Ekrami, als er seinen Wagen in einer unbeleuchteten Gasse irgendwo in Boulak stoppt.

»Da oben wohnen wir!«, sagt Sarah und weist mit dem Kopf zu einem alten mehrstöckigen Mietshaus.

»Ihr wohnt zusammen?«, frage ich.

»Ja«, sagt Sarah.

»*As salamu alaikum,* Kollege!«, verabschiedet sich Malak und schenkt mir ein müdes Lächeln.

»*Alaikum as salam!*«, antworte ich.

Während die beiden zu dem düsteren Hauseingang hinübergehen, lasse ich das Fenster herunter.

»Sarah, Malak! Ich bin sehr froh, dass ich euren Tanz sehen durfte!«, rufe ich ihnen nach.

Sie winken mir noch einmal zu, und Ekrami biegt um die Ecke. Wortlos nebeneinander sitzend, nähern wir uns Wust al-Balad, und ich bin dem »König der Mohammed-Ali-Straße« dankbar, dass er meine sentimentale Stimmung nicht stört.

Freie Geister

Niemand konnte mir bisher erklären, weshalb auf der überdachten Terrasse des Nile Hilton immer mehr Gäste sitzen als an den Gartentischen davor unter freiem Himmel. Was macht die Plätze in diesem düsteren Teil so attraktiv? Und was lässt viele Menschen die Tische neben der von Palmen gesäumten Rasenfläche meiden?

Als ich Ahmed, den Kellner, der hier seit Jahren in gleichbleibender Freundlichkeit seine Arbeit tut, einmal danach fragte, zuckte er nur verlegen lächelnd mit den Schultern.

Der Schuhputzer des Hotels nahm immerhin eine Differenzierung der Gäste beider Terrassen vor. Üblicherweise ist sein Arbeitsplatz der goldfarbene Thron neben den beiden Etablissements am Hintereingang des Hotels. Gelegentlich aber streift er mit seiner großen Pappunterlage über die Terrasse, auf der Suche nach Kunden. Hier verkehren vermögende Kairener, die ihn oftmals heranwinken, damit er ihre Schuhe vom Staub der Stadt befreit und auf Hochglanz poliert. Vorn an den Gartentischen macht der Schuhputzer kaum Geschäfte, weil dort fast nur Touristen in Turnschuhen oder Sandalen sitzen.

Virginia, meine amerikanische Journalistenkollegin, steuert

den überdachten Teil der Terrasse an, als wir das Hotel durch die gläserne Drehtür verlassen. Im Fitnessraum ein Stockwerk tiefer hat sie mir die »Karikatur eines arabischen Intellektuellen« angekündigt. Nun erhebt sich in einiger Entfernung ein hochgewachsener, schlaksiger Mann mit schütterem Haar und altmodischer Brille. Das also ist der »Informant«, von dem sie erzählte.

Ich lernte Virginia, die für diverse englische und spanische Medien aus dem gesamten arabischen Raum berichtet, vor über einem Jahr im Keller des Nile Hilton kennen. Als wir diesmal in dem fensterlosen Raum nebeneinander auf den Laufbändern schwitzten, erzählte sie von einem Mann, der einst an amerikanischen Eliteuniversitäten studierte und inzwischen für westliche Firmen und Medien als politischer Analyst gute Dienste leistet. Zu meiner Überraschung lud sie mich ein mitzukommen, und so stehe ich nun einem unscheinbaren Mittfünfziger gegenüber. Sein verhuschter Blick erweist sich schnell als Tarnung. Schon in den ersten Minuten unserer Begegnung bemerke ich, wie er mich ins Visier nimmt.

Wir sitzen an einem der Tische in der Mitte der Terrasse, umgeben von plaudernden und Schischa rauchenden Gästen. Warum wählt ein Informant nicht einen Treffpunkt, an dem man ungestörter miteinander sprechen kann? Aufmerksam beobachtet unser Mann, wie ihm von einem Angestellten des Hotels die Schischa vorbereitet wird, während er Virginia lauscht, die ihm den Grund meines derzeitigen Kairo-Aufenthaltes schildert. Gemächlich schiebt er die Schutzhülle aus Plastik vom Mundstück und zieht den ersten Rauch ein. Die Kohle auf dem kleinen Tonkopf oberhalb des Wasserbehälters glimmt auf. Schließlich wendet er sich mit einem fast schüchternen Lächeln an mich:

»Wenn Sie über mich schreiben, geben Sie mir bitte ein Pseudonym.«

Ich entscheide mich für »Walid«. Walid erwähnte Virginia gegenüber schon vor Tagen, dass es in der Vergangenheit zwischen amerikanischen Geheimdiensten und seinem Landsmann Ayman az-Zawāhirı eine direkte Verbindung gegeben habe. Das hört sich spektakulär an, immerhin gilt er in der islamistischen Terrororganisation Al Quaida als zweiter Mann hinter Osama bin Laden. Wann aber soll diese Verbindung bestanden haben? Meine amerikanische Kollegin geht gleich in medias res: »Stimmt es, dass Ayman az-Zawāhirı am Sadat-Attentat beteiligt war?«

»Nicht am Attentat selbst«, sagt Walid, »bestenfalls an der Vorbereitung.«

»Er wurde in Abwesenheit zu drei Jahren Gefängnis verurteilt!«

»Na, siehst du! Wäre er an der Ausführung beteiligt gewesen, hätte das Urteil auf Todesstrafe gelautet, wie bei den anderen auch.«

Ich sehe das Bild des Ägypters Ayman az-Zawāhirı vor mir: ein introvertierter Brillenträger mit dunklem Bart, der nach den Ereignissen des 11. September eine Weile in den Medien auftauchte.

»Kannst du bestätigen, dass az-Zawāhirı die rechte Hand von Osama bin Laden ist?«, frage ich.

»Oh nein! Er ist der Kopf von Al Quaida – zuständig für Planung und Durchführung sämtlicher Operationen. Osama brachte nur das Geld, der Islamische Dschihad von Ayman az-Zawāhirı die operative Erfahrung.«

Während Walid seine Ausführungen in leisem, aber bestimmtem Ton vorträgt, behält er seine Umgebung aufmerksam im Blick. Ein gewisser Ali Mohammed, so berichtet er weiter, politisches Ziehkind von Ayman az-Zawāhirı, sei von diesem systematisch für zukünftige Einsätze aufgebaut worden. Bis 1984 habe Ali Mohammed noch in der ägyptischen Armee gedient. Ein Jahr später sei er dann in die USA ausgewandert. Schon wenige Monate später habe er seinen Militärdienst in der amerikanischen Armee fortgesetzt, und zwar in einem besonders sensiblen Bereich – dem Hauptquartier der Special Forces in Fort Bragg, einer Einheit, die im Auftrag des Pentagon weltweit Geheimaufträge ausführt. Zur selben Zeit sei Ayman az-Zawāhirı in Afghanistan vom CIA und dem pakistanischen Militärgeheimdienst ISI für den Kampf gegen die Sowjets ausgebildet worden. Auch Ali Mohammed habe sich 1988 für kurze Zeit in Afghanistan aufgehalten. Ein Jahr später, so erfahren wir, beendete er seinen Dienst in der US-Armee, 1991 half er Osama bin Laden bei der Übersiedlung in den Sudan. Im Februar 1998 trainierte Ali Mohammed jene Al-Quaida-Einheiten, die die Anschläge auf US-Botschaften in Daressalam und Nairobi ausübten.

Ich bin dem Angestellten des Nile Hilton dankbar, dass er genau in dem Moment das Gespräch durch Nachlegen glühender Kohlestückchen unterbricht, als ich die ersten Anzeichen von Verwirrung verspüre.

Virginia wirkt enttäuscht und bemerkt: »Das ist Schnee von gestern. Kurz danach ist dieser Ali Mohammed in den USA hochgenommen worden …«

»… und musste eine kurze Haftstrafe absitzen, ich weiß!«, ergänzt Walid. Nach einem kräftigen Zug an der Schischa setzt er hinzu: »Er hätte dafür auf dem elektrischen Stuhl landen müssen.«

»Vielleicht war er ja von Anfang an ein CIA-Mann und wurde in die Al Quaida eingeschleust?«, versucht Virginia einen Scherz zu machen.

»Bravo!«, ruft Walid und schlägt mit der flachen Hand auf den Tisch. »Nur soll mir heute keiner erzählen, die Amerikaner wüssten nicht, wo sich Osama bin Laden aufhält!«

Ich beschließe, ihn gelegentlich zu fragen, ob er mir einen Kontakt zur ägyptischen Opposition herstellen kann. Daran könnte ich ermessen, ob dieser Informant zuverlässig ist oder ob wir auf einen Verschwörungstheoretiker hereingefallen sind, von denen es in Kairo viele gibt.

Bis zu diesem Morgen dachte ich, die Zentrale von El Ghad, also der oppositionellen Partei »Der Tag«, befände sich zwei Stockwerke über dem Café Groppi. An der Terrassenbrüstung ist dort nämlich ein großes Porträt des Parteivorsitzenden Ayman Nour angebracht. Es zeigt ihn hinter Gitterstäben, und tatsächlich verbüßt der Oppositionspolitiker derzeit eine mehrjährige Haftstrafe. Bis zu diesem Morgen hielt ich die El-Ghad-Partei auch für eine kämpferische Oppositionspartei, bin ich doch auf meinem Balkon im Hotel Tulip jeden Donnerstag in den Abendstunden Augen- und Ohrenzeuge, wenn sich über dem Groppi Anhänger Ayman Nours versammeln und über Lautsprecher seine Freilassung fordern. Bereits Stunden zuvor kann ich von meinem Logenplatz aus einen seltsamen Vorgang beobachten. Mannschaftswagen der *mabaheth amn el dawla,* der allseits gefürchteten »Staatssicherheit«, fahren vor, und eine Hundertschaft schwarz uniformierter Spezialkräfte in voller Kampfmontur verwandelt den Midan Talaat Harb in eine Bürgerkriegskulisse. Ein gewaltiger Aufwand, um die etwa zwei Dutzend Getreuen des inhaftierten El-Ghad-Chefs im Auge zu behalten.

Doch Walid, der sich tatsächlich als seriöser Informant erwiesen hat, belehrte mich per Mobiltelefon eines Besseren: Bei den Räumen im zweiten Stock handle es sich lediglich um die Kanzlei des Rechtsanwaltes Ayman Nour. Der Hausbesitzer habe ihm übrigens mittlerweile gekündigt, weil die politischen Kundgebungen gegen den Mietvertrag verstießen.

Gleich um die Ecke in der Shari' Sabry Abou Salam betrete ich ein heruntergekommenes großbürgerliches Haus. Im zweiten Stock erstrecken sich weitläufige, mit Marmor und Mahagoni ausgestattete Räumlichkeiten. Hinter solch edlen Materialien würde man eher die repräsentative Zentrale eines Konzerns vermuten als die einer subversiven Oppositionspartei. Subversiv aber scheint die El-Ghad-Partei ohnehin nicht zu sein. Jedenfalls lässt die Unterhaltung mit Ahmed M. Abaza – laut Visitenkarte der *head administrator* – einen solchen Verdacht nicht aufkommen. Der blasse, unverbindlich freundliche Funktionär bezeichnet zwar die politische Richtung seiner Partei als liberal und demokratisch, aber er kritisiert nicht ein einziges Mal das Fehlen einer echten Gewaltenteilung in Ägypten und reklamiert auch nicht die Einhaltung von Menschenrechten, wie es internationale Organisationen tun. Auch die Korruption, die längst die Spitzen des Staates erreicht hat, thematisiert er nicht, sondern schlägt Maßnahmen vor, die El Ghad eher in den Rang einer NGO heben, einer sozial tätigen Nichtregierungsorganisation: Verringerung der Arbeitslosigkeit auf dem Land durch staatlich subventionierte Treibhäuser in den nilnahen Wüstenlandschaften. Es gibt noch weitere ähnlich pragmatische Vorschläge, aber dem diplomierten Agrarökonomen, der erst vor drei Jahren in die Politik wechselte, liegen die Treibhäuser besonders am Herzen. Eine gesellschaftspolitische Vision für ein Ägypten nach Mubarak wird mir nicht offeriert. Ich werde das Gefühl nicht los, dass ein Zusammenhang besteht zwischen diesem harmlosen Politikverständnis, den kostspieligen Ledermöbeln und den in edlem Mahagoni verkleideten Wänden. Warum aber steckt man den Vorsitzenden einer derart ungefährlichen Partei für fünf Jahre in strenge Einzelhaft? Erst jetzt entdecke ich, dass Ahmed M. Abaza neben seiner eigenen noch eine weitere Visitenkarte vor mir auf den Tisch gelegt hat – die seines Chefs Moussa Moustafa Moussa, in dessen Büro wir sitzen.

»Ist Ayman Nour denn nicht mehr Ihr Vorsitzender?«, frage ich verwundert, denn die Karte weist Moussa als *chairman* aus.

»Nein!«, ruft Ahmed M. Abaza nur.

»Aber er ist noch Mitglied von El Ghad?«

»Nein!«

Wir sehen einander an, und trotz meiner Verunsicherung bin ich nicht bereit, seinem Blick auszuweichen.

»Es gab unüberbrückbare Gegensätze zwischen Ayman Nour und der Partei«, erklärt Abaza schließlich und bemerkt lakonisch: »Ganz abgesehen davon, dass er momentan El Ghad auch gar nicht leiten könnte …«

»Welche unüberbrückbaren Gegensätze waren das denn?«

»Er hat gute Beziehungen ins Ausland. Sowohl Ayman als auch Gamila Ismail, seine Frau, haben viele Freunde in den Vereinigten Staaten.«

Ich erinnere mich, dass die einstige US-Außenministerin Condoleezza Rice wegen Nours Verhaftung einen Staatsbesuch in Kairo absagte und erst nach einer diplomatischen Schamfrist nachholte. Und auch der deutsche Bundestag hatte bei der Interparlamentarischen Union gegen seine Festnahme protestiert. Worin aber soll der Nachteil von internationalen Beziehungen bestehen?

»Es ging bei unseren Differenzen ums Geld. Sehen Sie, die überwiegende Mehrheit unserer Mitglieder will die Partei aus Spendenmitteln finanzieren, etwa durch die Zuwendungen von Moussa Moustafa Moussa, einem außergewöhnlich erfolgreichen Geschäftsmann. Ayman Nour aber war bereit, auch Gelder aus den USA und der Europäischen Union anzunehmen.«

»Und das wollten Sie nicht?«

»Wenn jemand Geld gibt, dann verspricht er sich auch etwas davon.«

»Natürlich«, stimme ich zu, »zum Beispiel die Förderung von liberalen und demokratischen Strukturen. Das sind doch die politischen Ziele Ihrer Partei, nicht wahr?«

»Niemand gibt etwas ohne Gegenleistung!«, beharrt Abaza.

»Bekommen Sie denn Geld vom ägyptischen Staat?«, will ich wissen.

»Ja, aber nicht genug.«

»Sie möchten gern mehr?«

»Ja!«

Ich beschließe zu gehen. Schon auf dem Weg durch das düstere Treppenhaus rufe ich Walid an. Er hält sich gerade im nahe gelegenen Diplomatenclub auf, und wir verabreden uns im Estoril.

Als ich von der Shari' Talaat Harb in die kleine Fußgängerpassage zur Kasr el-Nil einbiege und am anderen Ende die elegante Fassade des Automobilclubs entdecke, wird mir schlagartig klar, dass das Estoril die literarische Vorlage für das Restaurant Maxim im Roman *Der Jakubijân-Bau* darstellt. Gestern Abend blätterte ich noch einmal in Alaa al-Aswanis Bestseller herum und las mich in dem Kapitel fest, in dem der Bonvivant Saki Bey al-Dassuki das Maxim aufsucht. Um zu dem Restaurant zu gelangen, biegt er »in die kleine Passage gegenüber dem Automobilclub« ein. So wie auch ich in diesem Moment. Weitere Indizien sprechen dafür, dass die

Szene hier angesiedelt ist: »die kleine Tür mit den Glasfenstern«, »die strahlend weiß gestrichenen Wände, an denen Originalwerke großer Künstler hängen«, und nicht zuletzt »die schicke, kleine Bar ganz hinten in der Ecke«. Bereits zu dieser Mittagsstunde sitzen vereinzelte Gäste am Tresen, um alkoholische Getränke zu konsumieren. Auch ich nehme hier Platz, aus Scheu, mich an einen der Tische zu setzen, die bereits für den Lunch eingedeckt sind.

Warum nur nannte Alaa al-Aswani das Estoril in seinem Buch Maxim? Das Groppi, das Odeon, das Café A l'Américaine – sie alle kommen im Roman unter dem richtigen Namen vor. Ich werde ihn auf jeden Fall danach fragen, wenn ich ihm an diesem Nachmittag an einem für ein solches Treffen merkwürdigen Ort begegnen werde: in einer Zahnarztpraxis. Schon bei unserem Kennenlernen vor einigen Wochen in Berlin erzählte mir Alaa al-Aswani, dass er nach wie vor auch seinen Beruf als Zahnarzt ausübt. Als ich ihn vor wenigen Tagen anrief, schlug er mir dann vor, ihn an seinem Arbeitsplatz aufzusuchen.

Während ich auf Walid warte, belausche ich zufällig, wie ganz in der Nähe jemand eine kuriose Geschichte zum Besten gibt. Ein älterer Ägypter erzählt an einem kleinen Tisch, der für Stammgäste reserviert ist, in tadellosem Englisch, wie er sich einst mit Che Guevara ein Hotelzimmer teilen musste. Im Frühsommer 1964 sei das gewesen, berichtet er seinem europäischen aussehenden Gegenüber und dessen Frau. Damals habe er in Algier an einer Wirtschaftskonferenz der nichtpaktgebundenen Länder teilgenommen, Che sei in seiner Eigenschaft als kubanischer Industrieminister erschienen. Kurz nach der Unabhängigkeit habe es in Algerien einen Konferenzsaal, aber nicht genügend Hotelzimmer gegeben. Deshalb hätten sich jeweils zwei Delegierte ein Doppelzimmer teilen müssen. Auf diese Weise habe er den weltberühmten Revolutionär im Pyjama kennengelernt.

»Adel, gibst du mir noch einen Whisky?«, ruft der Mann in Richtung des Barkeepers hinter dem Tresen.

Ich sehe zu Che Guevaras einstigem Zimmergenossen hinüber. Aus der Entfernung ist sein Alter schwer zu schätzen. Einerseits verrät sein Habitus, dass er die sogenannten besten Jahre bereits hinter sich hat, andererseits wirkt er durch sein nahezu faltenfreies Gesicht jung und fällt mit seinen für hiesige Verhältnisse außergewöhnlich hellen Augen auf.

»Es war aber nicht meine Schuld, dass Che nach dieser Konferenz alle seine Ämter in Kuba niederlegte und Fidels Reich verließ«, sagt er und lacht schelmisch, was ihn noch jugendlicher erscheinen lässt.

Der Whisky wird serviert. Der Mann leert das Glas bis zur Hälfte und setzt seine Geschichte fort:

»Ein paar Monate später saß Che Guevara in meiner Wohnung in Heliopolis, wo ich noch immer wohne. Ihr kennt doch meine Wohnung? Nein? Ihr müsst mich unbedingt mal besuchen, dann zeige ich euch, wo Che gesessen hat. Er wollte damals eine afrikanische Befreiungsarmee zusammenstellen für den Kongo, das war ein paar Jahre nach der Lumumba-Krise. Und als wir gerade darüber sprachen, kam mein Sohn herein. Der wohnte gleich nebenan und hatte natürlich einen Schlüssel. Ich erinnere mich, dass es damals ganz neu dieses Poster von Che Guevara gab, und mein Sohn hatte eines an der Wand. Ihr könnt euch vorstellen, wie der gestaunt hat!«

Am Stammtisch ertönt Gelächter, dem ich mich unwillkürlich anschließe. Der Geschichtenerzähler bestellt noch einen Whisky, indem er kurz sein Glas hochhält.

»›So was klappt mit den Afrikanern nicht!‹, habe ich zu Che gesagt, aber er hat's nicht geglaubt. Einige Zeit später kam er zurück und meinte: ›Mursi, du hattest recht!‹ Tja, und dann ging er nach Bolivien und versuchte es dort.«

Die Tür neben dem Stammtisch öffnet sich. Dieser Nebenausgang des Estoril, der in eine düstere Passage zur Shari' Talaat Harb führt, bleibt in Alaa al-Aswanis Roman unerwähnt. Dort kommt nun Walid herein und klopft dem eloquenten Herrn freundschaftlich auf die Schulter. Als dieser sich umständlich erhebt, bemerke ich, dass er stehend kaum größer ist als in sitzender Position. Es ist ein merkwürdiges Bild, wie der hochgewachsene Walid sich tief hinunterbeugen muss, um den kleinen Mann zu umarmen.

»Wer ist der Herr da drüben?«, will ich wissen, als Walid zu mir an die Bar geschlendert kommt. »Er hat wunderbare Geschichten zu erzählen.«

»Oh ja«, bestätigt er, »die Geschichten meines alten Freundes Mursi Saad El-Din sind die schönsten in ganz Kairo.«

»Das ist Mursi Saad El-Din?«, rufe ich überrascht. Wann immer ich eine Ausgabe der englischsprachigen *Al Ahram Weekly* in die Finger bekomme, lese ich als Erstes die meist glänzend formulierte Kolumne von Mursi Saad El-Din. Die Spalte ist mit »*Plain Talk*« überschrieben. Nur selten äußert sich der Autor darin direkt zu ägyptischen Tagesthemen. Er lobt vielmehr staatliche Sozialmaßnahmen für Senioren in Großbritannien, wenn er kritisieren möchte, wie man in ägyptischen Städten mit alten Menschen umgeht. Oder er beschreibt ausführlich das Wirken des aufgeklärten muslimischen *sheikhs* Qasem Amin am Ende des 19. Jahrhunderts, den er »*pioneer of enlightment*« nennt, und kenntnisreiche Leser können die Kritik am antiaufklärerischen Fundamentalismus im heutigen Ägypten herauslesen.

»Seine Kolumnen sind gerade gesammelt in einem amerikanischen Verlag erschienen«, weiß Walid zu berichten.

»War er denn zeitlebens Publizist?«, frage ich – überlegend, in welcher Eigenschaft er wohl 1964 an der Wirtschaftskonferenz in Algier teilnahm. Es ist kaum anzunehmen, dass die Organisatoren so blauäugig waren, dem kubanischen Industrieminister einen ägyptischen Journalisten ins Doppelbett zu legen.

»Mursi hatte im Laufe seines Lebens zahlreiche staatliche Posten inne. Vor allem aber war er zur Zeit von Camp David Sprecher von Präsident Sadat. Das hat ihn auf eine Todesliste der Palästinenser gebracht. Aber wie du siehst, erfreut er sich bester Gesundheit. Wie war es denn heute Morgen bei der El-Ghad-Partei?«

»Nun ja, ich hatte nicht gerade den Eindruck, Gast bei einer kämpferischen Oppositionspartei zu sein«, beginne ich vorsichtig.

»Was hast du erwartet? Der Kopf der Organisation sitzt hinter Gittern«, sagt Walid.

»Und seine Partei hat ihn fallen gelassen«, sage ich, aber Walid scheint mir gar nicht zuzuhören.

»Er ist aber nicht der *clean man,* für den du ihn offenbar hältst«, setzt er seinen Gedanken fort. »Du musst wissen, dass es nicht ganz einfach ist, in diesem Land eine politische Partei zu gründen. Dem geht ein sehr bürokratisches Prozedere voraus. Es beginnt damit, dass man eine bestimmte Anzahl Mitglieder vorweisen muss. Das ist nicht ganz leicht in einem Land, in dem jede größere Versammlung außerhalb der Moscheen misstrauisch beäugt wird. Da erfindet man schnell ein paar hundert Menschen dazu. Jedenfalls war Ayman Nour in seiner Eigenschaft als Rechtsanwalt damit beschäftigt, diese Unterlagen fertigzustellen. Damit lag die Verantwortung formal bei ihm.«

»Wegen dieses Vergehens hat ihn seine Partei …?«

»Es ist ein offenes Geheimnis, dass alle Parteien diese Mitgliederlisten gefälscht haben, und daran hat im Fall von El Ghad Moussa Moustafa Moussa ebenso mitgewirkt wie Ayman Nour. Aber deshalb hat man ihn nicht ins Gefängnis geworfen – das war nur ein Vorwand. Nicht einmal, weil er bei der Präsidentschaftswahl gegen Mubarak fast acht Prozent der Stimmen geholt hat, was ja für hiesige Verhältnisse enorm ist. Schließlich hatte der Präsident bis dahin immer ein Wahlergebnis von 99 Prozent. Ayman Nour hat *einen* entscheidenden Fehler gemacht. Als er nämlich sagte, sein Gegner sei nicht Husni Mubarak, sondern dessen Sohn Gamal.«

»In Ägypten gibt es ja gottlob keine Erbmonarchie mehr.«

»Gib uns mal zwei doppelte Wodka«, ruft Walid dem Barmann zu. »Damit fällt das Denken leichter.«

Adel schenkt uns ein, was mich vor die Wahl stellt, entweder schon um diese frühe Tageszeit Alkohol zu trinken oder die Einladung abzulehnen. Eine ungewöhnliche Alternative in einem islamisch geprägten Land. Ich gieße den Wodka in meine Cola und stoße mit Walid an.

»Wer würde denn nach Mubaraks Tod verfassungsgemäß seine Nachfolge antreten?«, frage ich.

»Na, sein Vizepräsident!«, antwortet Walid und lacht.

»Und wer ist das?«

»Gute Frage! Bei Nasser war es Sadat, und bei Sadat war es Mubarak. Aber er selbst hat bis heute keinen benannt. Deshalb war die Aussage von Ayman Nour im Wahlkampf auch so brisant, und deshalb hat man schließlich die Mitgliederliste unter die Lupe genommen.«

Walid kippt seinen Wodka hinunter.

»Aber da gab es noch das Problem der parlamentarischen Immunität. An einem Freitag, also wenn eigentlich kaum ein

Mensch im Parlament ist, trat außerplanmäßig die Ethik-
kommission zusammen und gab in einem Schnellverfahren
dem Antrag des Justizministers nach Aufhebung der Immunität statt. Noch am selben Tag hat man Ayman Nour verhaftet ...«

»... und damit die Opposition eingeschüchtert«, vermute
ich.

Walid zieht die Augenbrauen hoch, beugt sich zu mir und
flüstert:

»Die einzige nicht korrumpierte Opposition in diesem
Land ist die Moslembruderschaft. Aber wollen wir die Scharia? Da wäre es schon besser, es bleibt, wie es ist!«

»Heißt das, nach wirklich freien Wahlen wäre Ägypten ein
islamisches Land wie Saudi-Arabien?«, überlege ich laut.

Von mir unbemerkt, ist Mursi Saad El-Din herangekom-
men und spricht zu meiner Überraschung seinen Landsmann
Walid auf Englisch an.

»Der Mann, mit dem ich eben zusammensaß, hat gerade
sein drittes Buch über Alexandria veröffentlicht. Glänzende
Lektüre übrigens. Da muss uns ein Engländer über diese wunderbare Stadt informieren ...«, sagt er und verfällt wieder in
sein jungenhaftes Lachen.

»Und dieser Mann hier schreibt ein Buch über Kairo«,
erklärt Walid und weist auf mich. »Nun will er wissen, ob
wir befürchten müssen, dass die Moslembrüder eine Mehrheit bekommen und unser Land islamisch wird.«

Mursi Saad El-Din schüttelt heftig den Kopf.

»Keine Sorge! Ägypten wird niemals ein islamisches Land.
Dafür haben wir viel zu starke säkulare Traditionen.«

»Das stimmt!«, bestätigt Walid. »Die letzten Parlaments-
wahlen sind auf Druck Amerikas weitgehend frei und geheim
verlaufen. Deshalb haben die Moslembrüder ja auch so viele

Abgeordnete bekommen. 88 von 444 Sitzen. Nur vor dem letzten Wahlgang ist die Regierung in manchen Orten gegen sie vorgegangen. Das Ergebnis entspricht also weitgehend der Stimmung im Land. Wir können sagen, sehr viel mehr werden die Moslembrüder nie erreichen.«

Mursi Saad El-Din nickt zustimmend.

»Aber drei von vier Wählern sind gar nicht an der Urne erschienen«, wende ich ein.

»Richtig!«, ruft Walid. »Aber *wenn* eine Gruppierung ihre Wähler mobilisieren konnte, dann die Moslembrüder.«

Der Starkolumnist neben Walid lacht.

»Woher kommen Sie?«, fragt er mich.

»Aus Berlin.«

»Wunderbar«, ruft er, »ich liebe Berlin. Dort war ich Ende der Sechziger- bis Mitte der Siebzigerjahre Kulturattaché an unserer Botschaft, also in Ostberlin.«

»Zu dieser Zeit kam ich gerade in den Westteil der Stadt.«

»Den kenne ich auch, denn für mich war die Grenze natürlich kein Problem. Ich habe regelmäßig im KaDeWe eingekauft«, erklärt der charismatische Mann. Und während er mir die Hand reicht, bemerkt er zu meiner Freude: »Kommen Sie das nächste Mal an meinen Tisch, wir müssen uns unterhalten. Aber nun muss ich gehen, meine Enkelin hat mich zum Essen eingeladen, und mein Fahrer wartet bereits.«

Während der alte Mann auf unsicheren Trippelschritten dem Ausgang entgegenstrebt, beantwortet Walid die Frage, die ich mir gerade stelle:

»Mursi ist 87 Jahre alt. Wenn du ihn nach seinem jugendlichen Aussehen fragst, sagt er, dass er es dem Whisky verdankt. Wollen wir auch noch etwas für unser Aussehen tun?«

Diesmal lehne ich die Einladung ab, denn ich möchte beim

Zahnarzt und Dichter Alaa al-Aswani nicht im angetrunkenen Zustand erscheinen.

Die Strecke zu seiner Praxis ist am frühen Nachmittag zu Fuß schneller zu bewältigen als in einem Taxi. Also laufe ich die Shari' Talaat Harb hinunter, lasse am Midan Tahrir die Mogamma links liegen, durchschreite die düstere Straße zwischen dem Hotel Semiramis und dem Industrieministerium und erreiche endlich das östliche Nilufer. Auf dem Corniche El-Nil schlendere ich an den unsinnigerweise hupenden Autofahrern vorbei, die in einem hoffnungslosen Stau stecken. Als ich die Spitze der Nilinsel Roda entdecke, biege ich links in das Stadtviertel Garden City ein, einst der vornehmste Bezirk diesseits des Nils. Später wanderten die vermögenderen Kairener nach Zamalek und Mohandessin ab, doch viele von ihnen packen dort schon wieder die Kisten, um in die neu entstehenden Villenviertel an der Wüstenstraße nach Alexandria zu ziehen. Hier in Garden City gab es früher nur das legendäre Shepherd's. Es war neben dem Mena-House bei den Pyramiden früher das einzige Luxushotel der Stadt. Mittlerweile entstanden entlang des Nils zahlreiche Fünfsternehotels für betuchte Touristen – und Großbritannien sowie die Vereinigten Staaten richteten im einstigen Villenviertel ihre Botschaften ein. Natürlich wohnen auch noch Ägypter in diesem Stadtbezirk. Aber es sind inzwischen die Angehörigen der Mittelschicht, und weil die Amerikanische Universität ihren Sitz lange am Midan Tahrir hatte, leben auch zahlreiche US-Bürger und andere Ausländer hier. Es ist also durchaus sinnvoll, dass Dr. Alaa al-Aswani auf seinem Praxisschild darauf verweist, dass er an der Universität von Illinois promoviert hat. In blauen windschiefen Buchstaben steht sein inzwischen weltberühmter Name auf einem schmutzigen Leuchtkasten. Weitaus gediegener wirken vier Etagen höher neben dem Praxiseingang die beiden Marmorplatten, auf denen dieselben Fakten sowie die Sprechzeiten vermerkt sind. Erst nach wiederholtem Klingeln öffnet sich am Ende des Gangs eine Tür, und Alaa al-Aswani erscheint. Offenbar befinden sich bei ihm Wohnung und Arbeitsplatz unter einem Dach, was bei Schriftstellern üblicher ist als bei Zahnärzten.

Seine Praxis besteht aus einem kleinen Wartezimmer und einem großen Raum mit einem einzigen Behandlungsstuhl. Dem gegenüber steht dekorativ ein Schreibtisch mit einer schweren dunklen Granitplatte.

»Hier habe ich *Jakubijân* geschrieben und auch große Teile von *Chicago,* meinem zweiten Roman«, erklärt mir Alaa.

»Wann schreibst du denn? Immer zwischen zwei Patienten, sozusagen zwischen Karies und Extraktion?«

Alaa muss lachen.

»Nein. Ich beginne die Sprechstunde erst um 12 Uhr, und vorher schreibe ich. Mittlerweile behandle ich aber nur noch an zwei Tagen. Drei Tage ist die Praxis an einen Kollegen vermietet.«

»Weißt du übrigens, dass die Gedichte von William Carlos Williams so kurz sind, weil er sie tatsächlich in den Behandlungspausen zwischen zwei Patienten geschrieben hat?«

»War er auch Mediziner?«, fragt Alaa interessiert.

»Ja, Kinderarzt.«

Während Alaa den Namen notiert, erklärt er:

»Ich plane einen Essay über schreibende Ärzte. Fallen dir noch mehr ein?«

»Aus Deutschland vor allem Gottfried Benn. Das war auch ein Lyriker. Und Alfred Döblin. Ihm verdanken wir den großartigen expressionistischen Roman *Berlin Alexanderplatz.* Kennst du das Buch?«

Alaa schüttelt den Kopf und lässt sich die Namen der beiden Autoren buchstabieren. Dann lehnt er sich zurück und fragt:

»Was hast du in der Zwischenzeit in Kairo recherchiert?«

»Nun, alles Mögliche. Ich habe sogar Suad Saleh von der Al Azhar getroffen.«

»Die Scharia-Professorin aus dem Fernsehen?«

»Ja, genau die.«

»Ist es nicht rührend, wie sie den Leuten sagt, auf welche Weise man sich islamisch zu verhalten hat?«

»Das macht ja nicht nur sie«, sage ich. »Die Menschen wenden sich mit ganz alltäglichen Fragen an die *sheikhs* im *dar al-ifta*.«

Ich überlege, ob ich ihm von der Anfrage erzählen soll, auf die ich am Vortag auf der Website des Fatwa-Amtes stieß. Ein schwerkranker Muslim wollte wissen, ob er in Inkontinenzwindeln die Moschee besuchen dürfe. Aber ich möchte nicht den Eindruck erwecken, mich über die religiösen Gefühle anderer lustig zu machen.

»Mir muss doch niemand vorschreiben, wie ich mich zu verhalten habe«, erklärt Alaa. »Muss mir jemand erklären, wie ich meine Frau behandeln soll oder meine Kinder? Habe ich etwa kein soziales Gewissen? Dafür muss mich kein *sheikh* auf die *sadaqa* hinweisen. Gut, es mag Menschen geben, die ihr Leben unbedingt in die Verantwortung anderer legen wollen. Das ist ja auch ein bequemer Weg, aber ich gehöre nicht zu denen.«

»Ich war übrigens heute Mittag im Maxim«, wechsle ich das Thema.

Alaa sieht mich überrascht an. »Du meinst im Estoril?«

»Warum hast du es Maxim genannt? Alle anderen Örtlichkeiten hast du doch auch beim richtigen Namen …«

»Das hängt mit Marise zusammen«, unterbricht er mich. »Kennst du Marise?«

»Du meinst die Besitzerin? Ja, die kenne ich, wenn auch nicht besonders gut.«

»In meinem Buch hat das Maxim auch eine Besitzerin, bei der Saki Bey al-Dassûki sein Herz ausschüttet. Nun habe ich Marise dafür in mancher Hinsicht als Vorbild genommen, sie ist schließlich eine Freundin von mir … ich kenne sie wirklich sehr gut. Aber natürlich ist die literarische Figur nicht mit Marise identisch. Und um diesen Eindruck gar nicht erst aufkommen zu lassen, habe ich das Lokal Maxim genannt.«

»Also ist deine Wahl auf das Estoril gefallen, weil du eine weibliche Figur brauchtest und es dort eine Besitzerin gibt?«

Alaa wehrt lachend ab: »Nein, nein. Sagen wir, das ist die halbe Wahrheit. Darüber hinaus empfinde ich das Estoril als einen sehr inspirierenden Ort. Vielleicht weil ich schon als Kind mit meinem Großvater hingegangen bin. Dort scheint die Zeit stehen geblieben zu sein. Für mich symbolisiert das Estoril … ich könnte noch ein paar andere Orte nennen … noch immer ein sehr tolerantes und liberales Ägypten.«

»Das impliziert, dass solche Orte in Kairo heute eher die Ausnahme sind«, sage ich. Alaa sieht mich nachdenklich an und schreibt etwas auf einen Zettel.

»Morgen Abend ist wieder mein literarischer Salon, wie jeden Donnerstag. Es ist eine Art Seminar, in dem wir jeweils einen Autor und ein Buch vorstellen und dann darüber reden.«

»Ich habe davon gehört«, sage ich und überlege, ob ich meinen Informanten nennen soll. Schließlich hat Mr. Maalek, der Betreiber des Café Riche, im Gespräch mit mir schwere Vorwürfe gegen Alaa al-Aswani und seinen Roman geäußert.

»Woher weißt du davon?«

»Von Mr. Maalek.«

»Dem Besitzer vom Riche?«, fragt Alaa und zieht eine Augenbraue hoch. Die Abneigung scheint gegenseitig zu sein. Da ich nicht vorhabe, als Freund des stets missgelaunten Gastronomen zu gelten, erkläre ich:

»Man kommt ja kaum an ihm vorbei, wenn man dort mal Kaffee trinken will. Er erzählt übrigens wilde Geschichten über dich. Er behauptet zum Beispiel, dass er viele Personen und Situationen, die du in deinem Roman schilderst, schon aus Erzählungen deines Vaters kennt.«

»Der war Stammgast im Riche, das stimmt.«

»Und bei seinen Besuchen hätte er all diese Geschichten erzählt.«

»Und ich hätte ihn plagiiert?« Alaa sieht mich mit einem gequälten Lächeln an. »Hat er meinen zweiten Roman etwa auch geschrieben? Mein Vater war nie in Chicago! Weißt du, das Problem in Ägypten ist, wenn jemand großen Erfolg hat, gönnen ihm viele diesen Erfolg nicht. Weil wir in einer frustrierten Gesellschaft leben. Ich bin aus allen Richtungen angegriffen worden ...« Bitter lachend, schüttelt er den Kopf. »Fast nichts von dem, was ich in meinem Buch beschreibe, existierte 1977. Das war das Jahr, in dem mein Vater starb. Nicht mal das Phänomen der religiösen Fanatiker gab es damals. Der Roman spielt Anfang der Neunzigerjahre, wie können es da die Geschichten meines Vaters sein?«

»Das leuchtet mir ein«, sage ich. Hätte ich gewusst, dass Alaas Vater bereits 1977 starb, hätte ich Mr. Maalek widersprochen.

»Du musst wissen, ich war mit meinem literarischen Salon eine Weile zu Gast im Riche. Vorher waren wir in einem Café in Bab el Louk, doch ich suchte einen Ort in Wust al-Balad. Das Riche war dafür in vielerlei Hinsicht ein geeigneter

Ort … die Lage, die Tradition. Aber wir hatten immer Ärger mit dem Besitzer, und deshalb kehrten wir schließlich wieder an den ursprünglichen Ort zurück – ins Café Nasswava.«

Er reicht mir seine Notiz, und ich erkenne auf Anhieb, dass die darauf notierte Adresse nicht in Bab el Louk liegt.

»Nach zwei Jahren ist es irgendjemandem in den oberen Stellen unseres Staates eingefallen, dem Betreiber des Café Nasswava einen Brief zu schreiben. Nun ja, jetzt sind wir bei Kefaya zu Gast.«

»Hat Kefaya nicht vor einiger Zeit irgendwelche politischen Aktionen durchgeführt?«, überlege ich laut, nachdem mir eingefallen ist, dass *kefaya* »Es ist genug!« bedeutet.

»Einige Aktionen!«, bestätigt Alaa. »Kefaya ist ein Sammelbecken ganz verschiedener politischer Gruppen und Parteien. Das aber hat mit unserem Seminar gar nichts zu tun. Ich habe Freunde in der Kefaya-Bewegung, und so hat man uns Gastrecht eingeräumt, als wir auch im Café Nasswava nicht mehr gern gesehen waren.«

»Ist das der Grund, weshalb du keinerlei öffentliche Werbung für deinen Salon machst?«, frage ich, denn seit ich von dieser Veranstaltungsreihe weiß, suche ich vergeblich in den Kulturkalendern der Zeitungen und Stadtmagazine nach einem Hinweis.

»Nein, das habe ich auch früher nicht gemacht. Denn wenn du das Seminar erst mal in die Medien bringst, kommen Autoren, die den schnellen Ruhm suchen. Wir machen Veranstaltungen für Leute, die frei diskutieren wollen – ob über literarische Werke oder kulturelle Probleme. Aber öffentlich profilieren kann man sich bei uns nicht.«

Das macht mich neugierig. Als ich auf den Zettel mit der Adresse blicke, erläutert Alaa: »Das ist in einer kleinen Nebenstraße in El Mounira. Aber nicht das Mounira drüben in Embaba, sondern gleich hier nebenan, hinter dem französischen Kulturinstitut.«

Umgehend wähle ich Mohammeds Nummer. Mehr als einmal habe ich in dieser Stadt mit Namensdoppelungen schlechte Erfahrungen gemacht. Beispielsweise als ich vor einigen Jahren zu einer Adresse in Boulak wollte und mich schließlich in Boulak al-Dakrour wiederfand. Als sich Mohammed meldet, reiche ich das Mobiltelefon an Alaa weiter, der meinem Freund und Fahrer erklärt, wohin er mich morgen Abend bringen soll.

»Welches Buch wird diesmal vorgestellt?«, frage ich zum Abschied. Alaa sieht mich verlegen von der Seite an. »Das kann ich dir nicht sagen. Ich bin zwar der Gastgeber, aber das Programm macht ein Freund von mir – Osama. Ich lasse mich ebenso überraschen wie du.«

Am nächsten Morgen werde ich von Musik geweckt, die den gesamten Midan Talaat Harb beschallt. Schlaftrunken trete ich auf den Balkon und versuche zu ergründen, woher sie kommt. Zwei Stockwerke über dem Groppi erkenne ich hinter den weit geöffneten Flügeltüren zu Ayman Nours Anwaltsbüro schrankhohe Boxen. Auf der Terrasse davor steht ein knappes Dutzend gelangweilt wirkender Leute herum. Eine groteske Situation.

»Hat er heute Geburtstag?«, werde ich von einem fremden Hotelgast auf dem Balkon neben mir gefragt.

»Wer?«

»Na, Ayman Nour.«

»Keine Ahnung!« antworte ich.

Wäre das ein Grund, die gesamte Nachbarschaft am frühen Morgen mit lauter Musik zu belästigen? Ich gehe zum Telefon und bestelle ein Frühstück. Als Dauergast des Tulip werden mir zwei Baguettebrötchen, ein Ei und ein kleines Döschen Marmelade zusammen mit einer großen Kanne Kaffee auf dem Balkon serviert. Da das jedes Mal mindestens 20 Minuten dauert, gehe ich erst mal unter die Dusche, wo ich bis zu zehn Minuten warten muss, ehe warmes Wasser kommt. Selbst unter dem lauten Plätschern höre ich heute arabische Rhythmen.

»Er hatte schon vor über einem Monat Geburtstag«, erklärt mir mein Nachbar, während er neidisch auf meine kleine Frühstückstafel schielt. »Ich habe drüben im Internetcafé recherchiert.«

Welch ein Aufwand für eine so unwichtige Frage, denke ich. Unten auf dem Platz nimmt kaum ein Passant von dem Geschehen über dem Groppi Kenntnis. Die Leute in Wust al-Balad haben sich wahrscheinlich längst daran gewöhnt, dass Ayman Nours Gattin dort oben irgendwelche Protestaktionen durchführt. Nach einer Weile ist aus einer ganz anderen Richtung lauter werdende Musik zu hören. Schließlich nähert sich schräg unter meinem Balkon, aus der Shari' Sabry Abou Salam kommend, ein Demonstrationszug, dahinter folgt im Schritttempo ein Lautsprecherwagen. Kaum ist der kleine Trupp von höchstens hundert Personen auf den Midan Talaat Harb eingebogen, verursacht er ein mittleres Verkehrschaos. Gehupe setzt ein. Zusammen mit den Melodien aus zwei unterschiedlichen Quellen ergibt dies eine Geräuschkulisse, die mit dem Begriff Disharmonie vornehm umschrieben wäre. Als die Demonstranten, das Standbild des Talaat Harb umrundend, zum Groppi ziehen, kann ich auf dem riesigen gelben Transparent in arabischer Schrift den Namen Moussa Moustafa Moussa entziffern.

»Jetzt haben die da oben sich auch noch Verstärkung geholt!«, vermutet mein Nachbar.

»Im Gegenteil!«, rufe ich und mache mich auf, mir die Sache aus der Nähe anzusehen.

Auf dem Weg hinüber zum Groppi bemerke ich auffallend viele gut gekleidete Herren mit Krawatten und Sonnenbrillen. Ich gehe weiter, und als ich die kleine Gruppe Gegendemonstranten aus nächster Nähe sehen kann, greife ich zu meinem Diktiergerät.

»Ich habe das Gefühl, einem politischen Kasperletheater beizuwohnen«, spreche ich aufs Band. Aus dem Augenwinkel kann ich erkennen, wie sich ein junger Mann aus einer Gruppe scheinbar unbeteiligter Passanten löst und auf mich zukommt. Natürlich sind auch die *mabaheth* schon da. Ich tauche in der wachsenden Zahl von Schaulustigen unter. Dabei fällt mir auf, dass Angestellte des Café Groppi den Eingang zum Lokal mit dicken Ketten verschließen. Unzählige Verkehrspolizisten sind hektisch darum bemüht, den Verkehr umzulenken. Auf der Shari' Al-Antikhana, der Straße rechts vom Groppi, ist die Menge der Demonstranten mittlerweile deutlich angewachsen. Ich frage mich, woher diese Menschen plötzlich gekommen sind. Viele Taxifahrer fahren entgegen der polizeilichen Anweisung trotzdem in diese Straße, wo sie nach wenigen Metern prompt im Stau feststecken. Inzwischen sind rund um den Platz sämtliche Balkone bevölkert. Im östlichen Teil der Kasr el-Nil entdecke ich die LKW der uniformierten *mabaheth amn el dawla,* die sich einen Weg durch den stockenden Verkehr bahnen. Ein lauter Schlag hinter mir lässt mich zusammenschrecken. Als ich mich umdrehe, bekomme ich mit, wie gefüllte Plastikflaschen auf Autodächern zerplatzen. Offenbar wollen die Anhänger von Ayman Nour ihre Rivalen attackieren, haben dabei aber ihre Wurfkraft überschätzt. Während sie von den Gegendemonstranten auf dem gegenüberliegenden Bürgersteig ausgelacht werden, brüllen die Fahrer der getroffenen Taxen die übelsten Schimpfwörter. Vergeblich, denn nun fliegen auch andere Gegenstände aus den Fenstern in der zweiten Etage. Die Stimmung auf dem Platz kocht hoch. Ich beschließe, den Fortgang der Ereignisse aus sicherer Distanz von meinem Balkon aus zu verfolgen.

Langsam rattert der alte Fahrstuhl in die vierte Etage. Von oben sehe ich, dass sich die Situation auf dem Platz dramatisch zugespitzt hat. Ich höre laute Schreie des Entsetzens und dann wieder zustimmendes Gejohle ...

»Diese beiden Jungen haben die Brandsätze geworfen«, schreit mein Nachbar und zeigt irgendwohin in die Menge. »Da hinten, die dort gerade verschwinden.«

Jetzt erst fällt mir auf, dass drüben aus den geöffneten Flügeltüren schwarzer Qualm quillt und Menschen hustend aus Ayman Nours Büro auf den Balkon treten. Aus den seitlichen Fenstern, zur Shari' Al-Antikhana hin, von wo aus eben noch gefüllte Plastikflaschen und andere Gegenstände geworfen wurden, schlagen meterhohe Flammen.

»Zwei Jungen?«, frage ich ungläubig, während ich nach meiner Fototasche greife.

»Ja, die beiden, die ich Ihnen gezeigt habe«, bestätigt mein Nachbar. »Ich habe es ganz deutlich gesehen.«

Es erscheint mir unglaubwürdig, dass es zwei Halbwüchsigen gelungen sein soll, von der Straße aus Brandsätze zielgenau in ein Fenster in der zweiten Etage zu werfen. Ich schätze die Distanz auf mindestens 20 bis 25 Meter. Andererseits werden Ayman Nours Leute kaum selbst das Büro in Brand gesetzt haben. Mehrmals hintereinander drücke ich auf den Auslöser. Inzwischen haben die LKW mit den schwarz uniformierten Spezialkräften der *mabaheth* vor der Buchhandlung Madbouly angehalten. Ich fotografiere, wie sie ihre Posten beziehen. Plötzlich wird mir bewusst, dass ich auf meinem Balkon für sie und ihre Kollegen in Zivil wie auf dem Präsentierteller stehe. Ich laufe in die dritte Etage hinunter. Vom Frühstücksraum aus kann ich unbemerkt Aufnahmen machen.

Madame Didi hinter dem kleinen Tresen der Rezeption ist völlig aufgelöst. Hemmungslos weinend, sorgt sie sich um die Menschen drüben in der brennenden Etage. Neben Madame Didi steht eine alte Frau, die im Hotel Tulip als Reinigungskraft arbeitet. Paralysiert blickt sie zu den Flammen hinüber und sagt leise vor sich hin: »Wie am schwarzen Samstag, wie am schwarzen Samstag ...«

Ich rufe Walid an, der bereits Bescheid weiß. Er stehe am Midan Tahrir mit einem Taxi im Stau.

»Steig aus und lauf die Shari' Talaat Harb hoch, nicht die Al-Antikhana«, rate ich. »Im Frühstücksraum meines Hotels hast du einen Logenplatz.«

»Hast du Fotos gemacht?«, will Walid wissen.

»Ich bin dabei.«

Über dem Groppi hat jemand das Bild von Ayman Nour heruntergerissen. Offenbar will ein Mann sich an der meterhohen Leinwand zum Balkon darunter abseilen. Da befindet sich der Griechische Club, der schon seit Wochen renoviert wird. Handwerker haben ihre Leitern auf die Terrasse geschleppt, die noch ausladender ist als der Balkon darüber. Es könnte also klappen, obgleich die Leitern nicht bis nach oben reichen. Doch der Mann wird von anderen an dieser risikoreichen Aktion gehindert.

Zwei Löschzüge der Feuerwehr bahnen sich den Weg über den Platz. Sie hatten es nicht weit – von der Hauptfeuerwache am Midan Ataba bis hierher sind es höchstens drei Kilometer. An einem Donnerstagvormittag aber ist der Verkehr in den Straßen von Wust al-Balad auch ohne politische Aktionen so chaotisch, dass den Feuerwehrleuten auch ihre Sirene wenig hilft. Nun aber sind sie endlich da und beginnen sofort mit den Löscharbeiten. Ich gehe zur Rezeption, um Madame Didi zu beruhigen. »Die Feuerwehr ist jetzt da, es wird alles gut«, sage ich und ernte dafür einen dankbaren Blick.

Schwer atmend kommt Walid die Treppe heraufgehetzt. Er tritt ans Fenster, um sich einen Überblick zu verschaffen. Die Shari' Al-Antikhana ist inzwischen komplett abgesperrt. Keiner der Gegendemonstranten befindet sich mehr hinter der dichten Kette von schwarzen Polizisten, und auch der Stau hat sich inzwischen aufgelöst. Nur die beiden Lösch-züge stehen noch da, und Feuerwehrleute gehen routiniert ihrer Arbeit nach. Vor dem Eingang zum Groppi, also hinter der Postenkette, entdecke ich eine Gruppe Eingeschlossener. Oder sind sie von mir unbemerkt verhaftet worden?

»Sieh mal, dort am Groppi hat man Passanten eingekes-selt«, sage ich zu Walid. Der aber stellt lachend fest: »Ja, aber glücklicherweise nur Männer.«

»Was meinst du damit?«, frage ich irritiert.

Ohne mir direkt zu antworten, sagt er geheimnisvoll:

»Ich wette, einer von ihnen hat den Brandsatz geworfen.«

»Es waren zwei«, bemerke ich.

Schon im nächsten Moment wird mir vor Augen geführt, was Walid meinte. In geordneter Formation werden die »Ein-geschlossenen« nun von hinten an die uniformierten Staatssi-cherheitskräfte herangeführt, die bereitwillig die Kette öffnen, damit ihre zivilen Kollegen sie von vorn absichern können. Eine merkwürdige Geheimpolizei, die ihre Agenten ohne Not zu erkennen gibt … Ich hebe die Kamera und lichte die *mabaheth* einen nach dem andern ab – darunter viele Gesich-ter, die ich Tag für Tag auf dem Midan Talaat Harb sehe.

»Was für ein Kinderkram, den El Ghad da veranstaltet!«,

sagt Walid, während er sich auf dem Display meiner digitalen Kamera die Aufnahmen ansieht. »In einem Jahr kommt Ayman aus dem Knast, und ich kann nur hoffen, dass er sich nicht an die Auflagen hält, die ihm eine politische Betätigung verbieten.«

»Dann muss er eine neue Partei gründen«, sage ich.

»Warum?«

»Na, weil El Ghad ihn ausgeschlossen hat.«

»Wer sagt das?«

»Dieser Ahmed Abaza, zu dem du mir den Kontakt hergestellt hast.«

Walid lacht los, und sein Lachen wird noch lauter, nachdem er unten auf dem Platz etwas entdeckt hat.

»Glauben die wirklich, dieser blau gestreifte Spießer dort könnte ihre Partei zur Macht führen?«, fragt er und zeigt auf einen von Journalisten und Passanten umringten Herrn mit Glatze und randloser Brille.

»Das ist Moussa Moustafa Moussa?«

In diesem Moment gibt es unterhalb der Statue von Talaat Harb einen Tumult. Zivile Kräfte und Polizisten attackieren massiv Kamerateams und Fotografen, die lautstark dagegen protestieren. Zu meinem Erstaunen setzt Moussa Moustafa Moussa, der »liberale Demokrat«, seine improvisierte Pressekonferenz ungestört fort.

»Fotografier das! Das ist die ägyptische Variante von Pressefreiheit«, befiehlt mir Walid. Ich pflanze ein Teleobjektiv auf und dokumentiere das Vorgehen der Sicherheitsleute. Durch das Objektiv entdecke ich drüben am Bächler-Haus meine amerikanische Kollegin Virginia. Sie hält eine auffällige Spiegelreflexkamera in Richtung des Geschehens. Ich drücke meine eigene Walid in die Hand und laufe los. Unten sehe ich, wie Virginia inzwischen versucht, hinter einem Auto eine gute Fotografierposition zu finden. Sie schrickt hoch, als ich sie am Ärmel zupfe und ihr zurufe: »Komm mit, ich habe hier um die Ecke einen Logenplatz!«

Misstrauisch von den jungen *mabaheth* beäugt, die mit dem Rücken zum Midan Talaat Harb den breiten Bürgersteig vor dem Hotel Tulip im Blick haben, laufen wir ins Haus. Oben angekommen, schießt Virginia schnell hintereinander Fotos, während sie von Walid in groben Zügen über die Hintergründe der Ereignisse informiert wird. Ich wähle die Nummer des Büros eines deutschen TV-Korrespondenten.

»Was soll ich da?«, fragt der Fernsehkollege kühl, nachdem ich ihn in wenigen Sätzen über die Situation am Midan Talaat Harb informiert habe. »Da müsste ich den deutschen Zuschauern für einen 2'30-Beitrag erst mal fünf Minuten lang erklären, wer Ayman Nour überhaupt ist.«

Auch Virginia, die die eben geschossenen Aufnahmen betrachtet, bemerkt: »Solche Bilder interessiert bestenfalls den Redakteur von Seite 27 der New York Times, und der kauft sie von AP.«

»Wenn AP sie hat!«, sage ich.

»Ich kann die Kollegen von hier aus sehen«, sagt Virginia mit Blick aus dem Fenster. »Sie packen schon zusammen. Na, das war's dann wohl.«

Mit einem Mal erscheint mir das Geschehen dort unten profan und unerheblich – der interne Machtkampf einer einflusslosen Partei. Mag sein, dass Walid recht hat mit der Vermutung, dass junge *mabaheth* den Streit der Parteiflügel ausgenutzt haben, um das unliebsame Widerstandsnest von Ayman Nours kämpferischer Gattin auszuräuchern. Vielleicht war es ja gar eine konzertierte Aktion zwischen staatlichen Stellen und opportunistischen Spitzenfunktionären der Ghad-Partei. Emotionslos beobachte ich, wie eine hysterisch schreiende

Frau mit *hijab* von gutwilligen Leuten in die Buchhandlung Madbouly gezogen wird. Verärgert nehme ich zur Kenntnis, dass eine Gruppe jugendlicher Rowdys völlig zusammenhanglos »Nieder mit Israel!« skandiert und damit den Konflikt auf der Straße für die eigene Ideologie ausnutzt.

»Wer kommt mit ins Estoril?«, frage ich.

»Prima Idee!«, sagt Virginia.

Walid aber schüttelt den Kopf, er möchte das Geschehen noch eine Weile beobachten. »Ich will wissen, wo Gamila Ismail geblieben ist.«

Stunden später, als ich zu Mohammed ins Auto steige, steht drüben, wo die Kasr el-Nil vom Midan Talaat Harb abgeht, noch immer eine Postenkette der *mabaheth amn el dawla*. Aber niemand kümmert sich mehr um die schwarz uniformierten Polizisten. Zwei Stockwerke über dem Café verweisen nur noch Schmauchspuren an der Fassade auf das Geschehen am Vormittag.

Auf dem Weg nach Mounira läutet mein Mobiltelefon. Walid informiert mich darüber, dass ein ägyptischer TV-Kanal kurzfristig ein Streitgespräch zwischen Gamila Ismail und Moussa Moustafa Moussa ins Programm genommen hat. Ich sage meinem Freund, dass ich mich bereits auf dem Weg zum literarischen Salon von Alaa al-Aswani befinde. Dass mich diese Veranstaltung weitaus mehr interessiert als die angekündigte Zankerei im Fernsehen, verschweige ich ihm.

Alaa hat mich bereits bei Osama angekündigt. Der Ort, an dem ich den sympathischen älteren Herrn mit dem grau gelockten Haarkranz treffe, sieht exakt so aus, wie ich mir den Sitz einer Oppositionspartei vorgestellt hatte – zumindest ehe ich in die luxuriöse El-Ghad-Zentrale geriet. Im fünften Stockwerk eines Hauses mit schiefen Treppenstufen befindet sich eine riesige Wohnung aus großbürgerlichen Zeiten – mit bröckelndem Putz und durchgetretenem Parkett. An der Tür zu einem der vom langen Flur abgehenden Zimmer hängt ein Protestplakat gegen ägyptische Gaslieferungen nach Israel. Als Osama mein Interesse bemerkt, beeilt auch er sich, mir zu versichern: »Wir sind hier nur Gast. Mit dem politischen Programm von Kefaya haben wir nichts …«

»Ich weiß!«, sage ich und trete in den Raum, in dem schon die ersten Besucher warten. Stumm beobachten die Anwesenden einen Mann, der an der Breitseite des Raumes ein Schild aufhängt. In großen arabischen Lettern steht darauf »Der Literatursalon des Dr. Alaa al-Aswani« und etwas kleiner: »Sie sind sehr willkommen!«. Dann fragt der Mann einen nach dem anderen, was er trinken möchte. Wie die meisten bestelle ich einen *shay sukkar zeyada,* einen stark gezuckerten Tee. Nach und nach kommen grußlos weitere Besucher herein. Obgleich sicher der eine oder die andere zu den Stammgästen des Seminars gehört, geht es hier unpersönlicher zu als im Wartezimmer eines Arztes. Ich beginne die Stühle zu zählen. Als ich mich zu diesem Zweck umdrehe, strahlt mir das fröhliche Gesicht einer jungen Frau entgegen. Dadurch ermutigt, beginne ich einen Small Talk. Ich erfahre, dass sie Engy heißt – ein Name, den ich nie zuvor gehört habe. Vielleicht heißt sie ja auch Angie und spricht es etwas hart aus. Jedenfalls erweist sie sich als äußerst mitteilsame Person und erzählt mir, dass sie vor Kurzem das Studium beendet hat, derzeit ein Volontariat macht und die offenen Diskussionen hier in diesem Salon sehr schätzt. Besonders freue sie sich auf Abdel Khalek Farouk. Ich dürfe an diesem Abend weniger einen literarischen Text erwarten als vielmehr die soziologische Analyse eines Wissenschaftsjournalisten zum Thema »Was investiert Ägypten in die Bildung?«

Um 21 Uhr ist knapp die Hälfte der 38 Stühle besetzt. Auf die Minute pünktlich postiert sich Alaa al-Aswani an der Breitseite des Raumes hinter einem Tisch. Links von ihm nimmt Osama Platz. Der Mann an seiner rechten Seite ist durch die Manuskriptblätter und Belegexemplare unter seinem Arm als Autor erkennbar. Das Trio vermittelt das Bild eines Präsidiums, ein Eindruck, der dadurch verstärkt wird, dass Alaa seinen Gast ganz offiziell begrüßt. Mit einem zaghaften Hinweis auf seine Buchveröffentlichung referiert Abdel Khalek Farouk in freier Rede, dass der ägyptische Staat im Jahre 2004 insgesamt 26 Milliarden Pfund für die 40 000 staatlichen Schulen aufgewendet habe. Neuere Zahlen hat er offenbar nicht. Während seiner Ausführungen kommen ständig weitere Besucher herein, und schon bald sind nur noch sechs Stühle frei. Schräg vor mir hat eine junge Frau in einer leuchtend gelben *abaya* mit gleichfarbigem *hijab* Platz genommen. Die randlose Brille und die wachen interessierten Augen lassen sie intellektuell erscheinen. Aber die islamische Kleidung macht sie innerhalb dieser Gruppe zum Außenseiter. Ansonsten sind nahezu alle Typen vertreten, wie man sie auch aus links-alternativen Kreisen in Europa kennt. Fast könnte ich Wetten darauf abschließen, wie sie sich während der anschließenden Diskussion verhalten werden. Osama ist der charismatische Typ, der lange aufmerksam zuhört, um schließlich ein flammendes Resümee des Abends zu ziehen. In der rechten Ecke sitzt der Romantiker, dem der Zustand der Welt seelische Qualen bereitet. Er wird für seine Schmerzen poetische Bilder finden – immer knapp an der Esoterik vorbei. Neben der Tür macht ein schmuddeliger Existenzminimalist die ganze Zeit Notizen, als müsste er Belege dafür sammeln, dass er ein Opfer grausamer Zeiten ist. Ich entdecke das süffisante Grinsen des pointensicheren Spaßmachers, der nur auf eine geeignete Vorlage wartet, um der Diskussion für einen Moment die Ernsthaftigkeit zu nehmen. Und neben mir sitzt eine Frau, die sich augenscheinlich nur für Alaa al-Aswani interessiert – ein alterndes Groupie mit somnambulem Blick. Im nächsten Moment holt sie eine Pocketkamera hervor, um ihr Idol abzulichten. Als der grelle Blitz die gedämpfte Salonstimmung zerreißt, hält der Referent inne, fährt mit seinen Ausführungen dann aber umso erregter fort: »Die Lehrer an den Grundschulen bekommen von diesem Staat gerade einmal 300 Pfund im Monat. Sie sind gezwungen, ihren Lebensunterhalt durch Nachhilfeunterricht zu sichern!«

Das Gehalt eines ägyptischen Grundschullehrers soll wirklich nur die Hälfte von dem eines Sicherheitsmannes im Gezira Sporting Club betragen?

»Das ist ein beschämendes Benehmen gegenüber Akademikern!«, ruft Engy oder Angie hinter mir und erhält von allen Seiten Zustimmung. Gastgeber Alaa al-Aswani klopft mit einem Feuerzeug gegen einen gläsernen Aschenbecher. Aber nicht, um dem Gastredner abermals das Wort zu erteilen, sondern um die Diskussion von Anfang an in geordnete Bahnen zu lenken. Zunächst ergreift er selbst das Wort: »Ich habe mal bei einem Empfang zufällig neben dem Erziehungsminister gesessen – neben Herrn Helal.«

Riesiges Gelächter der Zuhörer. Die junge Frau hinter mir beugt sich nach vorn und flüstert mir auf Englisch ins Ohr:

»Helal bedeutet ›Mondsichel‹. Hast du das gewusst?«

Ich schüttle den Kopf.

»Der hatte wahrscheinlich gar keine Ahnung, wer ich bin«, fährt Alaa fort, »sonst hätte er seine Ansichten nicht so freimütig geäußert. Er sagte nämlich, dass nicht jeder eine gute Schulausbildung brauche. Es müsse schließlich auch Handwerker geben und Leute, die die niedrigen Berufe ausüben.«

Abermals braust in dem kleinen Auditorium Empörung auf. »In der Woche darauf habe ich die Äußerung von Helal in meiner Mittwochskolumne in der *Al Dustor* zum Thema gemacht.«

»Das habe ich gelesen. Großartig!«, meldet sich ein jugendlicher Heißsporn zu Wort, spürbar stolz darauf, in diesem Kreis akzeptiert zu sein. »Alaa al-Aswani argumentierte, dass nach der Logik des Ministers die Kinder reicher Leute akademische Berufe ergreifen sollten und die Söhne und Töchter armer Leute für die niedrigen Berufe vorgesehen sind. Also, nicht die Begabung ist entscheidend oder die Intelligenz ...«

»So läuft es eben!«, ruft der Mann neben der Tür, der aufgehört hat, sich Notizen zu machen.

»Aber so muss es nicht bleiben!«, redet sich der junge Mann in Rage. »Es kommt darauf an, dass die Presse und Leute wie Alaa al-Aswani unsere Regierung attackieren.«

»Es hat keinen Sinn, einzelne Minister zu kritisieren«, wirft Osama ein. »Das System muss aufgedeckt werden.« Noch ehe ihm jemand widersprechen kann, springt Alaa seinem Freund bei: »Hätten wir frei gewählte Politiker, die ihre Wiederwahl und damit den Wählerwillen im Sinn haben, würde ich dir zustimmen.« Mit kritischer Miene verfolgt der Heißsporn Alaas Worte, während die Frau neben mir abermals ihre Kamera zückt. »In einem System aber, wo die Politiker von oben eingesetzt werden, stehen sie unter einem ungeheuren Anpassungsdruck.« Es blitzt.

»Sie sind quasi die Vollstrecker dieses Systems!«, vollendet der geladene Buchautor den Gedanken seines Gastgebers.

Bald hält sich niemand mehr an die thematische Vorgabe des Abends. Der Themenmix reicht von den neuerlichen sexuellen Übergriffen auf einer belebten Straße in Mohandessin durch eine Gruppe junger Männer bis zum Stockholmsyndrom. Ich beobachte die Zuhörerin in der gelben *abaya,* während sich Engy über den wachsenden Einfluss radikaler Muslime an der Kairoer Uni empört. Inzwischen legten sogar aufgeklärte Dozenten der Literaturwissenschaft zunehmend Wert auf eine religiöse Interpretation der literarischen Texte, eine säkulare Sicht werde kaum noch akzeptiert. Mit interessierter Miene, hinter der sie ihre eigenen Gedanken zu verbergen versteht, verfolgt die bekennende Muslima in der Reihe vor mir Engys Ausführungen.

Immer häufiger ergreift der Gastgeber das Wort, ergänzt das Gesagte, fügt weitere Aspekte hinzu, wechselt das Thema und verwandelt den Abend zunehmend in eine Alaa-al-Aswani-Personality-Show. Dabei zündet er sich – als Einziger – eine Zigarette nach der anderen an. Ich gehe zum Rauchen in den Flur, von wo aus ich den Rest der Veranstaltung durch die geöffnete Tür verfolge. Irgendwann vergleicht der Romantiker die gesellschaftliche Entwicklung Ägyptens mit einer Pyramide, bei der die Witterung die Spitze zerstört. Ich blicke in verständnislose Gesichter, wohl nicht zuletzt deshalb, weil die Spitzen der Pyramiden von al-Dschîza seit viereinhalbtausend Jahren dem Wetter standgehalten haben. Doch niemand widerspricht. Als Alaa von der Ungeheuerlichkeit berichtet, dass an ägyptischen Schulen in Problembezirken ganze Schulklassen ausgetauscht werden, wenn Susanna Mubarak ihren Besuch ankündigt, schlägt die Stunde des Spaßmachers.

»Sie sollen eben zum Kostüm der First Lady passen!«, ruft er in den Raum.

Gegen Mitternacht unternimmt Osama den schwierigen Versuch, die ausgeuferte Diskussion zusammenzufassen. Danach löst sich die Versammlung auf. Die muslimische Besucherin schenkt mir beim Verlassen des kleinen Salons einen aufmerksamen Blick, der mich ermutigt, sie anzusprechen.

»Sind Sie heute zum ersten Mal hier?«, frage ich.

»Oh nein«, erwidert sie freundlich. »Ich gehöre zu den Stammgästen.«

»Und wie haben Sie den Weg hierher gefunden?«

»Ich habe Alaa al-Aswanis Buch gelesen.«

»*Der Jakubijân-Bau?*«

»Ja. Das fand ich sehr interessant. Und dann habe ich von einer Freundin erfahren, dass der Autor diesen Salon veranstaltet.«

Ich traue mich nicht, die junge sympathische Frau darauf hinzuweisen, dass Alaas Plädoyer für ein liberales und säkulares Kairo meines Erachtens in einem gewissen Gegensatz zu ihrer islamischen Kleidung steht.

»Es werden in diesem Roman eine ganze Reihe von gesellschaftlichen Problemen angesprochen«, beschreite ich vorsichtig einen anderen Weg.

»Das stimmt!«, bestätigt meine junge Gesprächspartnerin.

»Homosexualität ist ein Thema«, fahre ich fort und blicke in ein keineswegs verunsichertes Gesicht. »Sexuelle Belästigung wird thematisiert. Und ein Imam, der junge Leute für terroristische Anschläge rekrutiert.«

»Ja, es werden viele Probleme in diesem Buch angesprochen. Das finde ich gut und wichtig! Nun muss ich leider gehen, denn es ist schon sehr spät.«

Ich verabschiede mich von der wahrscheinlich einzigen Person, die an diesem Abend für eine Kontroverse hätte sorgen können – vorausgesetzt, ihre islamische Garderobe ist nicht nur Ausdruck gesellschaftlicher Anpassung, sondern steht für eine überzeugte Haltung. Denn in den vergangenen drei

Stunden hat gewiss eine offene Diskussion, aber kein ernst zu nehmender Diskurs stattgefunden. Ich sehe mich nach Alaa um und finde ihn, umringt von seinen Anhängern. Grußlos mache ich mich davon.

Schon am nächsten Tag begegne ich im Estoril erneut Mursi Saad El-Din. Der alte Mann bittet mich zu sich an den Tisch und erzählt von seiner Zeit als junger Diplomat in London, während in seiner Heimat die Freien Offiziere gegen die Monarchie putschten. Ich erfahre, dass er für viele Jahre Vizepräsident des »African-Asian Solidarity Movement« war. Natürlich sei ihm als eingefleischtem Antikommunisten bewusst gewesen, dass es sich um eine von Moskau gesteuerte Organisation handelte, schließlich habe er sich 52-mal in der sowjetischen Hauptstadt aufgehalten. Aber man habe dieses Terrain nicht hiesigen Kommunisten überlassen wollen. Als Sprecher des ägyptischen Präsidenten war er schließlich dabei, als Sadat und Begin einander im Garten des Weißen Hauses die Hand gaben. Kurz darauf erfuhr er vom syrischen Geheimdienst, dass ihm diese Anwesenheit einen Eintrag auf der Todesliste palästinensischer Extremisten eingebracht habe. Einem Terroranschlag während einer Konferenz auf Zypern entging er nur, weil er in Kairo krank im Bett lag. Sein Leben lang habe er im Hintergrund gewirkt, es habe ihn auch nie ins Rampenlicht gezogen. Diese Rolle habe er seinem jüngeren Bruder überlassen, dem im arabischen Raum einst sehr berühmten Musiker und Komponisten Baligh Hamdi. Ihm habe er die langjährige Bekanntschaft mit der Sängerin Umm Kolthoum zu verdanken, einer der bemerkenswertesten Personen, der er je begegnet sei.

Der Lederpreuße und der »wahre Islam«

Der Mann, den ich erwarte, wird vermutlich eine außergewöhnliche Erscheinung sein. Dafür sprechen die Fotos, die er mir per E-Mail hat zukommen lassen. Ich darf zudem damit rechnen, einem eigenwilligen Menschen zu begegnen. Dafür spricht, was ich durch unsere Korrespondenz über ihn und seine Weltsicht erfahren habe. Meine Bekanntschaft mit dem »Lederpreußen« begann, als ich Heba fragte, ob sie mir Zugang zum *dar al-ifta* verschaffen könne, dem staatlichen Fatwa-Amt des ägyptischen Großmuftis. Sie stellte einen Kontakt her zu Hasan al-Kindi, einem aus Deutschland stammenden Muslimen, der dort die deutschsprachige Abteilung leitet.

Seine Mails an mich unterschrieb er mit »Lederpreuße«. Ich hatte bereits eine Weile mit ihm korrespondiert, als ich nach dem Grund für diese eigenwillige Signatur fragte. Die Erklärung klang simpel: Als Berliner fühle er sich den preußischen Tugenden Toleranz und Disziplin verpflichtet, außerdem habe er seit seiner Jugend eine Vorliebe für Lederkleidung. Auf den Fotos, die er mir mailte, war ein jung gebliebener Sechzigjähriger zu sehen – mal in hautenger Lederhose mit weit geöffnetem Lederhemd, mal in tailliertem Overall aus buntem Leder. Solche Outfits wären selbst in Deutschland auffällig – abgesehen von bestimmten Szenen wie etwa der der Motorbiker. Wie erst muss diese Kleidung auf die *sheikhs* im *dar al-ifta* und deren gottesfürchtige Besucher wirken?

Vor mir auf dem Tisch im Café Groppi liegt ein Stapel deutscher Fachliteratur zum Islam. In einer seiner letzten Mails hatte mich Hasan al-Kindi gebeten, diese Bücher in Deutschland für ihn zu besorgen. Nachdem wir uns gegenseitig eine Vorliebe für Torten gestanden hatten, schien das Groppi als Treffpunkt ideal.

Schon in den ersten Minuten unserer Begegnung wird meine Vermutung bestätigt: Hasan al-Kindi *ist* eine außergewöhnliche Erscheinung und ein sonderbarer Mensch. Korrekt rechnet er den Verkaufspreis der Bücher zum Tageskurs in ägyptische Pfund um, zählt mir das Geld vor und beginnt dann erst, interessiert in den Bänden zu blättern. Ganz nebenbei liefert er mir Eckdaten seiner Biografie.

Im Februar 1948 wurde er im sowjetischen Sektor von Berlin als Günter Bauer geboren. Mit sieben Jahren zog er mit seinen Eltern ins Ruhrgebiet. Nach dem Besuch der Realschule absolvierte er eine Lehre als Jungwerker bei der Bundesbahn, spezialisierte sich für den Verwaltungsdienst und holte am Bischöflichen Abendgymnasium in Essen das Abitur nach. Als Junge sei er ein »schmächtiges Kerlchen« gewesen, begeistert vom Sieg des David gegen den mächtigen Goliath und fasziniert von den Geschichten seiner Großmutter über das Leben in der Kaiserzeit. Schon früh sei sein Interesse für Religion erwacht, bereits als Elfjähriger habe er in einer evangelischen Gemeinde den noch Kleineren Bibelunterricht erteilt. Drei Jahre später trat er aus der Kirche aus, was er in ausgefeilten, nahezu druckreifen Formulierungen begründet – eine Eigenart, die mir schon in unserer Mailkorrespondenz angenehm auffiel: »Die Widersprüche in den Evangelien des Neuen Testaments schienen mir unvereinbar zu sein mit dem Offenbarungswillen Gottes, wie auch das angebliche Mysterium der Trinität mit dem monotheistischen Anspruch.«

Er las Literatur über den Buddhismus, der ihn sehr angesprochen habe, und eines Tages geriet ihm eine deutschsprachige Ausgabe des Korans in die Hände. In dieser Schrift habe er gefunden, was er in den Evangelien vermisste – »die widerspruchslose Offenbarung des einzigen Gottes«. Trotzdem plante der 17-Jährige zunächst eine Reise zu den Wurzeln des Buddhismus. Es war das Jahr, als es wegen des Kaschmirgebiets zum bewaffneten Konflikt zwischen Indien und Pakistan gekommen war. Im Reisebüro wurde ihm daher von einer Indienreise abgeraten und stattdessen ein Trip nach Tunesien empfohlen.

In Vorbereitung dieser Reise beschäftigte er sich intensiv mit dem Islam – und erklärte sich schließlich dem tunesischen Großmufti gegenüber als Moslem. Nach wie vor aber, so bekennt er, sei es sein Traum, eine Zeit in einem Zen-Kloster zu verbringen – bevorzugt in der alten japanischen Kaiserstadt Kyōto. Das sei mit seinem Glauben durchaus vereinbar. Schließlich habe er sich nach seinem Bekenntnis zum Islam auch mehrfach in ein Benediktinerkloster in Trier zurückgezogen. Die Mönche hätten respektiert, dass er sich entsprechend den islamischen Speisevorschriften ernährte und keinen Alkohol trank. Mit dem muslimischen Gebetsritual sei er damals noch nicht vertraut gewesen, weshalb er an den Exerzitien seiner Gastgeber teilgenommen habe.

Der »Lederpreuße« erzählt ganz selbstverständlich, fast beiläufig von seiner Kindheit und Jugend, was es mir leicht macht, eine intime Frage zu stellen:

»In der Pubertät erwacht ja auch das Interesse für Sexualität …«

»Ich war mit meinen Büchern verheiratet!«, bekennt er achselzuckend.

Während wir Ananas-Sahne-Torte genießen, überrascht mich mein Gegenüber mit einer Aussage, die bei politisch korrekten Gutmenschen in unserer gemeinsamen Heimat Naserümpfen verursachen würde.

»Die Torte ist sehr gut, aber der schlechte Service zeigt, was hierzulande im Argen liegt. Die Rückständigkeit in den sogenannten islamischen Ländern ist wirklich ein Problem.«

»Warum sprechen Sie von ›sogenannten‹ islamischen Ländern?«

»Weil es keine islamischen Länder mehr gibt. Jedenfalls nicht im Sinne der Blütezeit des Islam.«

Die knappe Aussage erinnert mich an das, was Heba gelegentlich über den Niedergang der islamischen Kultur und Wissenschaft andeutete.

Von Günter Bauer alias Hasan al-Kindi aber möchte ich zunächst wissen, wie es in seinem Leben weiterging. Nach dem Abitur entschied er sich zu einem Schritt, der so gar nicht zu seinen religiösen Erweckungserlebnissen passen will – er verpflichtete sich zu einer zweijährigen Offiziersausbildung bei der Bundeswehr. Nach seiner Religionszugehörigkeit gefragt, bekennt er sich als Muslim. Um seine Prinzipienfestigkeit zu prüfen, setzt ihn ein Unteroffizier während des Ramadan an der Gulaschkanone ein. Standhaft widersteht er der Versuchung, von der Suppe zu kosten. Auf den Wehrdienst folgt die Immatrikulation für Islamwissenschaft und Politologie in Tübingen. In den folgenden Jahren sind es dann fast immer Begegnungen mit Männern, die das Leben Günter Bauers in diese oder jene Bahn lenken. Da ist zunächst ein ägyptischer Student, den er als Anhalter in seinem Wagen mitnimmt. Die arabischen Schriftzeichen der *bismallah* – »Im Namen Gottes, des Gnädigen, des Barmherzigen« – an seinem Armaturenbrett weisen ihn als Muslim aus. Die beiden werden Freunde. Als der »Lederpreuße« Kairo besucht, weiht ihn der ägyptische Freund in das Gebetsritual ein. Er ist es auch, der eines Tages erklärt, der »Atem des Islam« werde nicht an europäischen Orientalistikinstituten vermittelt. Günter Bauer bewirbt sich mit Erfolg an der islamischen Universität in Medina. Hier, am zeitweiligen Wirkungsort des Propheten Mohammed, lernt er nicht nur die arabische Sprache und den »wahren Islam« kennen, sondern auch einen afrikanischen Studenten, der ihm seine Schwester als Ehefrau empfiehlt. Hasan al-Kindi, wie er nun auch offiziell heißt, willigt ein, die fremde Frau zu ehelichen. Er reist nach Burundi, heiratet dort und arbeitet eine Weile als Imam in einer Moschee. Familiäre Gründe in Deutschland zwingen ihn, gemeinsam mit seiner Frau dorthin zurückzukehren. Kurz nacheinander bekommt das Paar drei Kinder, und der »Lederpreuße« schlägt sich und seine Familie mit zahlreichen Jobs durch: als Fließbandarbeiter, Archivar, Geschäftsführer eines lithografischen Betriebs. Doch berufliche Erfüllung findet er ebenso wenig wie familiäres Glück – die lebensfrohe Afrikanerin lässt sich von dem Bücherwurm scheiden, der sich in seiner Freizeit unablässig im Islam weiterbildet.

Zu dieser Zeit kommt er in einer Dortmunder Moschee mit einem ägyptischen Muslim zusammen, der in seiner Heimat Verbindungen zur deutschen Abteilung an der Al-Azhar-Universität unterhält. Der Mann ermutigt ihn, das in Saudi-Arabien erworbene Wissen den Studenten an der ältesten Universität der Welt weiterzugeben. In Kairo wird Hasan al-Kindi freundlich empfangen. Man findet sogar eine Lösung für das Manko, dass er nicht promoviert hat: Zunächst solle er eine Weile an einer neu eingerichteten germanistischen Fakultät im oberägyptischen Minja unterrichten, diese Lehrtätigkeit würde ihm dann in Kairo als gleichberechtigte Qualifizierung anerkannt werden. Inzwischen, so erzählt er mir mit zufriedener Miene, sei er mit großer Freude an der Al Azhar als »Dozent für vergleichende Koranexegese in den deutschen Übersetzungen des heiligen Buches« tätig.

»Aber Sie arbeiten doch noch immer im Fatwa-Amt?«, frage ich irritiert.

»In der Tat habe ich das Angebot des Großmuftis angenommen, neben der bereits existierenden englischen und französischen Abteilung am *dar al-ifta* eine deutsche Abteilung aufzubauen. Man suchte einen Muttersprachler mit Internetkenntnissen. Mittlerweile habe ich vier Mitarbeiter, zwei von ihnen sind ehemalige Studenten von mir aus Minja. Wir übersetzen die Anfragen an das Fatwa-Amt, die aus Deutschland kommen.«

»Ich weiß!«, unterbreche ich Hasan al-Kindi. Schließlich hatte er selbst mich auf die Website aufmerksam gemacht, auf der diese Anfragen sowie die von ihm übersetzten Antworten der ägyptischen *sheikhs* veröffentlicht werden.

»Werde ich Gelegenheit haben, den Großmufti Ali Goma'a zu treffen?«, frage ich.

Ich weiß von einem Journalistenkollegen und Kenner der Geheimdienstszene, dass Ali Goma'a vor einiger Zeit eine Expertengruppe des BKA empfing. Dabei äußerte sich Ägyptens Chefgeistlicher angeblich ablehnend gegenüber dem islamistischen Terror. Auf die Frage der BKA-Leute, weshalb er dies nicht längst öffentlich kundgetan habe, soll der Großmufti geantwortet haben, dass man in Ägypten seine Haltung kenne, deutsche Journalisten aber hätten ihn bisher nie danach gefragt. Das will ich nachholen. Über den »Lederpreußen« habe ich Ali Goma'a eine offizielle Anfrage zukommen lassen, in der ich auf das Interesse einer großen überregionalen deutschen Zeitung an einem Interview verwies.

Hasan al-Kindi nickt heftig mit dem Kopf: »Davon gehe ich aus! Wenngleich Ali Goma'a den Leiter der Kulturabteilung, seine rechte Hand, gebeten hat, die Fragen nach seinen Vorstellungen zu beantworten.«

»Das macht keinen Sinn!«, rufe ich und ärgere mich im selben Moment über meine heftige Reaktion. Schließlich ist mir mein Gesprächspartner wohlgesinnt, und es gehört nicht zu seinen Aufgaben, deutschen Journalisten Interviewtermine mit seinem obersten Chef zu vermitteln. Ich wechsle in einen moderateren Ton: »Sie müssen wissen, ein Interview mit dem Stellvertreter werde ich nicht los. Man veröffentlicht entweder ein Gespräch mit dem Großmufti selbst oder …«

»Das ist mir auch klar«, unterbricht mich Hasan al-Kindi. »Aber in Ägypten laufen die Dinge etwas anders. Ich schlage vor, wir treffen uns mit dem Stellvertreter, und Sie tragen ihm Ihr Anliegen persönlich vor. Er ist bereit, Sie morgen früh um 10 Uhr zu empfangen. Sie haben doch Zeit?«

»Einverstanden!«, sage ich. »Wollen wir noch ein Stück Torte bestellen?«

Der »Lederpreuße« sieht auf die Uhr.

»Wir können ja mal schauen, was sie noch im Angebot haben.«

Dem Wachmann an der Schranke erklärt Mohammed, dass ich im *dar al-ifta* eine Verabredung mit einem deutschen *sheikh* habe. »Mit Hasan al-Kindi«, ruft Hoda aus dem Fond unseres Wagens und nestelt an dem *hijab* herum, den sie kurz zuvor angelegt hat. Als ich mir das für sie ungewöhnliche Kleidungsstück näher ansehe, stelle ich fest, dass es sich gar nicht um einen klassischen *hijab* handelt. Vielmehr ist Hoda mit dem Kopf in ein schlauchähnliches Stück Stoff aus dehnbarem Jersey geschlüpft.

»Viele Frauen haben so etwas in der Handtasche. Das ist sehr praktisch«, sagt meine Mitarbeiterin. »Bevor sie eine Moschee betreten, holen sie es heraus. Eine Freundin von mir sagt dazu immer Unterhose …«

Unser Wagen darf passieren, und ich frage Hoda scherzhaft: »Willst du wirklich mit einer Unterhose auf dem Kopf ins *dar al-ifta?*«

Sie lacht laut auf. Irritiert blickt Mohammed in den Rückspiegel, während er den Wagen parkt.

»Das Fatwa-Amt befindet sich hinter uns«, erklärt Hoda, als sie mein Interesse an einem Gebäude jenseits des Parkplatzes bemerkt. »Das dort ist das *nekabat el ashraf,* was man mit ›Syndikat der vom Propheten Abstammenden‹ übersetzen könnte. Hast du davon gehört?«

»Ja!«, sage ich. In der Tat habe ich vor einiger Zeit etwas über die womöglich sonderbarste Behörde der Welt gelesen. In dem Gebäude werden Familienstammbäume aufbewahrt – seit Mohammeds Zeiten lückenlos geführt und von Generation zu Generation aktualisiert.

»Ich habe eine gute Bekannte aus so einer Familie, die von Mohammed abstammt«, erzählt Hoda. »Ihre Mutter bekam zu König Faruks Zeiten noch eine Apanage, die der Hof bezahlte. Aber Nasser hat damit Schluss gemacht.«

Dass ich für diese Entscheidung des einstigen Präsidenten volles Verständnis habe, behalte ich für mich. Ich bitte Hoda, sich den modernen, nach vorn spitz zulaufenden Bau von hier aus anzusehen.

»Sieht es nicht so aus, als ob das *nekabat el ashraf* nur aus einer Fassade besteht?«

»Ja, merkwürdig!«, staunt Hoda.

Schließlich gehen wir in Richtung des Fatwa-Amtes, während Mohammed es sich in seinem Wagen gemütlich macht.

Wie das *nekabat el ashraf* vereint auch der große helle Bau des *dar al-ifta* auf gelungene Weise moderne Architektur mit Elementen der arabischen Klassik. Fast könnt es eine Metapher sein – werden hier doch Muslimen Ratschläge erteilt, wie das heutige Leben in Einklang mit den uralten Hadithen zu gestalten ist.

Die düstere hohe Empfangshalle des *dar al-ifta* hat für mich etwas Furcht einflößendes – ein Gefühl, wie ich es zuletzt vor einigen Jahren im Vatikan hatte, als ich über die Flure der Glaubenskongregation schritt. Bei dem Mann am Empfang löse ich Ratlosigkeit los. Er bittet mich, den Namen, den Hoda und ich mehrmals genannt haben, auf einen Zettel zu schreiben, führt das Papier dicht vor seine dicke Brille und flüstert kaum hörbar:

»Hasan al-Kindi?«

Er greift zum Telefon und wiederholt immer wieder den Namen, während ich ein nicht mehr ganz junges Ehepaar beobachte, das in einer der zahlreichen Nischen von einem *sheikh* begrüßt wird. Es sind einfach gekleidete Menschen, womöglich von weit her angereist, die aufmerksam zuhören, was ihnen der Gelehrte zu sagen hat.

»Ah, Hasan Ndayisenga al-Kindi?«, höre ich den Mann hinter dem Tresen ins Telefon rufen. Dann wendet er sich wieder an mich: »Sie meinen den deutschen *sheik?*«

Mir fällt ein, dass der »Lederpreuße« in einer seiner Mails geschrieben hatte, bei seiner Heirat den Namen seiner Frau angenommen zu haben. Da aber niemand in Ägypten »Ndayisenga« aussprechen könne, verwende er diesen Namen fast nur noch auf den Covern seiner eigenen Lehrbücher.

Ich nicke dem Mann mit der dicken Brille zu, und seine griesgrämige Miene verwandelt sich in ein Strahlen. Er beugt sich zu mir über den Tresen und erklärt, dass der deutsche *sheikh,* ein äußerst angenehmer und bescheidener Herr, immer pünktlich zum Dienst erscheine und stets freundlich grüße. Offenbar stellt ein solches Verhalten hier eine bemerkenswerte Ausnahme dar.

»Wo finde ich den deutschen *sheikh?*«, bremse ich das fast schon devote Lob.

»In der zweiten Etage. Dort drüben sind die Aufzüge«, ruft er mir hinterher.

Hasan al-Kindi empfängt mich mit distanzierter Freundlichkeit, führt mich über dunkle Flure an hölzernen Spinden vorbei und bittet mich, kurz auf einer Kunstledergarnitur Platz zu nehmen. Dort sitzt bereits ein amerikanischer *sheikh,* der sein Gespräch mit einer jungen Frau unterbricht, um mich zu begrüßen: »*Hi! How are you! Welcome to* dar al-ifta *and have a nice time in Cairo!*« Das vernarbte Gebetsmal auf seiner Stirn beweist, dass er nicht erst kürzlich zum Islam gefunden hat. Ohne meine Antwort abzuwarten, wendet er sich wieder der jungen Frau zu. Der Lederpreuße kehrt zurück und führt mich direkt ins Büro des Kulturreferenten. »Ibrahim Nejm« steht auf dem Namensschild neben der Tür. Seinen Familienname, der »Stern« bedeutet, spricht der Kulturreferent in ägyptischem Arabisch als »*negm*« aus. Danach aber redet er in fast akzentfreiem Englisch mit mir. In seiner hellbraunen Wollweste und dem beigen Oberhemd mit dazu passender klein gemusterter Krawatte sieht er aus wie ein Amtsvorsteher und gibt sich auch so. Die Antworten auf meine Fragen bestehen aus vorgefertigten Textbausteinen. Dabei beugt er sich leicht nach vorn, als würde er von der lackierten Tischplatte ablesen. Die Hände unter dem

Schreibtisch versteckt und auffallend bemüht, mich nicht direkt anzusehen, vermittelt er mir den Eindruck eines zutiefst unsicheren Menschen. Dabei stelle ich ihm nur einfache Fragen, die ich längst selbst beantworten könnte: Wie entsteht eine Fatwa? Ist eine Fatwa für Muslime bindend? Ich habe natürlich auch ausgearbeitete Fragen an den Großmufti in der Tasche, sollte es überraschend doch zu einem Treffen kommen. Vorerst aber lasse ich mir von seiner »rechten Hand« erklären, dass die Gläubigen ihre Fragen den *sheikhs* auf verschiedenen Wegen zukommen lassen können. Natürlich sei es grundsätzlich jedem Muslim möglich, persönlich im *dar al-ifta* vorzusprechen, man könne aber auch schreiben oder mailen. In dringenden Fällen stehe eine kostenlose Telefonhotline zur Verfügung.

»Was soll ich mir unter dringenden Fällen vorstellen?«, frage ich nach.

Mein Gesprächspartner starrt aufmerksam auf den Bildschirm seines Laptops. »Wenn ein Muslim zum Beispiel eine unaufschiebbare Entscheidung fällen muss.«

Der »Lederpreuße« ermutigt mich auf Deutsch: »Fragen Sie den Herrn hinter dem Schreibtisch doch mal nach einem Interviewtermin bei seinem Chef.«

Zu meinem Erstaunen holt Herr Stern, ohne zu zögern, einen Kalender hervor, murmelt etwas davon, dass der Mufti an bestimmten Tagen in den Jemen reise und sich an anderen in Kuwait aufhalte. Endlich entdeckt er vier Tage, an denen ein Treffen möglich wäre. Dankbar nehme ich zur Kenntnis, dass der »Lederpreuße« seinem Kollegen mit Nachdruck erklärt, ein in Deutschland veröffentlichtes Interview mit dem Großmufti von Ägypten würde dazu beitragen, Vorbehalte gegenüber dem Islam abzubauen. Während ich noch darüber nachdenke, ob ich diese Einschätzung des deutschen *sheikhs* teilen kann, erhebt sich der Kulturchef der ägyptischen Fatwa-Behörde, streckt mir die Hand entgegen und erklärt damit die Audienz für beendet.

»Möchten Sie sich meinen Arbeitsplatz sehen?«, fragt mich Hasan al-Kindi im Hinausgehen.

»Sehr gern!«, antworte ich und folge ihm durch den verwinkelten, spärlich beleuchteten Flur.

»Siehst du, du hast mich gar nicht für eine Übersetzung gebraucht«, bemerkt Hoda neben mir.

»Aber es hätte ja sein können, dass sich ein spontanes Treffen mit Ali Goma'a ergibt«, flüstere ich.

»Ein spontanes Treffen mit Ali Goma'a? Und danach willst du dann noch auf einen Tee bei Husni Mubarak vorbeischauen?«, sagt sie, und ihr Lachen führt mir den hohen gesellschaftlichen Rang des Großmuftis vor Augen.

»Er ist heute gar nicht im Haus«, macht der »Lederpreuße« meine vage Hoffnung endgültig zunichte.

Wir betreten einen großen Raum, in dem sich in zwei Reihen etwa zehn Frauen und Männer vor Computern gegenübersitzen. Ich fühle mich an die Newsrooms moderner Zeitungsredaktionen erinnert.

»Hier vorn sitzen die Kollegen der englischsprachigen Abteilung«, erklärt Hasan, »und dort ist die französische Sektion. Die Kollegin daneben ist die Russischübersetzerin. Demnächst kommt noch eine chinesische Übersetzerin, und vor einigen Tagen habe ich erfahren, dass auch eine türkische Abteilung geplant ist, was ich aus vielerlei Gründen sehr wichtig finde.«

Einige von Hasan al-Kindis Kollegen nicken mir zu, die Frauen aber wagen bestenfalls einen kurzen abschätzenden Blick. Sie alle sind traditionell gekleidet – die Frauen in *abaya* und *hijab,* die Männer in dunklen Anzügen. Dazwischen wirkt Hasan al-Kindi in seiner schwarzen Lederhose und dem roten kurzärmeligen Lederhemd mit grünen Schulterstücken wie ein Exot. Ich bewundere ihn für den Mut, seinem Kleidungsstil selbst in diesem von Religiosität und Tradition geprägten Milieu treu zu bleiben.

Die deutsche Abteilung hat ihren Sitz in der hinteren Ecke des Raumes und besteht aus drei Computern. Dort macht mich Hasan al-Kindi mit zweien seiner Mitarbeiter bekannt: »Diese jungen Herren heißen Baligh und Sami. In Minja gehörten sie zu meinen besten Studenten, deshalb habe ich sie hierher ans *dar al-ifta* geholt.«

Sami blickt mich interessiert an. Er sieht aus wie ein Oberprimaner an einem deutschen Gymnasium und nicht zwingend wie ein »Hochgestellter«, was sein Name bedeutet.

»Wie alt sind Sie?«, frage ich den jungen Mann.

»22«, antwortet er artig.

»Möchten Sie Platz nehmen?«, fragt Baligh und rückt für Hoda und mich zwei Stühle zurecht. Der höfliche junge Mann mit der randlosen Brille ist älter als sein Kollege Sami. Die kurzen dunklen Haare und der Kinnbart, wie ihn viele traditionelle *sheikhs* tragen, verleihen ihm ein Aussehen, das amerikanische Grenzschützer in erhöhte Alarmbereitschaft versetzen würde.

»Der Begriff ›Islam‹ heißt für mich zuvorderst ›gutes Benehmen‹!«, beginnt er in fast akzentfreiem Deutsch zu referieren. Baligh ist das arabische Wort für »der Sprachgewandte« – ein Name, dem er alle Ehre macht. Seine geschliffenen Formulierungen verraten, wer ihm in Minja die deutsche Sprache beigebracht hat. »Natürlich weiß ich, dass viele Muslime sich dessen nicht bewusst sind«, fährt er fort. »Dabei denke ich keineswegs nur an diejenigen, die terroristische Anschläge verüben und damit unsere Religion beleidigen. Ich habe gehört, dass viele muslimische Jugendliche in Deutschland sich auch nicht zu benehmen wissen. Daher ist unsere Arbeit hier im *dar al-ifta* so wichtig, und wir begrüßen es, dass es demnächst nebenan auch eine türkische Abteilung geben wird. Es ist noch sehr viel Aufklärung nötig.«

Ich bin dem jungen Intellektuellen dankbar, dass er beim Namen nennt, was ich nicht auszusprechen gewagt hätte. Jedenfalls nicht während der ersten Begegnung mit einem Muslimen, der den Anspruch von gutem Benehmen geradezu vorbildlich verkörpert.

Als uns Hasan al-Kindi kurz darauf zum Fahrstuhl begleitet, macht er mir das überraschende Angebot, ihn demnächst an der Al-Azhar zu besuchen. Aus formalen Gründen müsse er natürlich zuvor die Erlaubnis des Dekans einholen, weshalb er um einige Tage Geduld bitte. Minuten später, als ich die dunkle, bedrohlich wirkende Empfangshalle des Fatwa-Amtes hinter mir lasse und in die ägyptische Sonne trete, gebe ich Hoda einen freundlichen Klaps auf die Schulter.

»Nun hat uns der Tag doch noch ein greifbares Ergebnis gebracht«, sage ich und schlage bestens gelaunt den Weg zum Parkplatz ein.

Eine Woche später erreicht mich Hasan al-Kindis Anruf im Estoril. Ich sitze wieder einmal am Tisch von Mursi Saad El-Din und lausche den Geschichten aus einem faszinierenden Leben.

Als mein Mobiltelefon läutet, verlasse ich das Lokal, um in der Passage zur Shari' Talaat Harb ungestört zu telefonieren. Er habe eine gute und eine schlechte Nachricht, teilt mir der Lederpreuße mit. Die schlechte sei die, dass der ägyptische Großmufti es ablehne, mich zu einem Interview zu empfangen, angeblich aus terminlichen Gründen. Die gute

Nachricht: Der Dekan habe eingewilligt, dass ich die deutsche Abteilung der Al-Azhar-Universität besuche. Für morgen Vormittag sei ein Treffen mit Studenten arrangiert, bei dieser Gelegenheit könne ich auch den Leiter der Abteilung sowie den Dekan treffen.

Als ich ins Lokal zurückkomme, tröstet mich Walid, der sich bereits einige Gläser aus Mursi Saad El-Dins an der Bar deponierter Whiskyflasche genehmigt hat: »Was erwartest du von Ali Goma'a? Dass er den Terrorismus ablehnt? Natürlich tut er das! Ich bitte dich, der Mann ist vom Präsidenten der Republik eingesetzt. Ebenso könntest du Husni Mubarak selbst bitten, sich vom Terrorismus zu distanzieren. Das ist doch albern! Himmel, du hast doch dein Interview mit Suad Saleh. *Das* wird man drucken!« Ich wusste, dass er recht hatte, sagte aber dennoch:

»Ich hätte den Großmufti gern gefragt, was er von der Idee einer islamischen Renaissance hält, um den technologischen Vorsprung des Westens aufzuholen«, wissend, dass ein Teil von Amr Khaleds Erfolg darauf beruht.

»Das hat Mohammed Abduh schon vor hundert Jahren propagiert«, erklärt Mursi Saad El-Din in seiner angenehmen ruhigen Art. »Hast du von ihm gehört?«

Ich schüttele den Kopf.

»Mohammed Abduh – den Namen solltest du dir merken. Das war seinerzeit der wahrscheinlich bedeutendste Intellektuelle des modernen Afrika«, erläutert er. »Durch eine Rückkehr zum rationalen Islam des frühen Kalifats wollte er der westlichen Aggressivität entgegentreten. Er war einer der Vorgänger von Ali Goma'a und lehrte in der Al-Azhar-Moschee. Ich denke oft an ihn, wenn ich dort vorbeifahre.«

Am nächsten Morgen empfinde ich es fast als höhere Fügung, dass der Verkehr ausgerechnet auf der Höhe der

Al-Azhar-Moschee ins Stocken gerät. Mein Blick schweift zu dem beeindruckenden Gotteshaus im maghrebinischen Stil, das im Jahre 961 von schiitischen Fatamiden noch vor der offiziellen Stadtgründung Kairos erbaut wurde. Wenige Jahre später begann dort der Universitätsbetrieb – zunächst ausschließlich für Theologie und Rechtswissenschaft. Im 10. Jahrhundert betrieb dann ein gewisser Ali Nimer Ibn Ali Nu'man auch wegweisende anatomische Studien. Das alles wusste ich schon seit einiger Zeit. Von Mursi, wie ich den älteren Freund inzwischen nennen darf, weiß ich nun auch von der unerfüllt gebliebenen Vision Mohammed Abduhs.

Als Mohammed vor einem streng bewachten Eingang hält, fällt mir ein, was Walid am Vortag zu mir sagte: »Das Renommee einer Universität erkennst du in Kairo daran, welche Autos die Studenten davor parken. Zur Al Azhar kommen sie mit dem Bus.«

Tatsächlich verlassen junge Leute hier scharenweise das öffentliche Verkehrsmittel.

Der Campus unterscheidet sich kaum von denen anderer moderner Hochschulen. Studenten streben mit Aktenmappen oder Rucksäcken ihren Instituten entgegen, einige fläzen lesend oder diskutierend auf dem Rasen. Sogar auf den Flachdächern der weitläufig verteilten vierstöckigen Bauten sitzen junge Leute und lassen die Beine baumeln.

Wie verabredet, rufe ich Hasan al-Kindi an, damit er mich abholt und zu seinem Institut bringt. Das düstere Gebäude, in das ich ihm folge, erinnert mit seinen langen Fluren eher an eine Schule als an eine Universität. Durch eine der geöffneten Türen sehe ich lange Bankreihen gegenüber einem Pult und einer Tafel. Offenbar erfolgt Wissensvermittlung hier noch in Form von Frontalunterricht. Hasan al-Kindi klopft an eine Tür – neben einem Schild mit den deutschen Nationalfarben und der Aufschrift »Deutschabteilung«. Als wir eintreten, werde ich von einem fröhlichen Menschen begrüßt: Ich solle mich wie zu Hause fühlen, was ja nicht schwer sei, da man hier Deutsch spreche. Dann lacht er, und irgendwie erinnert mich sein Auftreten an das rheinischer Frohnaturen. »Ich habe ein kleines Geschenk für Sie«, fährt der Leiter der Deutschabteilung fort und drückt mir ein schmales Bändchen in die Hand. Auf dem Cover lese ich unter seinem Porträt den Namen Assem Attia Ali.

»Das ist ein Grammatiklehrbuch in gereimter Dichtung. Ich wollte den Studenten die Angst vor den schweren Regeln nehmen und alles ein bisschen mit Humor erklären«, sagt er. Schon beim ersten Satz des Vorworts muss ich schmunzeln: »Die deutsche Sprache ist eine sehr lebendige Sprache, die viele Möglichkeiten zum Ausdruck bietet, sogar metaphorisch.«

Bald haben sich rund um einen langen Tisch ausnahmslos männliche Studenten versammelt – nach wie vor nämlich werden die Studentinnen in einem anderen Gebäude unterrichtet. Mir wird klar, dass ich hier keine Alltagssituation, sondern eine Inszenierung erleben werde.

An der Längsseite haben Assem Attia Ali und Hasan al-Kindi Platz genommen, am Fenster hinter mir ein weiterer Professor des Instituts und auf einer Bank neben der Tür drei wissenschaftliche Assistenten. Von der ersten Minute an wirkt die Veranstaltung steif, auch wenn sich Assem Attia Ali bemüht, die Situation mit ein paar flapsigen Formulierungen aufzulockern. Als ich die Studenten bitte, mir die Gründe zu nennen, weshalb sie sich für die Fächerkombination Islamwissenschaft und Deutsch entschieden haben, bekomme ich immer dieselbe Antwort: Man wolle dem in

Deutschland verfälschten Bild des Islam und den verfälschenden Koranübersetzungen entgegentreten. Ich weise darauf hin, dass der Begriff »verfälscht« eine Absicht unterstellt, worauf ein Student versucht zurückzurudern: »Die Wörter im Deutschen haben viele Bedeutungen. Die Bedeutungen in den islamischen Büchern sind oft andere als in den deutschen Büchern ...« Hasan al-Kindi kommt ihm zu Hilfe: »Wir bekommen im Fatwa-Amt viele Anfragen aus Deutschland – von deutschen Muslimen, von türkischen, afrikanischen und indonesischen Muslimen, die in Deutschland leben und Deutsch sprechen. Der Informationsbedarf hinsichtlich des Islam ist in Deutschland sehr groß.«

»Warum haben die Menschen in Deutschland Ihrer Ansicht nach ein falsches Bild vom Islam?«, wende ich mich wieder an die Studenten.

Einer der Assistenten spricht von unterschiedlichen Rechtsschulen innerhalb des sunnitischen Islam, aber da es laut der zweiten Sure des Koran »keinen Zwang in der Religion« gebe, könne jeder Muslim den Islam nach seiner Art auslegen.

»Das beantwortet meine Frage nicht!«, beharre ich und stelle sie den Studenten erneut.

»In Deutschland haben viele Orientalisten ein verfälschtes Bild vom Islam vermittelt. Wir studieren hier, um den Koran richtig interpretieren zu können«, sagt einer.

Die Diskussion dreht sich im Kreis, und ich bin Hasan al-Kindi dankbar, dass er eine provokante These in den Raum stellt: »Dass es Vorurteile in Deutschland gibt, liegt oftmals an den Muslimen selbst. Und zwar nicht zuletzt an den Muslimen in den arabischen Ländern. Die arabischen Politiker sind mit daran schuld, dass die muslimische Welt nicht mehr wie zu Beginn des Islam, als er Wissen und den Frieden verbreitete, eine führende Rolle innehat. Sie haben dazu beigetragen, dass die arabischen Länder heute in Rückständigkeit leben und berechtigten Angriffen ausgesetzt sind.«

Wieder ergreift Assem Attia Ali das Wort und degradiert seine Studenten damit endgültig zu Komparsen: »Immer wieder höre und lese ich in deutschen Medien bei dem Begriff *dschihād*, Krieg, Krieg, Krieg! Das ist falsch! *Dschihād* heißt ›sich kümmern‹, heißt böse Gedanken überwinden. *Dschihād* heißt, sich beim Studium anzustrengen. Manche behaupten, der Prophet Mohammed habe über einen ›heiligen Krieg‹ gesprochen. Das ist nicht wahr, das hat er nie gemacht!«

»Wenn man über einen kulturspezifischen Begriff sprechen möchte, muss man ihn zunächst definieren. Und das tut man in der Regel im linguistischen Sinne«, doziert nun wieder Hasan al-Kindi. »In der arabischen Sprache ist der Begriff eindeutig. Auch im religiösen Sinne bedeutet *al-dschihād u fi sabīl illāh* das Bemühen, Allahs Wohlgefallen zu erlangen. Aber nicht durch den Krieg. Das drückt bereits das Wort Islam aus, denn Islam bedeutet Friede.«

»Islam bedeutet ›Unterwerfung‹«, rufe ich dazwischen.

Ruhig erwidert Hasan al-Kindi: »Der Begriff Islam ist abgeleitet von der Sprachwurzel *salam,* und das bedeutet Friede, indem man sich dem Willen Allahs unterwirft. Und dieses Friedensbild wollen die Studenten verbreiten, weshalb sie den Islam in deutscher Sprache studieren.«

»Das würde ich nur gern von ihnen selbst hören«, erkläre ich und wende mich wieder an die jungen Leute: »Aiman az-Zawāhirīs Organisation *harakat al-dschihād al-islāmī* ist nicht gerade wegen ihrer pazifistischen Haltung bekannt geworden ...«

Ich blicke auf eine Gruppe schweigender Studenten. Manche sehen mich ratlos an, andere blicken verlegen auf ihre Hände und einige hilflos zu ihren Dozenten. Abermals ist es

Hasan al-Kindi, der sich zu Wort meldet: »Die Terroristen spielen eine fatale Rolle, weil sie den Islam unter Berufung auf den Dschihad in ein falsches Licht rücken. Der einzige kriegerische Dschihad, den wir in unserer Religion kennen, ist der Verteidigungskrieg.«

»Darf ich dazu eine Frage stellen?«, bitte ich und blicke rundum in erwartungsvolle Gesichter. »Meine Frage gilt diesen jungen Leuten hier, und wenn keiner sie beantwortet, dann würde ich sie auch gern unbeantwortet lassen. Wenn auf eine Frage keine Antwort erfolgt, ist das schließlich auch ein Rechercheergebnis.«

Ist das übergriffig von mir? Andererseits bin ich nicht zu einem Treffen mit Studenten der Al Azhar gekommen, um meine Fragen von Dozenten beantworten zu lassen.

»Nach Ansicht der palästinensischen Hamas leben die Israelis illegal in ihrem Land«, beginne ich vorsichtig. »Befinden sie sich nach dieser Logik nicht in einem Verteidigungskrieg?« Der Professor hinter mir versucht etwas einzuwenden, aber ich mache mit einer energischen Geste deutlich, dass ich mich nicht unterbrechen lasse. »Rechtfertigt ein solcher ›Verteidigungskrieg‹ … wir haben eben gehört, dies sei der einzige im Islam erlaubte kriegerische Dschihad … Rechtfertigt er also Ihrer Ansicht nach die Gewaltanwendung gegenüber den israelischen Besatzern?«

Schlagartig herrscht im Raum absolute Stille. Mein Blick fällt auf Assem Attia Ali, und ich bemerke, dass seine fröhlichen Züge einer versteinerten Miene gewichen sind. Sein Blick wandert von einem Studenten zum anderen. Ich glaube, seine Gedanken erraten zu können: Er hofft, dass tatsächlich keiner der jungen Männer sich zu meiner provokanten Frage äußert. Immerhin untersteht seine Universität der ägyptischen Regierung, die mit Israel einen Friedensvertrag geschlossen hat. Assem Attia Alis Hoffnung wird durch einen jungen Mann am oberen Ende der Tafel zunichtegemacht.

»Sie haben keine andere Wahl, um ihre Heimat zu verteidigen«, sagt er.

Unruhe verbreitet sich unter den Dozenten und Assistenten. Aber ich lasse nicht locker: »Also ist die Hamas Ihrer Ansicht nach mit ihren militärischen Aktionen gegen Israel im Recht?«

Der Student ringt nach den richtigen Worten: »Allah hat uns den Koran geschenkt, aber die Juden haben ihn nicht anerkannt. Deshalb, so hat der Prophet gesagt, sind die Juden unsere Feinde. Daher müssen wir sie töten. Das gilt nicht für alle Menschen, sondern nur ...«

»Man sollte unterscheiden zwischen einem Juden und einem Zionisten«, höre ich Hasan al-Kindi neben mir sagen.

»Zionisten gab es zu Mohammeds Zeiten nicht«, entgegne ich und fordere den Studenten mit einer Geste auf fortzufahren. Das aber lässt nun der Leiter der Deutschabteilung nicht zu:

»Der Student macht einen Fehler, wenn er eine konkrete historische Situation ...«

»Wir sollten ihn nicht daran hindern, hier seine Meinung zu äußern, selbst wenn sie Ihrer Ansicht nach ...«, falle ich ihm ins Wort und werde nun meinerseits von dem Professor hinter mir harsch unterbrochen: »Wir sind hier nicht zusammengekommen, um über Politik zu sprechen.«

»Sie sind also nicht damit einverstanden, dass Studenten sich zu politischen Fragen äußern? Dann darf ich das so festhalten?«

»Aber was mache ich, wenn ich leben will, und meine Familie wird getötet? Da muss ich kämpfen!«, gibt nun der Professor ein politisches Statement ab. Dadurch fühlt sich ein weiterer Student ermutigt, in holprigem Deutsch zu erklären: »Die Hamas verteidigt ihre Heimat. Und das führt zu den religiösen Gründen zurück. Die Präsidenten machen jeden Tag einen Vertrag, aber am Schluss ist es zu Ende …«

»In jeder Religion gibt es einige Radikale. Wir fragen uns immer, warum wird nur der Islam mit den bösen Taten auf der Welt in Verbindung gebracht?«, ruft der Professor von hinten in den Raum.

Die Situation droht zu kippen. Erregt diskutieren die Assistenten auf der Bank neben der Tür. Einer von ihnen läuft aus dem Raum. Assem Attia Ali sieht verzweifelt auf seine Armbanduhr, und Hasan al-Kindi fragt: »Gibt es denn noch Fragen zum Studium hier an der Al Azhar?«

Ich nutze die Chance zur Deeskalation und sage: »Ja! Ich wüsste gern, in welchen Bereichen Sie später einmal arbeiten wollen.«

Diesmal bekomme ich von den Studenten zwei verschiedene Antworten zu hören. Während zwei von ihnen gern als literarische Übersetzer arbeiten würden, streben die anderen eine Tätigkeit im Bereich des Tourismus an. Ich frage mich, wie sie dabei den angeblichen Verfälschungen des Islam entgegentreten wollen.

»Kann man mit der Qualifikation Ihrer Fakultät auch als *sheikh* in einer Moschee arbeiten?«, frage ich.

»Wir haben ja gleich noch ein Gespräch mit dem Dekan. Der wird dazu mehr sagen können«, bemerkt Hasan al-Kindi, was angesichts der fortgeschrittenen Zeit als Schlusswort zu verstehen ist.

Im Büro des Dekans teilt mir sein Stellvertreter emotionslos mit, dass sein Vorgesetzter überraschend einen anderen Termin wahrnehmen musste und für ein Gespräch nicht zur Verfügung stehe. Ich sehe mich in dem geräumigen, elegant eingerichteten Büro um und bitte, ein Foto machen zu dürfen.

»Das kann ich Ihnen leider nicht erlauben«, erklärt er mit beherrschter Miene. Ich mustere den bärtigen Herrn im dunklen Anzug und wende mich an Hasan al-Kindi, der in seinem zweifarbigen Lederoverall mit gerüschten Manschetten völlig deplatziert wirkt: »Na schön, dann sehe ich mir jetzt mal den Unterricht an.«

»Ein Unterrichtsbesuch ist nicht möglich«, stellt der stellvertretende Dekan klar.

»Aber war das denn nicht vorgesehen?«, frage ich und blicke irritiert von einem zum anderen.

»Das ist mir nicht bekannt!«

Während ich neben Hasan al-Kindi das geräumige Büro verlasse, habe ich das Bild des Assistenten vor Augen, der eben vor dem Ende der Veranstaltung den Raum verließ.

»Hängt das alles etwa mit meiner Frage nach der Hamas zusammen?«, frage ich.

»Nein, das glaube ich nicht. Ich bin sicher, der Dekan musste wirklich zu einem unvorhergesehenen Termin und hat vergessen, seinen Stellvertreter zu informieren«, bekomme ich von Hasan al-Kindi zur Antwort.

Stumm gehen wir nebeneinanderher, bis zu einem Unterrichtsraum, in dem die Studenten bereits Platz genommen haben.

»Jemand muss Sie zum Ausgang begleiten«, erklärt Hasan al-Kindi, bittet einen seiner Studenten um diesen Gefallen und verabschiedet sich freundlich von mir.

Amr Khaled – der islamische Popstar

Heba wirkt aufgeregt wie ein Teenie, der seinem Popidol gleich backstage die Hand drücken darf. Sie sitzt bereits neben Hoda in Mohammeds Wagen, als ich am Midan Talaat Harb zusteige. »Ich bin dir sehr dankbar, dass du mich zu Amr Khaled bringst!«, sagt sie. Dabei war *sie* es, die diverse Kontakte dafür nutzte, *mir* diese Begegnung zu ermöglichen.

Das Treffen mit dem muslimischen Fernsehstar ist in zwei Stunden. Wir haben eine Strecke vor uns, für die man eigentlich kaum mehr als eine halbe Stunde brauchen würde. Das aber ist zwischen Kairos Stadtmitte und der 6.-Oktober-Stadt bestenfalls nachts oder am frühen Freitagvormittag zu schaffen. Seitdem immer mehr Kairener ihre Wohnungen in den lauten, stickigen Innenstadtbezirken zugunsten von Stadtvillen oder Reihenhäuschen vor den Toren der Stadt aufgeben, ist die Wüstenstraße fast immer chronisch verstopft. Denn nach wie vor haben die meisten Bewohner der 6.-Oktober-Stadt ihre Arbeitsstellen dort, wo sie schon immer waren – in Wust al-Balad, Dokki, Mohandessin oder Zamalek. Und da ich nicht riskieren möchte, bei einem Interviewpartner zu spät zu erscheinen, den das *TIME Magazine* zu den hundert einflussreichsten Menschen der Welt – auf Platz 62 zwischen

Garry Kasparow und Al Gore – zählt, habe ich auf frühe Abfahrt gedrängt. Zumal man mir im sicher dichtgedrängten Zeitplan des viel beschäftigten Mannes exakt 60 Minuten zur Verfügung stellt.

Bereits auf dem Weg zur 26.-Juli-Brücke versucht mir Heba die epochale Bedeutung von Amr Khaled zu erläutern. Als hätte sie mir nicht in den vergangenen beiden Wochen fast täglich seine Stellungnahmen zu nahezu allen aktuellen und weniger aktuellen Fragen zugemailt – Amr Khaled zur Rolle der Frau, Amr Khaled zur Integration von Muslimen in den westlichen Gesellschaften, Amr Khaled zum Streit um die Mohammed-Karikaturen. Natürlich habe ich mir Amr Khaled auch im Internet angesehen. Mein PC war umringt von jungen Leuten, als ich in einem Internetcafé in der Shari' Talaat Harb seine Videoclips anklickte. Gemeinsam verfolgten wir, wie Amr Khaled mal leise und eindringlich, mal agitatorisch und mit großen Gesten einem Livepublikum seine Ansichten nahebringt. Ich muss gestehen, dass mir der islamische Popstar, der mich ein wenig an den jungen Billy Graham erinnert, nicht sonderlich sympathisch war. Die mich umgebenden jungen Leute hingegen quittierten Amr Khaleds Ausführungen mit zustimmenden Kommentaren, gelegentlich sogar mit Applaus.

Heba erklärt mir, dass Amr Khaled eine »islamische Renaissance« auf den Weg bringen könnte.

»Welche Renaissance? Dieser Begriff leitet sich vom italienischen *rinascimento* ab, was Wiedergeburt bedeutet«, beginne *ich* diesmal zu dozieren. »Die europäische Renaissance hatte eine Wiedergeburt der Antike im Sinn.«

»Und die islamische Renaissance die Wiedergeburt der Wissenschaften und der Kultur. Da ist nämlich ziemlich viel verloren gegangen in den vergangenen 800 Jahren.« Heba spricht seit jeher aus, was von vielen aus orientalischer *political correctness* nur hinter vorgehaltener Hand gesagt wird. Selbst westlich geprägte Intellektuelle hören hierzulande nicht gern, dass in den letzten Jahrhunderten keine einzige der großen Erfindungen – vom Dampfkessel bis zum Plasmabildschirm – in einem islamisch geprägten Land entwickelt wurde.

Während wir im zähflüssigen Verkehr den Nil überqueren, führt Heba die einstige arabische Blütezeit darauf zurück, dass der Prophet Mohammed den Wissenserwerb zu einer islamischen Pflicht erklärte. Wo immer Muslime damals hingekommen seien, hätten sie Wissen und Kultur weiterentwickelt. Vermögende Muslime jener Epoche hätten Juden und Christen mit der Übersetzung griechischer Literatur beauftragt, da sie Fremdsprachen beherrschten.

»Für jedes übersetzte Buch erhielt der Übersetzer sein eigenes Gewicht in Goldunzen als Lohn«, weiß Heba zu berichten.

Der Verkehr stockt vollends. »Wenn wir früher nach Alexandria in unser Haus fuhren«, erinnert sich Hoda, »haben wir von Haustür zu Haustür exakt zwei Stunden gebraucht. Heute ist man oft nach neun Stunden noch nicht dort.«

Links unter der Hochstraße sind die illegal entstandenen, unverputzten und nicht selten etwas windschiefen Häuser von Boulak al-Dakrour zu sehen. Irgendwo da unten habe ich kürzlich die Tänzerinnen Malak und Sarah bei einer Straßenhochzeit erlebt. Noch einmal sehe ich die anmutigen Bewegungen der beiden jungen Frauen in den raffinierten Kostümen vor mir, aber Heba führt mich gedanklich wieder in frühere Jahrhunderte zurück:

»Die Araber begriffen, dass Experimente besser sind als Bücher. In dieser Zeit, im Jahr 957, wurde die Al-Azhar-Universität gegründet. Damals blühte die Rechtswissenschaft auf. Es war ein Fortschritt für die Menschheit, dass nun so etwas wie Rechtssicherheit auf einer gesetzlichen Grundlage existierte. Gelehrte der Al Azhar und andere islamische Denker sahen ihre Aufgabe darin, die Menschen aufzuklären, sie zu lehren, ihren Verstand zu benutzen ...«

»Aber immer auf der ideologischen Grundlage der vier islamischen Rechtsschulen«, werfe ich ein.

»Oh nein!«, widerspricht Heba. »Damals, also ich spreche vom frühen 10. Jahrhundert, gab es ungefähr 90 verschiedene Rechtsschulen. Breite intellektuelle Debatten wurden darüber geführt, was wohl für dieses oder jenes Problem die islamische Lösung wäre. Das war die Blütezeit unserer Aufklärung!«

Das 10. Jahrhundert! Da standen die Weltwunder dort drüben bereits dreieinhalbtausend Jahre. Hinter einem Schleier von Dunst und Abgasen zeichnen sich am Horizont majestätisch die gewaltigen Pyramiden ab.

»Die Generation von Gelehrten, die danach kam, strengte sich nicht mehr an. Es gab ja offenbar schon für alles eine Lösung, also haben sie einfach von ihren Vorfahren abgeschrieben«, fährt Heba fort. »Du kannst dir vorstellen, was für eine Mentalität sich unter solchen Umständen entwickelt hat. Es herrschte fortan quasi Stillstand, Stagnation.«

Soll ich Heba sagen, dass ich ihre Ausführungen zwar hochinteressant finde, Amr Khaled aber ganz sicher nicht nach seinen Vorstellungen von einer islamischen Aufklärung in der arabischen Welt fragen werde? Das wäre eine Frage an den Großmufti gewesen. Von Amr Khaled möchte ich wissen, wie er die von ihm propagierte »positive Integration« von Muslimen in meiner Welt voranbringen will. Wie gedenkt er seinen Einfluss zu nutzen, um in europäischen Großstädten Spannungen zwischen der nichtmuslimischen Bevölkerungsmehrheit und muslimischen Jugendlichen abzubauen?

Kilometerweit durchqueren wir sattgrüne Dattelhaine, doch schließlich kündigt ein Hinweisschild den Beginn der »Alexandria-Wüstenstraße« an. Schon bald wird die Aussicht auf die Wüstenlandschaft von einem ganzen Schilderwald verstellt. Neben Werbetafeln für Netzanbieter und Softdrinks wird vor allem auf die im Bau befindlichen Villensiedlungen hingewiesen: »Palm Hill« heißt eine, die auf einer kleinen Anhöhe entsteht und wunderbare Aussicht verspricht. Oder »Royal City«, für die bereits ein Stadttor mit dorischen Säulen errichtet wurde, das vorerst noch verloren in der Landschaft herumsteht. Obgleich die meisten dieser luxuriösen Wohnviertel noch gar nicht bezugsfertig sind, hat hier draußen bereits ein Supermarkt mit amerikanischen Ausmaßen eröffnet.

»Die Häuser dort drüben werden ausschließlich für Polizeioffiziere und ihre Familien errichtet«, erklärt Hoda und zeigt auf eine Reihenhaussiedlung mit hellen Fassaden. Ein Stück weiter steht der Rohbau eines gewaltigen Gebäudekomplexes. »Das wird die neue Nil-Universität«, sagt Heba, »die dritte Uni hier draußen neben der 6.-Oktober-Universität und der Misr-Universität«.

»Warum wurde nach dem 10. Jahrhundert die Stagnation in den Wissenschaften denn nicht überwunden?«, will ich von Heba wissen.

»Weil die Generation, die dann kam, zu faul war, den eigenen Verstand zu nutzen. Man verherrlichte nur noch fanatisch die Meinung der Vorfahren und merkte gar nicht, dass die Rechtswissenschaft mit dem Zeitgeist nicht Schritt halten konnte. Wir nennen diese Zeit heute die ›Epoche der Schließung der Tore einer eigenständigen Rechtswissenschaft‹. Und diese Entwicklung hatte natürlich negative Folgen für alle anderen Wissenschaften.«

Heba, die Tochter eines Chemieprofessors, hat in knappen Worten eine historische Misere der arabischen Gesellschaften umrissen, die bis in die heutige Wissenschaft und Ökonomie fortwirkt. Demnach wäre der Islam sowohl für die einstige Blüte als auch für den Niedergang verantwortlich. Und nun soll Amr Khaled der Mann sein, der den Schalter umlegt?

Mohammed biegt auf den vierspurigen Boulevard ein, der die 6.-Oktober-Stadt durchschneidet. Ich sehe hinaus auf den reichen Baumbestand auf dem Mittelstreifen, die sauberen Bürgersteige und die gepflegten Limousinen vor den Häusern.

»Wenn die große weiße Moschee nicht wäre, könnte das hier auch eine Wüstenstadt in Arizona, Nevada oder Kalifornien sein«, stelle ich fest.

»Das Viertel hinter uns heißt ja auch Beverly Hills«, sagt Hoda.

Nicht nur durch diese Namenswahl wird deutlich, dass sich die neuen Wüstenbewohner von ihren Mitbürgern in den islamischen Vierteln bewusst abzugrenzen versuchen.

Wahrscheinlich gibt es nur wenige Orte auf der Welt, an denen es so große kulturelle Unterschiede gibt wie in Kairo – zwischen den Basaris und Handwerkern in Gamaliyya oder Darb al-Ahmar, den Menschen in der Totenstadt und diesem gänzlich unorientalisch wirkenden Wohngebiet mitten in der Wüste.

Ist es wohl von Bedeutung, dass Amr Khaled sein Domizil ausgerechnet hier aufgeschlagen hat? Tatsächlich wurde er in westlichen Medien oft als »Prophet der Upperclass« bezeichnet.

Steht das nicht im Widerspruch zur Begeisterung, die ich bei den einfachen Jugendlichen im Internetcafé in Wust al-

Balad erlebte? Jedenfalls sieht es hier draußen nicht gerade nach einer bevorstehenden islamischen Renaissance der Wissenschaften aus. Eher schon nach einer unkritischen Verneigung vor dem »*American way of Life*«

»Da drüben ist übrigens das Krankenhaus Dar Fuad …«, erklärt Hoda. »Man ist dort auf Herzoperationen spezialisiert. Die Klinik ist assoziiert mit einer in Cleveland / Ohio.«

Wir stehen irgendwo in einer Nebenstraße der 6.-Oktober-Stadt. Vor zehn Minuten hat Heba vergeblich versucht, ihren Kontaktmann anzurufen. Aber diesmal klappt es: Er bittet uns, auf seinen Rückruf zu warten. Es ist exakt 12 Uhr – die verabredete Uhrzeit für mein Treffen mit Amr Khaled. Vier Minuten später klingelt Hebas Mobiltelefon. Eine genaue Adresse wird nicht genannt, wir werden zu einem gelben Haus beordert, vor dem ein blauer japanischer Wagen steht. Mohammed macht sich auf die Suche. Nahezu jedes zweite Haus hier draußen ist gelb, aber nirgendwo steht ein blaues japanisches Auto. Die Situation erinnert mich langsam an einen Agententhriller.

»Das hier ist sicher die richtige Straße«, sagt Heba.

Ich frage nicht, woher sie die Gewissheit nimmt, da die Straßen alle gleich aussehen.

»Warum hast du denn nicht um die Hausnummer gebeten?«

»Hast du in Kairo schon mal durchnummerierte Straßen gesehen?«, sagt Hoda lachend.

»Ja! Hier zum Beispiel.« Tatsächlich nämlich steht an jedem Eingang eine Hausnummer.

Vor einem viergeschossigen gelben Neubau entdeckt Mohammed plötzlich das blaue Auto. Vom Minarett der großen weißen Moschee weht der Ruf des Muezzins herüber, als Heba abermals die Nummer ihres Kontaktmannes wählt. Keine Antwort! Die Sache erscheint mir immer mysteriöser.

»Er ist wahrscheinlich beim Mittagsgebet«, vermutet Hoda.

Was also sollen wir tun? Sicher möchten auch Mohammed, Heba und Hoda jetzt beten. Aber wo?

Ein älterer Herr kommt aus dem Haus, vor dem das blaue Auto steht.

»Verzeihen Sie, wir suchen das Büro von Amr Khaled«, rufe ich auf Englisch. Der Mann kommt heran, mustert zuerst mich und dann Heba. Mein Outfit mit T-Shirt und Baseballcap passt wahrscheinlich besser in die Gegend als ihre vorschriftsmäßige islamische Garderobe. Oder es ist gerade diese Mischung, die den Mann veranlasst, uns zu erklären: »Oben, zweite Etage links!«

Der Weg zum prominentesten *sheikh* des sunnitischen Islam, der seine Botschaften über nicht weniger als sechs arabische Fernsehsender bei einem Millionenpublikum verbreitet, führt über eine schmale Treppe in einem vierstöckigen Wohnhaus. Es dauert eine Weile, bis nach meinem Klingeln jemand hinter der schmucklosen Wohnungstür zu hören ist. Eine junge Frau mit *hijab* öffnet uns und bittet, in einem Vorraum Platz zu nehmen. Meine beiden Begleiterinnen fragen, wo sie hier beten können. Ob wohl auch Mohammed einen Platz zum Beten gefunden hat?

Plötzlich bin ich allein. Ich sehe mich um. Der in freundlichem Beige gestrichene Raum und die von Sitzmöbeln aus hellem Leder dominierte Einrichtung erinnern an das Wartezimmer einer Privatklinik. Und auch die Sporttrophäen in einer Glasvitrine lassen nicht gerade an das Domizil eines islamischen *sheikhs* denken.

Ich erkenne Amr Khaled sofort, als er den Raum betritt,

obwohl er anders als in den Videoclips geradezu leger gekleidet ist: gestreiftes kurzärmeliges Hemd und darüber eine dunkelblaue Designer-Seglerweste. Eine Seglerweste in der Wüste, geht es mir durch den Kopf, und so fällt es mir nicht schwer, sein Lächeln zu erwidern, während er mir die Hand reicht. Ich betrachte sein Gesicht mit dem gestutzten Schnurrbart über den schmalen Lippen. Nicht einmal der Ansatz einer Gebetsbeule ist auf seiner Stirn zu erkennen. Wenn der Verleger Maged Farag recht hat mit dem, was er unlängst beim Freitagsstammtisch im Café Riche sagte, so versteht es dieser Mann, sein religiöses Anliegen geschickt mit dem Streben nach Profit zu verbinden. Dafür spricht auch das goldene Chronometer am rechten Handgelenk.

»Was möchten Sie wissen?«, ruft Amr Khaled fröhlich, als ich ihm zwischen Hoda und Heba an einem aufgeräumten Schreibtisch aus tiefrotem Tropenholz gegenübersitze.

»Was Ihnen der Erfolg bedeutet. Das würde ich zunächst gerne wissen!«, antworte ich.

Amr Khaled reißt überrascht die Augen auf. »Der Erfolg?«

»Nun, Sie haben ein Millionenpublikum vor den Fernsehgeräten, mit Ihren Vorträgen füllen Sie Stadien, das *TIME Magazine* zählt Sie zu den hundert einflussreichsten Männern ...«

»Erfolg ist, wenn ein Mensch in der Lage ist, das Ziel seiner Botschaft auch zu erreichen«, fällt er Hoda beim Dolmetschen lächelnd ins Wort. »Insofern bin ich noch nicht erfolgreich, da meine Botschaft langfristig zu verwirklichen ist und noch ein weiter Weg vor uns liegt.«

Amr Khaled gibt sich als angenehm smarter Gesprächspartner, nichts erinnert an den TV-Agitator aus den Clips im Internet. Seiner flüssigen Antwort in wohlgesetzten Formulierungen ist anzumerken, dass er diese Frage nicht zum ersten Mal beantwortet. Ich habe vor, zunächst noch weitere Standardfragen zu stellen.

»Wie lautet Ihre Botschaft?«

Amr Khaled lehnt sich zurück, verschränkt die Arme vor der Brust, und mich fixierend, referiert er sachlich: »Meine Botschaft ist klipp und klar: In den arabischen Ländern muss eine Renaissance herbeigeführt werden, die vor allem auf der Initiative junger Leute und der Frauen beruht. Meiner Ansicht nach verdienen die Menschen im Mittleren Osten die Lage nicht, in der sie sich befinden.«

»Welche Lage ist das denn?«

»In der arabischen Welt gibt es kaum jemanden, der Frauen mit Respekt behandelt oder junge Leute ihrer Mentalität gemäß anspricht.«

»Und darin liegt Ihre Popularität begründet?«

Amr Khaled lächelt, und ich frage mich, ob die Verlegenheit, die ich zu erkennen glaube, inszeniert oder authentisch ist. Dem Medienprofi kommt die Antwort auch diesmal druckreif über die Lippen:

»Ich nutze moderne Kommunikationsmittel, wie sie junge Leute benutzen. Das ist neu, wie auch der Umstand, dass bisher niemand den Jugendlichen Hoffnung gab. Deswegen hören sie mir zu.«

»*How would you describe your part?*«, wechsle ich ins Englische. Amr Khaled hat eine Weile in England gelebt und spricht die Sprache sehr gut. Wird es mir gelingen, so einen persönlicheren Kontakt herzustellen? Vor allem möchte ich ihn gern dazu bringen, seine vorformuliert wirkenden Antworten durch die Übersetzung überdenken zu müssen. Doch Amr Khaled antwortet mir weiterhin wie selbstverständlich auf Arabisch:

»Am Anfang ging es mir darum, die Idee des Glaubens und der Liebe zur Religion zu vermitteln. Inzwischen habe ich in Bezug auf den wahren Islam und die Rolle, die ich dabei übernehmen soll, erkannt, dass ich zur Entwicklung der arabischen Welt beitragen muss: wirtschaftlich, in der Gesundheitspolitik … vor allem aber auf dem Gebiet der Bildung.«

»Da gebe ich Ihnen recht«, sage ich. »Wozu aber ist dabei die Religion nötig?«

»Die Entwicklung, von der ich sprach, muss sich auf den Glauben stützen, kann aber nur durch die Koexistenz mit anderen Kulturen und nichtmuslimischen Gesellschaften verwirklicht werden. Wir brauchen dazu Partnerschaften.«

Es sind nach wie vor geschickt gesetzte Textbausteine, mit denen Amr Khaled antwortet, immer lächelnd und mich nicht aus den Augen lassend.

Natürlich könnte ich ihn fragen, wie diese Entwicklung in Gang gesetzt werden soll. Aber die Antwort darauf kann ich längst selbst geben. Schließlich sind auf Amr Khaleds Website seine Initiativen genannt, etwa die Umfrage unter Jugendlichen der arabischen Länder zu ihren wichtigsten Wünschen und Träumen für die nächsten 20 Jahre. Anderthalb Millionen nahmen an der Umfrage teil. Ich habe über konkrete Projekte gelesen, die schon bald in mehreren arabischen Ländern gestartet werden sollen, um jungen Leuten aus armen Familien Chancen auf dem Arbeitsmarkt zu bieten. Eines dieser Projekte heißt »Gemeinsam gestalten wir das Leben«. Dabei werden Jugendliche aufgerufen, selbst anzupacken, statt darauf zu warten, dass die Regierungen Missstände beseitigen. Schon jetzt reparieren Jugendliche in Kairo Schlaglöcher in ihren Straßen, in Damaskus sammeln sie Kleider für arme Leute. Amr Khaleds Botschaft wurde längst auch in Europa vernommen. In München beispielsweise erteilen muslimische Studenten gratis Computer- und Sprachkurse für jedermann.

»Warum mussten Sie im Jahre 2002 dieses Land verlassen?«, wechsle ich abrupt das Thema und bemerke in seiner Miene erstmals Verunsicherung.

»Wir sitzen uns heute in Ägypten gegenüber, oder nicht?«, fragt er und beginnt schallend zu lachen.

»Vor einiger Zeit hätten wir uns im Libanon gegenübergesessen oder in London«, sage ich sachlich.

»Stimmt! Ich denke, damals hat es einigen Herren nicht gefallen, dass ich jungen Leuten sagte, dass man mit dem Glauben Fortschritt erreichen kann. Vielleicht hat es ihnen auch nicht gefallen, als ich darauf hinwies, dass eine proaktive arabische Jugend ein großer Schritt in Richtung Demokratie wäre.«

Wieder lacht Amr Khaled, und diesmal muss auch ich lachen. Die Schlichtheit, mit der er seine erzwungene Emigration vor einigen Jahren beschreibt, amüsiert mich.

»Inzwischen fördere ich die Zivilgesellschaft durch praktische Beispiele«, versucht Amr Khaled seine Projekte ins Spiel zu bringen.

»Ich weiß!«, unterbreche ich ihn, weil ich nicht will, dass das erste Pflänzchen eines privaten Dialogs abermals dem Feld einer standarisierten Interviewsituation geopfert wird. So wichtig ihm seine Initiativen für die arabischen Länder auch sein mögen, mich interessiert viel mehr, was er zum Zusammenleben von Muslimen und Nichtmuslimen in meinem Teil der Welt zu sagen hat. Auch das Thema des islamistischen Terrors würde ich gern aus seinem Mund kommentiert wissen.

»Warum werden Sie von der Regierung in London so geliebt?«, frage ich angesichts des Umstandes, dass Amr Khaled einst inoffiziell vom britischen Außenministerium eingeladen wurde, in Wembley zu muslimischen Jugendlichen zu sprechen.

»Fragen Sie sie!«, sagt er und bricht abermals in schallendes Lachen aus.

»Ich kann's Ihnen sagen!«

»Sagen Sie es mir!«

»Ich möchte es Ihnen an einem Beispiel aus meinem Land erläutern: An einer Berliner Schule hat ein türkischer Junge eine Lehrerin bespuckt, weil sie eine ärmellose Bluse trug.«

Die vor Entsetzen verzerrten Züge meines Gesprächspartners beobachtend, setze ich meine Ausführungen fort: »Der Schulleiter hat daraufhin den Vater des Schülers einbestellt, aber der meinte nur, die Lehrerin solle sich anständig kleiden, dann würde sie auch nicht bespuckt.«

Amr Khaled und ich sehen uns eine Weile wortlos in die Augen, ehe er bemerkt:

»Das ist ja schrecklich! Aber was hat das mit der britischen Regierung zu tun?«

»Die britische Regierung lädt Sie ein, weil sie mit pakistanischen Jugendlichen ähnliche Probleme hat wie wir mit vielen türkischen ...«

Augenblicklich verwandelt sich Amr Khaled vom smarten Formulierer zum ernsthaft überlegenden Gesprächspartner:

»Diese jungen Leute haben nicht die Fähigkeit, die Welt aus verschiedenen Perspektiven zu betrachten. Das wird nämlich an unseren Schulen nicht vermittelt, und darin sehe ich eine Gefahr. Ich kann nur von der arabischen Jugend sprechen, bei denen sind viele sehr einseitig in ihrem Denken geworden.«

»Inwiefern?«

Amr Khaled betrachtet mich nachdenklich, ehe er unmissverständlich erklärt: »Wenn man einem Jugendlichen erklärt, dass ein bestimmtes Thema dem Islam widerspricht, er aber in der Schule nicht gelernt hat, ein Thema aus verschiedenen Perspektiven zu betrachten, kann das dazu führen, dass dieser Jugendliche Extremist wird.«

Ich beobachte Heba, die während der Übersetzung zustimmend nickt. Sie kann sicher besonders gut erfassen, was Amr Khaled meint. Die ehemalige Schülerin der DEO hat nie das ägyptische Schulwesen genossen, ist aber im Alltag ständig mit seinen Auswirkungen konfrontiert. Es beginnt damit, dass Frauen in nahezu allen Moscheen in enge separate Gebetsräume abgedrängt werden, und geht bis zu dem offensichtlichen Unfug, den viele ungebildete Imame über den Islam verbreiten. Beispielsweise wenn sie, entgegen einer Fatwa des Großmuftis, die Mädchenbeschneidung zur islamischen Pflicht erklären. Schon vor einiger Zeit hat Heba eine Diskussionsrunde ins Leben gerufen, zu der sich Muslime und Nichtmuslime beiderlei Geschlechts allwöchentlich in einem schmucklosen Klassenraum in Abouza treffen. Das Seminar wird in deutscher Sprache abgehalten, weshalb auch Mitarbeiter deutscher Institutionen dort zu finden sind, die gern mehr über den Koran erfahren wollen. Und einstige Schüler und Schülerinnen der deutschen Schulen in Kairo, die über westliche Anschauungen und Lebensformen diskutieren möchten. Als ich unlängst an einem solchen Treffen teilnahm, kam es gar zu einem Meinungsstreit über sexuelle Fragen – ein Thema, das von mir provoziert, von Heba aber nicht unterbunden worden war.

»Meine Übersetzerin Heba und ich können respektvoll miteinander umgehen«, erkläre ich, »weil wir uns bei allen Unterschieden in Fragen zu Religion und politischen Grundsatzpositionen auf die Suche nach den Schnittmengen gemacht haben.«

»Diesen Begriff hast du von mir übernommen!«, ruft Amr Khaled und zeigt dabei auf Heba, die ihm lachend zustimmt. Dann wendet er sich wieder mir zu:

»Auch ich gehe davon aus, dass es Schnittmengen gibt – egal, ob mit dem Westen oder der britischen Regierung oder der islamischen Welt; das ist mein Kreis, und das ist dein Kreis, sie überschneiden sich, und innerhalb der Schnittmenge werden wir kooperieren zum Wohle aller. Wenn ich mit jemandem kooperiere, heißt das nicht, dass ich in allen Punkten mit ihm einverstanden bin. Aber ich reiche meine Hand innerhalb dieser Schnittmenge, um unsere Jugend und die Welt zu schützen.«

Wieder so ein schöner theoretischer Satz, den ich mir noch einmal durch den Kopf gehen lasse. »Ich reiche meine Hand innerhalb dieser Schnittmenge, um unsere Jugend und die Welt zu schützen.« Sosehr mir diese ergebnisorientierte Botschaft gefällt, so wenig habe ich vor, die problematische Realität im Umgang miteinander aus dem Auge zu verlieren.

»Es gibt sicher in vielen gesellschaftlichen Bereichen thematische Schnittmengen«, beginne ich mit einer positiven Aussage. »Aber die Mehrheit junger Leute in meiner Gesellschaft lehnt beispielsweise religiöse Werte als Bevormundung ab ...«

»Deshalb spreche ich von Koexistenz. Weil ich um diese Unterschiede weiß«, erklärt Amr Khaled. »Deshalb habe ich die Sendereihe *Zur friedlichen Koexistenz* gedreht, die aus 30 Episoden bestand, weil es eben Probleme gibt. In der islamischen Welt haben wir das Problem, dass weder im Unterricht in der Moschee noch bei der Freitagspredigt das Thema friedliche Koexistenz behandelt wird. Auch an den Schulen wird darüber nicht gesprochen, und nicht einmal die Eltern klären ihre Kinder darüber auf. Als ich angefangen habe, darüber zu sprechen, konnten viele mit dem Wort Koexistenz gar nichts anfangen. Sie wussten nicht, was ich damit meine. Zum Schluss einer jeden Episode habe ich den Zuschauern eine praktische Hausaufgabe gegeben, wie sie die Koexistenz zwischen Muslimen und Nichtmuslimen praktizieren können. Aber wie sieht es denn umgekehrt mit der Bereitschaft der Nicht-Muslime zu einer friedlichen Koexistenz aus?«

Nun könnte ich meinem Gegenüber von den vielfältigen gelungenen Ausprägungen eines multikulturellen Miteinanders in meiner Heimatstadt Berlin berichten. Das aber würde seine Frage nicht beantworten.

»Ich will Ihnen gern erläutern, weshalb sich viele junge Leute bei uns mit gläubigen Muslimen schwertun«, beginne ich meine Überlegungen auf den Punkt zu bringen. »Sie wollen ihr Leben ohne religiöse Vorschriften individuell gestalten. Wenn sich beispielsweise zwei Menschen verlieben, möchten sie sich auch körperlich nahe sein, ohne vorher heiraten zu müssen. Auf diese jungen Menschen wirken die islamischen Kleidungsvorschriften und der vom Koran vorgeschriebene Umgang zwischen den Geschlechtern geradezu prüde, wie umgekehrt gläubigen Muslimen deren Verhalten als sündhaft gilt. Diese Beispiele mögen Ihnen verdeutlichen, weshalb Ihre Botschaft vielleicht bei jungen Muslimen gut ankommt, bei westlich erzogenen Jugendlichen aber wirkungslos verhallt. Viele sind am Thema Koexistenz mit traditionell lebenden Muslimen schlichtweg nicht interessiert.«

Zu meinem Erstaunen zeigt sich Amr Khaled von solch offenen Worten wenig beeindruckt.

»Der Westen hat verstanden, dass Vielfalt und Mannigfaltigkeit ein Vorteil sind, dass Verschiedenheit eine Bereicherung ist und kein Mangel. Der Grund für den Erfolg Amerikas ist doch, dass so viele verschiedene Kulturen miteinander leben können. Denn eine Gesellschaft, in der nur eine Kultur herrscht, ist nicht erfolgreich. Gleichzeitig sage ich den Muslimen, dass sie sich positiv in ihrem Gastland integrieren müssen. Schließlich sagt unser Prophet Mohammed: ›Die gebende Hand ist besser als die nehmende Hand.‹ Betrachten wir zum Beispiel Ihr Land, Deutschland. Ich war dort …«

»Ich weiß, Sie haben auf dem Jahrestreffen der Islamischen Gemeinschaft gesprochen, in Leverkusen.«

»Ja, und ich war auch anderswo. Und immer habe ich unsere muslimischen Brüder und Schwestern aufgefordert, sich nicht nur für die islamische Gemeinschaft innerhalb des Gastlandes zu interessieren. Warum unterstützen sie zum Beispiel in ihren Gastländern nicht die Arbeit mit Behinderten oder helfen bei den Umweltproblemen?«

»Haben Sie denn in Ihrem privaten Leben die Möglichkeit, positive Beispiele für eine friedliche Koexistenz zu geben?«, will ich wissen. »Ich nehme an, dass Sie sich, abgesehen von solchen Interviewsituationen, weitgehend mit Ihren Anhängern umgeben.«

»Ich habe das letzte Weihnachtsfest gemeinsam mit Christen in einer koptischen Kirche verbracht«, sagt Amr Khaled und freut sich über meine überraschte Miene.

»Aber Kopten und Muslime beschuldigen einander regelmäßig, sich auf dem falschen Weg zu befinden«, werfe ich ein.

»Das hält mich doch nicht davon ab, am 7. Januar, also wenn die Kopten die Geburt von Jesus feiern, ihren Gottesdienst zu besuchen. Ich reiche ihnen meine Hand, um zu demonstrieren, dass ich wahrhaftig an eine friedliche Koexistenz glaube.«

»Damit haben Sie sich gewiss nicht nur Freunde gemacht«, mutmaße ich.

»Natürlich waren die traditionellen Muslime empört, aber viele andere haben sich bei mir bedankt – Muslime und Christen. Sehen Sie, als ich im Libanon lebte, habe ich doch mitbekommen, wie schädlich die Zwietracht ist.«

Das könnte ein wunderbares Schlusswort sein. Ich freue mich, Amr Khaled am Ende doch noch zu einem sehr persönlichen Dialog verführt zu haben, wenngleich die Themen Schnittmengen und Koexistenz einen Disput über strittige Themen verhindert haben. Allerdings habe ich auch nicht den Eindruck, als wäre der smarte TV-Star dafür der geeignete Partner. Im Gegensatz zur streitbaren Suad Saleh ist er eben der Mann der hoffnungsvollen Botschaft, weshalb seine Anhängerschaft um ein Vielfaches größer ist als die der ebenfalls im Fernsehen präsenten Scharia-Professorin. Doch ich will Amr Khaled nicht verlassen, ohne von ihm ein Statement zum weltweiten Terror islamistischer Fundamentalisten bekommen zu haben.

»Darf ich Sie abschließend bitten, ein Wort an jene zu richten, die sich in die Ausbildungslager von Al Quaida begeben und für die die Attentäter vom 11. September Helden sind?«

Nach den richtigen Worten suchend, stützt Amr Khaled seine Ellbogen auf den Schreibtisch und legt den Kopf auf die gefalteten Hände. Mit halb geschlossenen Augen wendet er sich an die imaginären Fundamentalisten:

»Sowohl weltlich wie auch religiös betrachtet, seid ihr im Unrecht. Aus der weltlichen Perspektive betrachtet, seid ihr ohnehin im Unrecht, weil ihr gegen Gesetze verstoßt. Aber auch wenn man es von der religiösen Seite betrachtet, seid ihr im Unrecht. Vielleicht seid ihr ja ehrlich, also in eurem tiefsten Inneren überzeugt, dass ihr im Sinne Allahs handelt. Aber glaubt mir bitte, das herrliche Ziel – nämlich den Einzug ins Paradies zu erleben – wird auf diesem Wege nicht erreicht.«

Amr Khaled lehnt sich wieder zurück, blickt mich an und sagt:

» *That's what I would tell them!* «

Nach einem Blick auf seinen goldenen Zeitmesser springt er auf und erklärt lachend:

»Jetzt haben Sie noch drei Minuten für die Fotos!«

Stammtisch im Café Riche

Seit mehr als hundert Jahren betreten die Gäste das Café Riche durch eine Schwingtür aus Glas und Edelholz mit einem dekorativen Messinggriff. Früher, als sich nebenan noch ein großer Garten befand, wirkten der schöne Eingang und die Fensterfront sicher weniger unscheinbar als heute. Doch inzwischen hat man an der Stelle des Gartens ein Haus errichtet und damit den Gästen des Riche die Sicht verbaut. Seither schenken viele Passanten dem schmalen Schaufenster des Nachbarhauses mehr Beachtung als dem weltberühmten Café. Touristen wundern sich über die ausgestellten sexy Dessous, auch Ägypter wagen gern einen verstohlenen Blick, und selbstbewusste Frauen gehen dort einkaufen. Für Mr. Maalek ist dieses Geschäft ein Ärgernis, wobei es nicht die Dessous sind, die ihn aufregen. In der Shari' Talaat Harb seien fast alle traditionsreichen Geschäfte verschwunden, klagt er, und breitgemacht hätten sich Läden, deren Besitzer früher als fliegende Händler in den Straßenbahnen unterwegs gewesen seien.

Mr. Maalek hört nicht gern, dass auch sein eigenes Lokal längst eher Touristenattraktion als reger Treffpunkt der Kairoer Szene ist. Die Reiseführer verweisen darauf, dass Yassir Arafat einst hier verkehrte, ebenso der irakische Student Saddam Hussein. Und Gamal Abdel Nasser habe in einer unterirdischen Bar des Riche im Kreis seiner Freien Offiziere die Revolution von 1952 vorbereitet. Unten existiere nach wie vor eine geheime Tapetentür, durch die bereits die Revolutionäre der Wafd-Partei 1919 den Schergen der Geheimpolizei entwischt seien. Immer wieder hatte ich Mr. Maalek nach dieser Tür gefragt, bis er mich endlich mit einem Kellner nach unten schickte. Der junge Nubier Ashraf, der mir oft das Abendessen servierte, führte mich über eine schmale Treppe in eine komplett ausgestattete, wenn auch nicht mehr genutzte Bar. In einem bis zur Decke reichenden Regal entdeckte ich noch wenige Alkoholsorten, die es selbst drüben im Estoril nicht mehr gibt. Mit einem Griff verwandelte Ashraf dieses Regal in eine Drehtür, hinter der tatsächlich eine verborgene Treppe sichtbar wurde. Aber weder Ashraf noch sein Chef wollten bestätigen, dass Gamal Abdel Nasser und seine Freunde das Lokal jemals über diese Treppe verließen. Auch Fragen nach anderen politischen Größen unter seinen Gästen geht Mr. Maalek konsequent aus dem Weg. Offenbar möchte er sein Lokal als reinen Künstlertreff verstanden wissen. Wahrscheinlich ist dies auch der Grund, weshalb er Alaa al-Aswanis literarischen Salon nicht mehr beherbergen will, schließlich gedenkt man dort nicht, eine klare Trennung zwischen Literatur und Politik vorzunehmen.

An den Wänden des Café Riche hängen die Bildnisse der Kulturgrößen, die in den vergangenen Jahrzehnten Stammgäste waren. Bildungstouristen erkennen sicher den Literaturnobelpreisträger Nagib Machfus, dessen übergroßes Porträt mit einem Trauerflor versehen ist. Manchen mag auch die berühmte Sängerin Umm Kolthoum ein Begriff sein. Aber die Namen der meisten hier abgebildeten Schauspieler, Journalisten und Autoren – darunter Alaas Vater Abbas al-Aswani – dürften ihnen unbekannt sein.

An diesem Morgen ist Mr. Maalek in seinem Element, hat er doch, wie an jedem Freitag, Intellektuelle und Künstler zum Brunch eingeladen. Es scheint ihn nicht zu stören, dass viele sein Lokal nur zu diesem Stammtisch aufsuchen. Die lange Tafel ist bereits bis auf den letzten Platz besetzt, als ich eintreffe, weshalb ich an einem Nebentisch Platz nehme. Viele der Gäste, die zu den Platten mit Rührei, Schafskäse und *tameya*-Klößchen greifen, habe ich bereits bei früheren Besuchen kennengelernt. Ich erkenne den Maler Georges Bahgory, von dem das großformatige Bild im Eingangsbereich stammt. Maggy, die mir vom Ende der Tafel fröhlich zuwinkt, nannte ihren Kollegen einmal einen »Karikaturisten«, und angesichts jenes Gruppenporträts verblichener Stammgäste scheint diese Charakterisierung zutreffend. Georges ist ein Mann von Mitte siebzig, der oft von seiner Zeit als junger Künstler in Paris erzählt. Gern spricht er auch von seinem »New Cairo Atelier«, und regelmäßig präsentiert er Fotografien seiner aktuellen Werke. Ein guter Zuhörer ist Georges Bahgory nicht. Vielmehr gelingt es ihm auf beeindruckende Weise, Gespräche über die unterschiedlichsten Themen auf die eigene Person zu lenken. Gelegentlich holt er einen kleinen Block hervor, um sein Gegenüber zu zeichnen und dabei, wie er betont, den Stift nicht ein einziges Mal abzusetzen. Wahrscheinlich hat jeder der hier Anwesenden längst ein halbes Dutzend solcher Skizzen zu Hause herumliegen. Im Moment porträtiert er einen betagten, elegant gekleideten Herrn mit schwarz gefärbten Haaren.

Dieser Mann kommt fast täglich auf einen Kaffee im Riche vorbei. Eines Tages erzählte er mir, dass er viele Jahre Pilot gewesen sei – zunächst als junger Mann in der ägyptischen Luftwaffe und später im zivilen Flugverkehr. Neben ihm sitzt Mahmoud Salah, einer der führenden Redakteure des ägyptischen Boulevardblattes *Achbar el Hawdes*. Mahmoud erscheint nur sporadisch zum Freitagsstammtisch, aber wenn er kommt, gibt er immer eine Geschichte aus seinem Reporterleben zum Besten. Als ich ihn das erste Mal sah, erzählte er mir von dem Blutbad, das islamische Fundamentalisten vor einigen Jahren unter Touristen in Luxor anrichteten. Als er seinerzeit die ersten Meldungen gehört habe, sei er mit dem Flugzeug dorthin aufgebrochen. Angesichts des Grauens, dem er im Hatschepsut-Tempel begegnet sei, habe er es als seine Pflicht empfunden, mit anzupacken und die Leichen zu bergen, statt nur davon zu berichten. Die grauenvolle Situation setzte ihm so zu, dass er eine Herzattacke erlitt, worauf ihm der Präsident der Republik höchstpersönlich einen Klinikaufenthalt in London ermöglichte.

Diesmal erzählt er eine weitaus amüsantere Geschichte: Vor einiger Zeit verliebte sich in einem kleineren Ort im Nildelta eine verheiratete Frau in einen Mann. Um sich ihm in ungestörter Zweisamkeit hingeben zu können, stellte sie ihn dem Ehemann als Freundin vor. Der Liebhaber warf sich hierzu den *nikab* über. Selbstredend musste der Gatte das gemeinsame Schlafzimmer verlassen, wenn die »strenggläubige Freundin« seiner Frau zu Besuch kam. Das ging lange gut, bis der Ehemann seinem schnauzbärtigen Nebenbuhler nächtens in der Küche über den Weg lief und ihn für einen Einbrecher hielt …

Nun kann man eine solche Geschichte natürlich auf verschiedene Weise erzählen. Mahmoud Salah präsentierte sie den Lesern der *Achbar el Hawdes* als Persiflage, um die verlogene Sexualmoral religiöser Kreise zu entlarven. Schon am Tag der Veröffentlichung sei er von islamischen Organisationen attackiert worden, bemerkt er fast nebenbei. Das aber bringt den Verleger Maged Farag auf die Palme, der aus seiner tiefen Abneigung gegenüber islamischem Fundamentalismus nie einen Hehl gemacht hat.

»Das darf man sich von diesen Leuten nicht gefallen lassen. Mach das zum Thema in deiner Zeitung!«, ruft er. Und als Mahmoud Salah amüsiert abwinkt, ereifert sich Maged nur noch mehr: »Ich bin aus einem Flugzeug wieder ausgestiegen, erst letzte Woche, weil in der Reihe vor mir eine Frau im *nikab* Platz nahm. Ich habe gesagt: ›Mit dieser Maschine fliege ich nicht!‹ Man hat die Chefstewardess herangeholt, und ich habe sie gefragt, ob sie neben einem Mann fliegen würde, der eine Maske trägt.«

Zufällig gerate ich in Maged Farags Blickfeld. »Lasst ihr es in Deutschland zu, dass Frauen den *nikab* tragen?«

»Na ja, man sollte damit vielleicht nicht gerade eine Bank betreten«, versuche ich einen Scherz zu machen. Dafür aber hat der Intellektuelle Maged Farag keinen Sinn.

»Ihr wisst gar nicht, was ihr eurer Demokratie antut, wenn ihr das zulasst«, wettert er. »Die Fundamentalisten werden eurer liberalen Lebensform keineswegs so tolerant begegnen, wenn sie erst mal an der Macht sind. Dieses Land hier hat sich bereits dem Islamismus ergeben …« Murrender Widerspruch regt sich, den Maged sofort aufgreift: »Ihr könnt doch eure Augen nicht davor verschließen, wie weit die Saudis ihren Einfluss bereits ausgedehnt haben. Bitte, ich habe auch einen amerikanischen Pass, und wenn die Situation kippt, bin ich weg.«

Für einen Moment herrscht betretenes Schweigen.

»Ich habe neulich Mursi Saad El-Din gesprochen, und er meinte, Ägypten habe sehr lange säkulare Traditionen. Es sei nahezu ausgeschlossen, dass dieses Land irgendwann ein islamisches Regime haben werde.«

Ich ernte zustimmende Äußerungen, was Maged Farag veranlasst, zu mir an den Tisch zu kommen.

»Ich schätze seit jeher die Meinung des von mir hochverehrten Mursi Saad El-Din. Wir kennen uns seit vielen Jahren. Aber ich fürchte, in diesem Punkt kann ich ihm leider nicht recht geben. Wann warst du zum ersten Mal in Ägypten?«

»Im Sommer 1973.«

»Also kurz vor dem Krieg?«

Ich nicke, und nun liefert mir der bekennende Monarchist und Verleger historischer Publikationen in fast druckreifen Sätzen eine nachvollziehbare Analyse:

»Damals, Anfang der Siebzigerjahre, war der Islam noch sehr moderat. Die Religion stand unseren Traditionen nicht im Wege. Während des Oktoberkrieges stieg der Ölpreis dann auf mehr als das Zehnfache an, und die Saudis wurden reich. Das genügte ihnen aber nicht. Sie wollten auch politischen Einfluss haben in der Welt, und als Hebel zur internationalen Macht erkannten sie den Islam ...«

»So wie einst Paulus die Sprengkraft der christlichen Idee im Kampf gegen das römische Imperium erkannte, meinst du?«

»Das ist durchaus vergleichbar, ja. Und die Saudis konnten zudem auf die heiligen Stätten, also Mekka und Medina, auf ihrem eigenen Staatsgebiet verweisen. In unserem Land ging es damals mit der Wirtschaft bergab. Viele Ägypter zogen als Gastarbeiter nach Saudi-Arabien. Und dort begann die Gehirnwäsche ... Was nicht so schwer war, denn die Ägypter haben seit jeher ein sentimentales Verhältnis zur Religion. Nun ja, ihre Ehefrauen hatten sie zu Hause gelassen, und man machte ihnen Angst, dass sie betrogen werden könnten. Dagegen half nur der *hijab,* als eine Art moderner Keuschheitsgürtel. Der *hijab* ist die saudische Flagge auf unseren Straßen, verstehst du? Das musst du wissen, wenn du zu Suad Saleh gehst!«

»Sie hat sich mir gegenüber selbst gegen die salafitische Sichtweise der Saudis ausgesprochen«, werfe ich ein.

»Aber mit welcher Konsequenz?«

»Sie hat den *nikab* an ihrem Institut verboten.«

»Und den *hijab* zur Pflicht gemacht. Schön, sie mag in mancher Hinsicht ein wenig moderater sein, aber sie ist auch nicht repräsentativ für die Al Azhar. An diesem Institut werden die Imame für die ganze Welt ausgebildet. Ich habe in New Jersey, wo sehr viele Ägypter wohnen, einen von denen erlebt – in seiner Predigt hat er fast ausschließlich saudische *sheiks* zitiert.«

Filfil, der alte nubische Kellner, serviert als Dessert süße arabische Leckereien. Maged macht sich gleich darüber her, aber mir ist nicht nach Naschereien zumute. Meine Ablehnung zaubert auf das Gesicht des Kellners eine Miene aus Enttäuschung, Verständnislosigkeit und Sorge. Stumm verweise ich auf meine Problemzone knapp oberhalb des Gürtels. Das aber lässt der fast 80-jährige gertenschlanke Filfil nicht gelten. Er stellt einen kleinen Teller mit köstlichem *halauwa* vor mich hin und schlurft in Richtung Küche davon.

Vor einer Woche stand ich mit ihm neben dem Eingang, und der sonst eher wenig gesprächige Mann erwies sich plötzlich als sehr eloquent. Im Herbst 1943, so erzählte er, habe er als 13-Jähriger im Riche als Hilfskellner angefangen. Damals habe das Lokal einem Griechen gehört, der zuvor als Koch an der britischen Botschaft beschäftigt gewesen sei. Filfil sei er damals schon gerufen worden, und mittlerweile wisse kaum noch jemand seinen richtigen Namen.

Natürlich wollte ich von Filfil wissen, wie es mit Nagib Machfus gewesen sei, und erfuhr höchst interessante Nebensächlichkeiten. Zum Beispiel, dass der berühmte Schriftsteller jeden Morgen hier Zeitung las und sich dabei die Schuhe putzen ließ. Und Filfil musste ihm zwischen Viertel nach sieben und acht Uhr zwei Tassen Kaffee und ein Aspirin servieren.

»Stellen Sie sich vor, Mr. Machfus hat aus Anlass dieses Preises, den er bekommen hat, im Riche eine Feier gemacht«, schwärmte Filfil. »Bei uns und nicht dort in Schweden! Er ist nämlich gar nicht erst hingefahren. ›Ich habe Ägypten in meinem ganzen Leben kaum verlassen‹, hat er gesagt. ›Da fange ich im Alter auch nicht mehr damit an.‹ Ich konnte ihn sehr gut verstehen, ich war auch nie woanders. Die ganze Welt kommt doch zu uns.«

Maged steht auf und reißt mich aus meinen Gedanken. Er legt mir kameradschaftlich die Hand auf die Schulter. »Glaub mir, mein deutscher Freund, die europäischen Länder sind naiv, wenn sie unter dem Deckmantel der Religionsfreiheit den Saudis immer mehr Einfluss gewähren. Ich bin sicher, die Al Azhar bildet längst schon die Imame für Moscheen in Deutschland aus.«

Die bedrohte Welt
der Gerber

Von Ismails Büro aus hat man drei sehr verschiedene Jahrhunderte im Blick. Zunächst sind da im Hintergrund die beeindruckenden Aquädukte, die jedem Touristen auf dem Weg zur Zitadelle ins Auge stechen. Über sie wurde einst Nilwasser in die Stadt und hinauf zur heute weltberühmten Befestigungsanlage transportiert. Die Aquädukte wurden in der zweiten Hälfte des 12. Jahrhunderts errichtet, zeitgleich mit der Zitadelle und im Auftrag von Salah ad-Din Yusuf bin Ayyub. In europäischen Geschichtsbüchern wird der Heerführer gegen die Kreuzritter unter dem Namen Saladin gewürdigt.

Durch die hohen Bögen der Aquädukte fällt der Blick auf eine futuristische Konstruktion, die den Betrachter schlagartig ins 21. Jahrhundert zurückbefördert. Das Gebäude der »Kinderkrebsklinik 57357« mit komplett verglastem Metallgewebe in Kubusform und einer schräg in den Himmel ragenden blauen Glaskugel erweckt die Assoziation eines Weltraumbahnhofs der Zukunft. Architektonischer Höhepunkt und weithin sichtbares Erkennungszeichen des Baus sind drei 40 Meter hohe, leicht gebogene Metallsegel, die als äußerer Sonnenschutz dienen. An der renommierten medizinischen Einrichtung, die von radiologischer Onkologie bis Tumorchirurgie alles unter einem Dach vereint, werden ägyptische Kinder unabhängig von Religion oder Vermögen der Eltern behandelt. Finanziert wurde und wird das Projekt ausschließlich aus Spenden. Sie reichen von kleinen Beträgen bis zu kompletten Erbschaften. Zuwendungen muslimischer Spender können auf dem himmlischen Konto als *sadaqa* verbucht werden.

Das Gelände, auf dem sich Ismails Büro befindet, wirkt wie ein Museum der Industrialisierung, die in Ägypten erst im frühen 20. Jahrhundert einsetzte. Es erstreckt sich zwischen Altkairo und der südlichen Totenstadt – also etwa dort, wo Amr ibn-al-As im siebten Jahrhundert das Lager Fustat gründete.

Es gab eine Zeit, da konnte man nicht auf der Straße jenseits der Aquädukte fahren, ohne dass einem ein unangenehmer Geruch in die Nase stieg. Die Kairener fragten sich oft, ob der Gestank von den Gerbereien stammte oder von den Schlachthöfen, die damals dort standen, wo man heute krebskranke Kinder behandelt.

Von Ibrahim erfahre ich, dass die Behörden zeitgleich mit Erteilung der Baugenehmigung für die Klinik einem Düngemittelhersteller auf dem Gerbereiengelände die Betriebsgenehmigung entzogen. Bis dahin hatte dieser in einem riesigen Kessel die Kadaver kranker Tiere zusammen mit verdorbenen Lebensmitteln aufgekocht und anschließend kompostieren lassen, und dieses Verfahren hatte, wie man sich leicht vorstellen kann, den Gestank verursacht.

»Sie sollten hier auf dem Gelände keine offenen Getränke zu sich nehmen«, sagt Ibrahim und lässt mir statt des erbetenen Tees einen eisgekühlten Dosendrink servieren. Ein vielsagender Ratschlag, dem der fröhliche Kaufmannstyp einen kurzen historischen Exkurs folgen lässt. Vor mehr als hundert

Jahren, so erfahre ich, gründeten drei griechische Handwerker hier die ersten Gerbereien. Seither wurden in den zahlreichen Manufakturen die Jobs von Generation zu Generation vererbt. Quereinsteiger hätten kaum eine Chance, wenngleich er selbst die berühmte Ausnahme darstelle, die die Regel bestätigt.

Nach einem Chemiestudium an der Al Azhar ging Ibrahim in die DDR. In Karl-Marx-Stadt lernte er das Handwerk des Gerbens und Veredelns von der Pike auf. Danach war er als Berater in der westdeutschen und britischen Lederindustrie tätig. Heimweh nach Ägypten veranlasste ihn schließlich, sich auf dem heimischen Arbeitsmarkt umzusehen. Aufgrund seiner internationalen Erfahrung stellte ihn schließlich jener Importeur von Lederchemikalien ein, in dessen Büro wir sitzen und dessen Geschäftspartner er mittlerweile ist.

»Dort unten wird auf 250 000 Quadratmetern alles verarbeitet, was von dem in Kairo geschlachteten Vieh nicht auf Tellern landet«, sagt Ibrahim lachend. Gemeinsam blicken wir auf das Industriegelände, auf dem sich seit dem 19. Jahrhundert nur wenig verändert hat: Noch immer sind Pferde oder Esel vor die Anhänger mit Fellstapeln gespannt. Nur die Tiere schaffen es, durch die vielerorts aufgeweichten Wege zu staksen. Vor einer der Hallen liegt ein riesiger Berg weißlicher Schlachtabfälle, und drei Etagen darüber stapeln sich auf meterhohen Regalen transparente gelb-braune Platten, die aus der Entfernung wie Bernstein aussehen.

»Die Gerberei ist ja nur ein Gewerbe von vielen bei uns hier«, sagt Ibrahim. »Da oben diese Platten, das ist Industrieleim. Er besteht aus dem Bindegewebe, das von der Innenseite der Felle geschabt wird. In einer anderen Halle wird aus Häuten und Knochen Gelatine hergestellt. Daran muss ich immer denken, wenn ich morgens meine Vitaminkapsel nehme.«

»Kein schöner Gedanke«, sage ich.

»Daran gewöhnt man sich. Da hinten ist ein Bürstenbinder, der die Borsten der Schweine verarbeitet. Am besten ist, wir schauen uns das alles aus der Nähe an.«

Gleich um die Ecke von Ibrahims Büro betreten wir ein gekacheltes Labor mit zwei altertümlich wirkenden Holztrommeln. Sie werden von einem Arbeiter mit kleinen Lederabfällen bestückt und dann von einem ratternden Motor zum Rotieren gebracht.

»Hier probieren wir unsere Farben und Chemikalien aus«, sagt Ibrahim.

»So können sich unsere Kunden gleich das Ergebnis ansehen und müssen dafür keines ihrer teuren Felle opfern«, erklärt der Arbeiter stolz.

»Manchmal wollen sie auch eine andere Farbe, und wir experimentieren ein bisschen herum«, ergänzt Ibrahim.

»Seit wann arbeiten Sie hier?«, wende ich mich an den Arbeiter.

Der Mann mit dem grauen Bart schiebt mit der Spitze seines Gummistiefels verlegen feuchte Fellstücke zur Seite, wischt sich die Hände an der schmutzigen Arbeitsjacke ab, und mir wird klar, dass er es nicht weiß.

»Ich bin sechs Jahre zur Schule gegangen, und seitdem bin ich hier ...«, antwortet er schließlich leise.

»Das ist die übliche Laufbahn der Leute in unseren Betrieben«, sagt Ibrahim. »Sie wachsen in Altkairo auf, besuchen in Altkairo die Schule, und nach sechs Jahren gehen sie dort zur Arbeit, wo schon ihre Väter und Großväter das ganze Leben verbracht haben. Diese Tradition wird wohl mit dem Umzug nach Robeki zu Ende gehen.«

»Wann soll das denn sein?«, frage ich. Bisher habe ich nur gerüchteweise davon gehört, dass die Kairener Stadtväter, dem Beispiel Istanbuls folgend, die Gerbereien weit vor die Grenzen der Stadt verbannen wollen.

Während ich neben Ibrahim die Treppe hinuntersteige und den matschigen Weg entlanggehe, erfahre ich Genaueres: »Gesprochen wird ja seit Jahren davon, aber nun scheint es konkret zu werden. Es wird dort draußen schon eine Arbeitersiedlung gebaut. Aber von denen hier will kaum jemand hin«, sagt er und weist mit dem Kopf auf eine Gruppe Männer, die von einem Anhänger frische Felle abladen. »Robeki liegt mitten in der Wüste, 50 Kilometer von hier, auf dem Weg nach Suez. Noch hinter der 10.-Ramadan-Stadt.«

»Wo es viele Schuhfabriken gibt«, werfe ich ein.

»Das ist sicher einer der Gründe, weshalb man sich für den Standort entschieden hat. Großzügigerweise hat die italienische Regierung 150 Millionen Dollar an Subventionen bewilligt«, sagt Ibrahim und fängt unvermittelt zu lachen an, was mich irritiert.

»Ist das nicht eine Menge Geld?«, frage ich deshalb.

»Allerdings! Davon sehen unsere Lederproduzenten aber nur etwas, wenn sie ihre Maschinen in Italien bestellen. Italienische Hersteller von Schuhen und Handtaschen haben für diesen Fall schon größere Aufträge in Aussicht gestellt, und ich fürchte, irgendwann werden sie die Preise diktieren.«

Vor dem Gebäude, auf dessen Dach die bernsteinartigen Platten trocknen, ist ein Haufen von fettem Bindegewebe und Unterhaut abgekippt worden. Er kann noch nicht lange hier liegen, denn die Masse ist trotz der warmen Mittagstemperaturen noch feucht. Zwei Männer sind dabei, Schubkarren damit zu füllen und sie einige Meter weiter in einer großen Lagerhalle wieder zu entleeren. Dort werden die Abfälle in eine Kiepe geschaufelt, über eine steile Holztreppe eine Etage höher gebracht und in ein quadratisches Bassin gekippt. Aus einem Rohr wird Wasser zugeführt. Ein gewaltiges metallenes Wasserrad hilft, das Material zu reinigen, ehe es eine weitere Etage höher zum Rohstoff für Industrieleim wird. Auf dem Dach stehen die meterhohen Regale, die aus der Nähe viel gewaltiger aussehen als von Ibrahims Büro. Am Fuß der Regale wird das Endprodukt in Form von Blöcken wackeliger Gallertmasse in gleich dicke Scheiben geschnitten. Junge Burschen hangeln sich, Plastikwannen auf dem Kopf balancierend, in die Höhe der Metallgestelle, wo sie die glitschigen Scheiben nebeneinander zum Trocknen auslegen.

»Ich weiß nicht, was nun werden soll«, sagt der Eigentümer der Leimfabrik in Hinblick auf den bevorstehenden Umzug. Der Mann im blauen T-Shirt ist höchstens Mitte dreißig und wirkt hinter dem klobigen verstaubten Schreibtisch in seinem geräumigen Büro etwas fehl am Platz. Es gebe keine Tätigkeit innerhalb des Werks, die er nicht irgendwann einmal selbst ausgeführt habe, sagt der Jungunternehmer. Er ist Absolvent der Tannerie Abou Senna, eines staatlichen Instituts für Gerbereiwesen, das sich einst auf dem Gelände befand. Danach absolvierte er verschiedene Praktika, ehe er sich als Zwischenhändler einen finanziellen Grundstock erwirtschaftete. Vor drei Jahren investierte er dann in diese Leimfabrik, wofür zusätzlich ein Kredit nötig war.

»Noch kann ich aus den Erträgen die Schulden tilgen und meine Leute bezahlen. Aber ein Umzug nach Robeki ist finanziell kaum zu verkraften«, klagt er, und die Unerfahrenheit auf dem Chefsessel ist ihm anzumerken. »Die Umzugsprämie, die uns vom Staat zugesagt wurde, die reicht doch hinten und vorne nicht. Allein die Umweltauflagen würden mich zwingen, komplett neue Produktionsanlagen anzuschaffen.«

»Aber vor drei Jahren war doch auch schon von einem

Umzug die Rede. Haben Sie das denn nicht bedacht, bevor Sie in dieses Unternehmen investierten?«, frage ich.

Mein Gesprächspartner macht eine wegwerfende Handbewegung. »Seit Jahrzehnten wird davon gesprochen. Das hat doch niemand mehr ernst genommen.«

Er mag Experte seines Fachs sein, ein weitsichtiger Manager ist er nicht. Trotzdem wünsche ihm und seinem Betrieb zum Abschied eine glückliche Zukunft, und er antwortet dankbar: »*Inschallah!*«

»Unter diesen Leuten da drüben ist der Umzug umstritten«, bemerkt Ibrahim, als wir an einer Gruppe von Handwerkern vorbeikommen, die bereits gegerbte und eingefärbte Felle auf alte Holzrahmen nageln und zum Trocknen in die Sonne stellen. Man muss kein Fachmann sein, um zu erkennen, dass es sich um billiges und stellenweise schadhaftes Leder handelt.

»Viele der kleinen Familienbetriebe hier sehen für die nächste Generation keine Zukunft mehr«, fährt Ibrahim fort. »Andere meinen, ein Umzug kann ihnen nichts anhaben … schließlich hätten sie nur eine kleine Produktionsstätte. Und ihre Familie … Arbeiter beschäftigen sie ja keine … könne überall leben.«

Ich trete an das aufgespannte Leder heran, befühle die ungleichmäßige Struktur und betrachte die teils handtellergroßen Löcher. Die Handwerker beobachten mich aus einiger Entfernung.

»Was kann man denn daraus machen?«, wende ich mich an Ibrahim, der einen alterslosen einfachen Mann mit wachen Augen heranwinkt.

»Zum Beispiel Geldbörsen«, antwortet dieser. »Das dünnere Leder eignet sich als Innenfutter von Handtaschen. Und aus dem dickeren machen manche unserer Kunden Gürtel.«

»Und wenn ein gewiefter Basari dann noch eine Schnalle ranmacht mit dem Label irgendeines berühmten Designers, zahlen ihm die Touristen dafür richtig viel Geld«, bemerkt Ibrahim.

»Ganz sicher nicht!«, sage ich lachend. »Mehr als acht oder zehn Pfund legt dafür niemand hin.«

»Acht oder zehn Pfund!«, ruft der Gerber. »Ist das etwa nicht viel Geld, wenn man bedenkt, dass die Produktionskosten vielleicht 80 Piaster ausmachen?«

Gleich um die Ecke betrete ich die Halle einer der größten Gerbereien Ägyptens. Sie produziert fast ausschließlich für den weltweiten Export.

»In unserem Betrieb nutzen wir hochmoderne technische Produktionsanlagen neben traditionellen Manufakturverfahren«, erklärt mir ein hochgewachsener, in sportlichem Schick gekleideter Managertyp, der mir als einer der Chefs des Unternehmens vorgestellt wird.

Im Moment ist von hochmodernen technischen Produktionsmitteln allerdings noch nichts zu sehen. Wir stehen in einer riesigen, nur mit Kunstlicht beleuchteten Halle und blicken auf unzählige Stapel unbehandelter Felle, immer etwa 50 Stück übereinander und alle mit großkörnigem Salz bestreut.

»Das Salz bindet die Feuchtigkeit, so können sich keine Pilze bilden«, wird mir erläutert.

In einiger Entfernung entdecke ich zwei hölzerne Trommeln, wie ich sie schon in Ibrahims Labor gesehen habe, nur um ein Vielfaches größer. Gabelstapler schaffen die Felle palettenweise heran und kippen sie hinein.

In den rotierenden Trommeln wird das Leder durch Chemikalien enthaart und weich gemacht. Die Trommeln werden per Hand von einem Mann geleert, den der Manager

»Ahmed« ruft. Der stapft in Gummistiefeln durch knöchel-
tiefe Lauge heran, und mir fällt der fast freundschaftliche
Umgang zwischen den beiden auf.

»Wir sind zusammen aufgewachsen«, sagt Ahmeds Chef
und zaubert damit ein Strahlen auf das Gesicht seines Arbei-
ters. »Sein Vater hat schon hier an den Trommeln gearbeitet ...«

» ... und seiner saß oben im Büro, wo heute er und sein
Bruder die Chefs sind«, beschreibt Ahmed den über Generationen fortgeschriebenen sozialen Unterschied.

Lachend erinnern sich die beiden, wie sie als Kinder zwischen den Fellstapeln Versteck spielten, ehe Ahmed nach dem
Besuch der sechsten Klasse hier zu arbeiten anfing. 22 Jahre
ist das jetzt her, weiß dessen Jugendfreund und Vorgesetzter,
der ebenfalls in allen Abteilungen des Betriebs gearbeitet hat,
ehe ihn der Vater Buchhaltung studieren ließ.

Seine Arbeit gefalle ihm, sagt Ahmed. Und als ich nachfrage,
was er da im Speziellen meine, erklärt er nicht ohne Stolz: »Ich
muss oft daran denken, wenn ich die Stücke aus den Trommeln hole ... wie viele Menschen auf der ganzen Welt später
das Leder tragen, das ich in den Händen gehalten habe.«

Im nächsten Raum arbeiten mehrere Arbeiter nebeneinander an Maschinen, die entfernt an Werkbänke erinnern. Ob
diese Männer wohl ähnliche Gedanken haben wie ihr Kollege? Manche stehen barfuß in der schmutzigen, schlecht
beleuchteten Nische, wo sie von dem nun weichen Leder die
Reste weißlichen Bindegewebes trennen, aus dem der Industrieleim hergestellt wird. Ihre Bewegungen wirken wie die
eines Roboters: der Griff nach hinten zu dem Stapel feuchter
Lederstücke, das Ziehen über den Scherkopf der Maschine,
das Abstreifen des weichen fetten Materials mit der Hand.

Ich gehe weiter. In der Halle nebenan beobachte ich, wie

Lederstücke in Holztrommeln gefüllt werden. Ibrahim irritiert mich mit der Erklärung, dass sie mit Brom behandelt werden, um sie vor Bakterien zu schützten. Gelten Bromdämpfe nicht als höchst gesundheitsschädlich?

In einer lichtdurchfluteten Produktionshalle lerne ich schließlich die angekündigten hochmodernen Anlagen kennen. Der Vorgang des Trocknens, den die kleinen Handwerker draußen von der Sonne erledigen lassen, wird hier von einer Maschine besorgt, die an die riesigen Bratplatten aus Edelstahl erinnert, wie sie in Großküchen zum Einsatz kommen. Ein Arbeiter legt die feuchten Lederstücke darauf und streicht sie mit einem Spachtel aus Plexiglas glatt. Dann wird die gesamte Platte hydraulisch nach oben gefahren und dort gegen eine andere gepresst. Man könnte das Verfahren mit dem einer Heißmangel vergleichen. Nun entdecke ich, dass darunter eine weitere Platte mit bereits gemangeltem Leder zum Vorschein kommt.

»Wie Sie sehen, arbeiten wir auf zwei Ebenen, was den Arbeitsprozess enorm beschleunigt«, erklärt der Unternehmer. »Denn es dauert natürlich eine Weile, bis die letzte Feuchtigkeit entzogen ist.«

Ich sehe dem Arbeiter zu, der die dampfenden Lederstücke zum Abkühlen auf lange Stangen hängt, die unterhalb der Decke auf einer Schiene herangefahren kommen. Am anderen Ende der Halle werden sie abgenommen, gestapelt und schließlich versandfertig verpackt.

»Dies ist mein Bruder und Geschäftspartner«, wird mir ein deutlich älterer Mann vorgestellt, als wir das Büro in der Chefetage betreten. Er winkt mir nur kurz von seinem Schreibtisch aus zu, da er mit seinem Mobiltelefon beschäftigt ist. Die ganze Zeit liest und verschickt er SMS oder versucht vergeblich, irgendwen zu erreichen. Währenddessen nennt sein jün-

gerer Bruder Fakten: 400 Handwerker arbeiten in der Groß-
gerberei, 15 Leute in den technischen Abteilungen und der
Verwaltung. Ich erfahre, dass er und sein Bruder zahlreiche
Leder verarbeitende Betriebe in Europa besucht haben, man
wolle schließlich nicht am Bedarf vorbei produzieren. Aber
die Großkunden aus Italien, Spanien und Portugal kämen
auch regelmäßig nach Kairo, um sich Farbproben für ihre
Schuh- und Taschenkollektionen anzusehen.

»Ich nehme an, für Sie als erfolgreiches exportorientiertes
Unternehmen stellt der Umzug nach Robeki kein Problem
dar«, sage ich.

»Da gibt es derzeit noch eine Menge Fragezeichen«, erklärt
er mit skeptischer Miene.

Endlich legt sein älterer Bruder das Mobiltelefon zur Seite
und führt konkreter aus:

»Einerseits kann sich eine verbesserte technische Ausstat-
tung an einem modernen Produktionsstandort positiv auf
den Absatz der Produkte auswirken. Andererseits aber sind
die Ausgaben derzeit noch kaum zu kalkulieren. Sehen Sie,
allein die Kosten für das Wasser … Gerbereien verbrauchen
ja sehr viel Wasser.«

»Hier arbeiten wir mit Grundwasser«, wirft der Jüngere
ein. »Das kostet fast nichts!«

»Und in der Wüste?«, fragt der Mann hinter dem Schreibtisch. »Niemand konnte uns bisher sagen, wie hoch die Was-
serkosten sein werden. Hinzu kommt der tägliche Arbeitsweg
unserer Handwerker, das sind ja zusätzliche Ausgaben.«

»Ich denke, dort draußen werden neue Wohnquartiere
gebaut«, werfe ich ein.

»Aber dann müssen wir höhere Gehälter bezahlen. Wissen
Sie, was allein in der 10.-Ramadan-Stadt die Lebensmittel
kosten im Vergleich zu Altkairo?«

»Im Moment könnten wir noch nicht mal die Einnahmesituation verbessern«, setzt der jüngere der beiden Brüder die Klage fort. »Es gibt einfach nicht genügend Felle in Ägypten. Es werden zu wenige Tiere geschlachtet, um die Produktion steigern zu können.«

»Mehrfach haben wir die staatlichen Stellen schon darauf hingewiesen, dass parallel eine Rinderzucht betrieben werden muss«, fällt der andere seinem Bruder ins Wort. »Da besteht noch eine Menge Gesprächsbedarf.«

An Ibrahims Seite verlasse ich das Unternehmen.

»Offenbar haben die zuständigen Regierungsstellen den Umzug beschlossen, ohne genügend nachzudenken, was das alles nach sich zieht«, sage ich.

»Ja, offenbar«, antwortet Ibrahim knapp.

Nach einer Weile macht er mich auf einen Verschlag aufmerksam, in dem an einem alten Tisch Arbeiter zu Mittag essen:

»Dies ist übrigens die letzte Stufe der Verwertungskette. Der Imbissbetreiber lässt sich die Köpfe von Rindern, Schafen und Ziegen aus dem Schlachthof liefern. Das ist billiges Fleisch, aber sehr zart.«

Nachdem sich Ibrahim von mir verabschiedet hat, beobachte ich noch eine ganze Weile die Arbeiter, die mit den Händen das Fleisch von den Knochen lösen und es sich zusammen mit dunklem Fladenbrot schmecken lassen.

Wie ein Damoklesschwert schwebt eine ungewisse Zukunft über diesen Menschen. Sicher werden viele von ihnen auch in Robeki einen Arbeitsplatz finden, aber die über hundertjährige Tradition der Gerbereien von Altkairo geht wohl definitiv ihrem Ende entgegen.

Abschied

Gestern Nachmittag hat sich ein Bombenanschlag ereignet. Am Eingang zum Khan-el-Khalili-Basar – es sollte wohl Touristen treffen. Laut Angaben der ägyptischen Sicherheitskräfte war der Sprengsatz in einem Plastiksack unter einer Bank versteckt, direkt vor der Hussein-Moschee.

Vor einigen Jahren geriet Ägypten wegen solcher Terroranschläge an touristischen Sehenswürdigkeiten schon einmal in die Schlagzeilen. Die Zahl der Ägyptenbesucher sank damals dramatisch. Eigentlich glaubte man inzwischen, die Situation im Griff zu haben: zum einen durch massive Polizeipräsenz und zum anderen, weil die radikalen Moslembrüder ihre Interessen mittlerweile parlamentarisch vertreten. Immerhin 88 Abgeordnete gehören der Organisation an, ungeachtet der Tatsache, dass sie gezwungen sind, als »Unabhängige« zu fungieren.

Am Abend berichteten die Medien noch von vier Toten. Zwar ist am Morgen nur noch von einem Todesopfer die Rede, aber unter den Gästen im Frühstücksraum des Tulip herrscht Entsetzen, als man erfährt, dass es sich dabei um eine 17-jährige französische Touristin handelt.

Ich beschließe, zum Khan el-Khalili zu fahren und nach Eduard, dem armenischen Goldschmied, zu sehen. Während ich unten auf dem Midan Talaat Harb stehe, um ein Taxi anzuhalten, entdecke ich den älteren Herrn, der unter mir wohnt. Er verlässt gerade das Haus und kommt direkt auf mich zu.

»Sehen Sie dort!«, sagt er fröhlich. »Die Regierung hat Geld bewilligt, um Wust al-Balad wiederherzurichten.«

Ich bemerke auf der anderen Seite des Platzes LKWs, von denen Arbeiter Metallstangen abladen.

»Was meinen Sie?«, frage ich irritiert.

»Die Häuser dort drüben werden eingerüstet, und man wird sie renovieren!«

Mit einer leichten Verbeugung verabschiedet er sich und trippelt beschwingt in Richtung Midan Tahrir davon.

Ein älterer Taxifahrer stoppt neben mir. Ich steige ein.

»Fahren Sie mich bitte zum Khan el-Khalili«, sage ich auf Arabisch.

»Eine gefährliche Gegend!«, macht er einen bösen Scherz, was er wohl nicht getan hätte, würde er mich für einen Touristen halten.

Im Rückspiegel begegnen sich unsere Blicke.

»Nein«, kontere ich. »Das ist heute der sicherste Ort der Welt.«

»Warum?«

»Weil noch nie zwei Anschläge nacheinander an derselben Stelle verübt wurden.«

Das schiefe Lächeln verschwindet aus seinem Gesicht, und er nickt nachdenklich mit dem Kopf. Schließlich wettert er los. Diejenigen, die diese Bombe gezündet hätten, seien gottloses Gesindel. Ein solches Verbrechen direkt vor einer Moschee, das sei unerhört und eine Beleidigung Allahs!

Mein Mobiltelefon meldet mir kurz hintereinander vier SMS – alle von Heba. Meine muslimische Freundin zitiert zwei Suren aus dem Koran, wonach denjenigen die Pforten des himmlischen Paradieses versperrt bleiben, die unschuldige Menschen töten.

Das Leben im Basar wirkt auf mich wie immer. Die starke Polizeipräsenz auf dem Platz vor der Hussein-Moschee gab es auch schon in den letzten Wochen. Gegen einen Sprengsatz in einem Sack sind auch sie machtlos. Während ich die Treppe zu Eduards Werkstatt hochsteige, höre ich in einem der Geschäfte, wie ein Händler von Schals und *galabeyas* auf Englisch schimpft. Der hochgewachsene junge Mann redet auf ein Touristenpaar ein: »Diese Terroristen machen uns das Geschäft kaputt. Vor ein paar Jahren hatten wir das schon mal ... da sind viele hier im Basar fast pleitegegangen, weil keine Touristen mehr kamen. Und jetzt das!«

Eduard aber sitzt konzentriert hinter seinem Arbeitstisch und setzt, die Lupe vor dem Auge, kleine Brillanten in ein Schmuckstück ein. Als er mich hört, sieht er kurz hoch, und sein Lächeln zeigt mir, dass er sich an mich erinnert.

»Hast du etwas von dem Anschlag mitbekommen?«, frage ich.

»Natürlich«, sagt der armenische Goldschmied und arbeitet unbeirrt weiter. »Einen lauten Knall.«

»Hattest du Angst?«

»Wovor? Wenn Gott es für richtig hält, mich abzuberufen, wird er es tun.«

Eine Haltung, die ich in dieser Situation nicht nur für fatalistisch, sondern für fatal halte. Sollte Gott es etwa für richtig befunden haben, die 17-jährige Französin zu sich zu rufen? Ich sehe Eduard noch eine Weile zu, ehe ich ihm zum Abschied stumm die Hand auf die Schulter lege und seine Werkstatt verlasse.

Als ich zum Midan Talaat Harb zurückkehre, bemerke ich zu meinem Erstaunen, dass die Arbeiter die Gebäude gegenüber dem Hotel Tulip bereits bis zur zweiten Etage eingerüstet haben.

Auch im Estoril ist an diesem Tag der Anschlag im Khan el-Khalili ein Gesprächsthema.

»Dahinter stecken keine Ägypter«, vermutet Walid. »Der Anschlag ist ganz dilettantisch ausgeführt worden.«

»Na, zum Glück!«, ruft einer der Gäste von der Bar herüber.

»Ja, zum Glück!«, bestätigt Walid und setzt fort: »Heute Morgen war ich mit einem Taxi unterwegs, und der Fahrer wollte es dem Mossad in die Schuhe schieben …«

»Das ist Unfug!«, ruft Mursi Saad El-Din in für ihn ungewöhnlicher Heftigkeit.

»Natürlich ist das Unfug!«, stimmt Walid zu. »Weshalb sollten die Israelis die innenpolitische Situation im einzigen arabischen Land destabilisieren wollen, das sie diplomatisch anerkannt hat?«

»Ich denke, dahinter steckt eine palästinensische Gruppe«, sagt Mursi.

Hat er entsprechende Informationen, oder ist es nur die Mutmaßung eines Menschen, der einst auf deren Todesliste stand? Als er meinen fragenden Blick bemerkt, hellt sich seine Miene auf, und er wechselt – vielleicht unbewusst – das Thema.

»Sag mal, was macht ihr in Deutschland mit den Muslimen?«

»Was meinst du?«

»In meinem Haus wohnt eine Hochschulprofessorin. Bei mir auf dem Flur wohnt sie … eine liberale und vernünftige Person. Die hat ihre Tochter für ein Jahr zum Studium nach Deutschland geschickt, und nun kam das Mädchen zurück und trägt den *hijab*. Woher hat sie das?«

»Nun, in Deutschland wohnen dreieinhalb Millionen Muslime«, beginne ich zögernd, nach einer Erklärung zu suchen. »Ich weiß ja nicht, in welche Kreise sie geraten ist. In Köln wurde soeben die größte Moschee Europas gebaut ...«

Der alte Mann schüttelt lachend den Kopf und sagt: »Man kann es mit der Toleranz aber auch übertreiben!«

An meinem letzten Abend habe ich mich noch einmal mit dem »Lederpreußen« verabredet. Ich hole Hasan al-Kindi vor dem *dar al-ifta* ab. Wir beschließen, eines der Ausflugslokale auf dem Mokkatamberg aufzusuchen, unweit seiner Wohnung. Während Mohammed an der Außenmauer der Totenstadt entlangfährt und schließlich zu der Straße abbiegt, die zu Kairos höchster Erhebung führt, sprechen wir über das furchtbare Unglück, das sich hier unlängst zugetragen hat: Das riesige Stück eines Felsvorsprungs brach ab und begrub viele Hütten eines Elendsquartiers am Fuß des Berges unter sich. Während unseres Gesprächs wechseln wir zum vertraulichen Du.

Das Ausflugslokal stellt sich als eine Ansammlung schmutziger Plastikmöbel heraus, die ein Kioskbesitzer aus einem der Häuser vorn an den Abgrund gestellt hat.

»Hoffentlich bricht heute nicht wieder ein Stück ab«, sage ich, während wir Platz nehmen.

»Unser Schicksal liegt in Allahs Hand«, sagt Hasan mit unüberhörbar ironischem Unterton.

»Hätte es in Indien damals keinen Krieg gegeben, wärst du vielleicht heute Buddhist«, konfrontiere ich ihn mit einer Vermutung, die mir seit Tagen durch den Kopf geht. Hasan al-Kindi lacht. »Das ist eine hypothetische Frage, aber ich kann mir durchaus vorstellen, dass ich – wäre ich damals in buddhistische Klauen geraten – da nicht mehr herausgefunden hätte.«

Wir bestellen Tee bei dem Mann, der mit einem schmutzigen Lappen den Dreck auf unserem Tisch ein wenig verteilt. Die Aussicht aber ist so sensationell, dass es mich nicht stört. Unter uns breitet sich Al-Qāhira aus, und trotz der Smogglocke über der Zwanzigmillionenmetropole haben wir eine erstaunlich weite Sicht. Am Horizont entdecke ich sogar, klein wie Legosteine, die Pyramiden.

»Ich habe dir was mitgebracht«, sagt mein neuer Duzfreund und zieht ein Buch mit schwarz-rot-goldenem Cover heraus: Hasan Ndayisenga al-Kindi, *Fremdsprache Deutsch – Nicht mehr fremd.*

»Es ist der dritte Band einer von mir konzipierten Lehrbuchreihe, und ich dachte, das Werk könnte dich vielleicht interessieren. Es geht um Kultur, Europa und den Islam.«

Ich blättere in dem Buch. Auf schlechtem Papier sind Einführungen in die europäische und islamische Kulturgeschichte abgedruckt. Der Ethikbegriff in der griechischen Antike wird ebenso abgehandelt wie der Einfluss des Christentums auf die europäische Kultur, außerdem ist die Herkunft geflügelter Worte erklärt, von »auf der faulen Haut liegen« bis »Scher dich zum Kuckuck!«. Auf jedes Kapitel folgt ein Frageteil, und häufig steht hinter den Fragen die Aufforderung, die jeweilige Antwort auch zu begründen.

»Ich habe bei meinem Besuch in der Al Azhar den Eindruck gewonnen, dass viele deiner Studenten wissenschaftliches Studieren mit Auswendiglernen verwechseln«, sage ich zu Hasan.

»Es mag daran liegen, dass ihr deutscher Wortschatz noch begrenzt ist«, antwortet Hasan. Und nach einer Weile fährt er fort: »Diese Auswendiglernerei ist in Ägypten in der Tat eine Katastrophe. Das fängt schon in den staatlichen Schulen an, wo sie auf das Auswendiglernen regelrecht gedrillt werden.

Inzwischen hat man das Problem auch schon auf Regierungs-
ebene erkannt, und man will in Bezug auf das Bildungssys-
tem einiges verändern.«

»Und du offenbar auch, wenn du die Studenten auffor-
derst, ihre Antworten zu begründen.«

»Ja! Und im Unterricht suche ich die Diskussion durch teils
provokative Fragen. Sie sind oft ganz erstaunt, wenn einer
in den Prüfungen die volle Punktzahl bekommt, obwohl er
meiner Meinung widersprochen hat. Es gibt inzwischen aber
immer mehr Studenten, denen das Auswendiglernen zu ein-
tönig ist …«

Während ich seinen Ausführungen lausche, beobachte ich
diesen sonderbaren sympathischen Menschen. Warum wirkt
Günter Bauer, der sich nun Hasan al-Kindi und »der Lederpreuße« nennt, auf mich wie ein Entwurzelter?

»Hast du hier in Kairo Freunde?«, frage ich.

»Ich habe keine ägyptischen Freunde!«, antwortet Hasan
so prompt, dass ich annehmen muss, er hat sich diese Frage
oft schon selbst gestellt. Und nach einer kleinen Weile setzt er
lächelnd hinzu: »Ich bin mit meinen Büchern verheiratet.«

»Kannst du dir vorstellen, irgendwann nach Deutschland
zurückzukehren?«

Diesmal lässt er sich mit der Antwort etwas länger Zeit.
Schließlich zuckt er unentschlossen mit den Schultern:

»Es würde sicher schwer werden, in meinem Alter in
Deutschland eine Arbeit zu finden. Außerdem hat sich das
Leben dort in den zehn Jahren, seit ich weg bin, sehr verändert. Ich fürchte, dass ich Schwierigkeiten hätte, mich auf
Anhieb wieder zurechtzufinden. Schon deswegen gehe ich
davon aus, dass ich mein restliches Leben hier in Ägypten verbringen werde. So, und nun muss ich nach Hause!«

Die Sonne hat ihren Abstieg begonnen. In weniger als einer

halben Stunde werden die Muezzins von Kairo zum Abend-
gebet rufen. Sicher will Hasan dann da unten in seiner Wohnung sein, in der er sich sogar eine kleine Privatmoschee eingerichtet hat.

Ich aber möchte den Sonnenuntergang hier oben auf
dem Mokkatam erleben, weshalb ich Hasan anbiete, sich
von Mohammed nach Hause fahren zu lassen. In 14 Stunden werde ich mich auch von diesem ägyptischen Freund am
Flughafen verabschieden, und er wird mir sicher die Frage
stellen: »Wann kommst du wieder?«

Ich genieße den Blick über die Stadt, die so viele Geschichten und Mysterien kennt, in der die Grenze zwischen Arm
und Reich für alle Zeiten unüberwindbar scheint, in deren
Straßen ein stiller Kulturkampf wütet. Al-Qāhira! Diese
Metropole vereint Chaos und Ordnung, Vergangenheit und
Gegenwart, Orient und Okzident. Nun begreife ich, warum
dieser mir so vertraute Ort die »Mutter aller Städte« genannt
wird.

Glossar

abaya: Islamisches Kleidungsstück für Frauen

Al-Kiyama: Das letzte Gericht Gottes (Jüngstes Gericht)

bakshish: Kleine finanzielle Zuwendung; Trinkgeld

bismallah: Anfang der Suren im Koran: »Im Namen Gottes, des Gnädigen, des Barmherzigen«. Auch im Alltag oft gebrauchter Spruch, das entsprechende Schriftzeichen gilt als Glücksbringer.

dar al-ifta: Ägyptisches Fatwa-Amt, Amtssitz des Großmuftis

darabukka, out, tabla: Traditionelle Musikinstrumente

Fatwa: Islamisches Rechtsgutachten

foul: Traditionelle ägyptische Speise aus gekochten Bohnen

galabeya: Kittelartiges Kleidungsstück, das ursprünglich nur in ärmeren Schichten von Männern getragen wurde. Für Frauen gibt es seit einiger Zeit *galabeyas* in modischem Design.

Hadithen: Die in der Sunna zusammengefassten überlieferten Aussagen und Verhaltensweisen des Propheten Mohammed *halauwa:* Arabische Süßigkeit mit Sesamkörnern

hijab: Kopftuch für Frauen

Informelle Gebiete: Bezeichnung für die Gebiete, wo durch illegale Bebauung Wohnraum entstand

inschallah: Ausruf: »So Gott will!«

kahwa: Arabisches Kaffeehaus, auch: Kaffee

khedive: Titel für den ägyptischen Vizekönig

khoulá, talag, tatalig: Unterschiedliche Möglichkeiten der Ehescheidung nach der Scharia

kismet: Schicksal, Los

Koran: Nach islamischer Deutung das Wort Gottes, welches er dem Propheten Mohammed durch den Erzengel Gabriel Wort für Wort eingab

kosha: Hochzeitsthron für das Brautpaar, wie er auch bei der Verlobung zum Einsatz kommt

mabaheth: Mitglieder des ägyptischen Geheimdienstes *mabaheth amn el dawla*

mashrabiya: Gitterfenster aus Holz, die inzwischen auch für Möbel und Rahmen verwendet werden

masun: Sheikh, der befugt ist, Eheverträge aufzusetzen

Midan: Platz (wird vor den Namen geschrieben)

nekabat al ashraf: Behörde, bei der die Nachfahren des Propheten Mohammed registriert sind

nikab: Totalverschleierung mit Sehschlitz (für Frauen)

quawamuna: verantwortliches Familienoberhaupt – in der Regel der Mann

Rags Sharqi: orientalischer Tanz – im Westen auch als »Bauchtanz« bekannt

sadaqa: freiwillige Armensteuer, die zu leisten sich gläubige Muslime verpflichten

sahlab: arabisches Milchgetränk mit Nüssen und Zimt

Scharia: islamisches Rechtssystem – basierend auf dem Koran und den Hadithen –, woraus sich wiederum Fatwas herleiten lassen

Schischa: orientalische Wasserpfeife

sewak: traditionelle islamische Naturzahnbürste

sharbat: traditionelles sirupartiges Hochzeitsgetränk

Shari': Straße (wird vor den Namen geschrieben)

sharmouta: Schimpfwort für Prostituierte

sheikh: ursprünglich bedeutete der Begriff »alter Mann«, inzwischen Bezeichnung für islamische Schriftgelehrte

Sunna: Sammlung von überlieferten Aussagen und Verhaltensweisen des Propheten Mohammed

torabi: staatlich lizenzierter Grabmeister

Umma: Die Gemeinschaft aller Muslime

Wust al-Balad: Stadtmitte von Kairo

Danksagung

An erster Stelle bedanke ich mich bei meiner Kairoer Mitarbeiterin Hoda Zaghloul, die für mich weit mehr war als eine geniale Übersetzerin. Mein Dank gilt ferner Heba Afifi und Hasan al-Kindi (genannt der »Lederpreuße«), die mir ihre Sicht auf den Islam erläutert haben – vor allem aber für die Organisation höchst interessanter Begegnungen. Mein Dank gilt Mohammed Abd el Fattah Ali dafür, dass er mich in seinem Taxi sicher durch den chaotischen Kairoer Verkehr gebracht hat. Und nicht zuletzt bin ich allen weiteren im Buch genannten oder ungenannten Personen dankbar, die mir mit ihren Informationen und Verbindungen hilfreich zur Seite standen.

Für die Realisierung und Betreuung dieses Buchprojekts danke ich Rebekka Göpfert und Susanne Bader von der Literaturagentur Graf & Graf in Berlin, Dr. Philip Laubach-Kiani vom Malik Verlag und meiner Lektorin Tamara Trautner.

Auch weiß ich es sehr zu schätzen, dass meine Lebensgefährtin Birgit Harwardt mal wieder mit Geduld und Verständnis meine wochenlange Abwesenheit tolerierte.

MALIK

Tahir Shah

Der glücklichste Mensch der Welt

Meine Reise zu den Geschichtenerzählern Marokkos. Aus
dem Englischen von Andrea O'Brien. 304 Seiten mit 16
Seiten Farbteil und einer Karte. Gebunden

Das Leben mit Frau und Kindern im Kalifenhaus mitten in
Casablanca könnte so schön sein, wäre da nicht ein verstö-
render Traum, der Tahir Shah Nacht für Nacht heimsucht.
Doch Dr. Mehdi, ein befreundeter Arzt, weiß Rat: »Mach
es wie die Berber, geh und such die Geschichte deines
Herzens!« Seine Suche führt ihn über die mittelalterlichen
Medinas von Marrakesch und Fez bis in die Sahara. Auf
seinen Wegen begegnet er den wundersamsten realen und
erdichteten Gestalten, weisen Sufis, die Seifenopern schreiben,
oder Mushkil Gusha, dem Beseitiger aller Hindernisse.
Doch ausgerechnet ein Verkehrspolizist erlöst ihn am Ende
einer inspirierenden Reise, mit der uns Tahir Shah ein
magisches Land und seine schönsten Legenden und Sagen
eröffnet.

02/1102/01/L

MALIK

Michael Obert

Die Ränder der Welt

Patagonien, Timbuktu, Bhutan & Co. 288 Seiten mit
16 Seiten Farbbildteil und einer Karte. Gebunden

Was nicht im Mittelpunkt des Geschehens ist, wird nur zu gern
vergessen. Gerade von diesen Gegenden außerhalb unseres
Gesichtskreises, die Michael Obert die »Ränder der Welt«
nennt, fühlt er sich immer schon magisch angezogen. Obert
besucht für uns die letzten Zauberreiche ebenso wie krisen-
geschüttelte Regionen, reist nach Island, Afghanistan,
Panama und ins deutsche Teufelsmoor, durch Patagonien und
zum westlichsten Ende Europas, erlebt den Alltag auf der
winzigen Azoreninsel Corvo und die Sprechstunde bei einem
Heiler in Malawi. Er spürt versunkene Hochkulturen auf,
sieht Landschaften, die einen nicht mehr loslassen. Und er
trifft berührend liebenswerte Menschen, die den Kontakt
mit Reisenden ersehnen und ihn wie einen alten Freund
beherbergen.

02/1088/01/R

PIPER

Ryszard Kapuściński
Meine Reisen mit Herodot

Reportagen aus aller Welt. Aus dem Polnischen von Martin
Pollack. 368 Seiten. Piper Taschenbuch

Fünfzig Jahre bereiste Ryszard Kapuściński als Reporter
die Welt. Zwei Dinge trug er bei seiner Arbeit stets mit
sich – eine kleine mechanische Schreibmaschine und ein
jahrtausende altes Buch: die »Historien« von Herodot
(485–424 v. Chr.), dem ersten Chronisten der Antike. In
ihm entdeckte Kapuściński einen treuen Begleiter. Ob in
Indien, dem maoistischen China, unter Ägyptern, im Iran
inmitten der letzten Tage des Schah oder im Kongo, wo ein
Blick tödlich sein kann, – immer war Herodot dabei, wenn
Kapuściński hinausging, um eine neue Geschichte heimzu-
holen.

01/1813/01/L